仁爱篇

“仁”作为华夏五千年文化中的传统道德观念，它的核心思想则是：爱人，以及博爱世间万物。这样人人心中存有仁爱之心，这个社会就会出现大同世界。孔子言，“己所不欲，勿施于人”，《弟子规》中的仁爱篇无疑是这种仁爱哲学的最好体现。

勿谄富 勿骄贫 勿厌故 勿喜新

宋弘念旧

凡是贫贱时候交的朋友，是不可以遗忘的，同过甘苦吃着糟糠的妻子，是不可以离异的。

善相劝 德皆建 过不规 道两亏

君子之交淡如水，小人之交甘若醴

此句节选自《庄子·山木》：“且君子之交淡若水，小人之交甘若醴；君子淡以亲，小人甘以绝。”

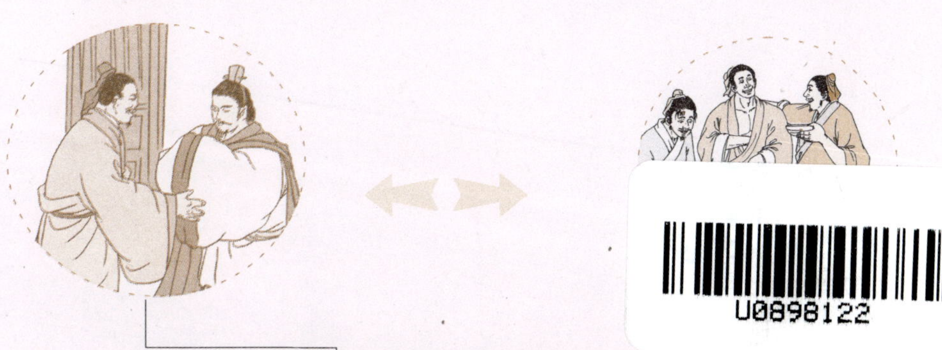

君子之间的交往是淡然如水，小人之间的交往甘甜如蜜。君子间的交往虽然平淡，却会在你困难的时候如亲人般伸手援助，而小人之间的交往虽然甘甜，但会在你需要帮助时，与你绝交。

总叙篇

《弟子规》，原为《训蒙文》，是清朝康熙年间秀才李毓秀所作，后经清朝贾存仁修订改编。其内容摘录于《论语·学而篇》：“弟子入则孝，出则弟，谨而信，泛爱众，而亲仁，行有余力，则以学文。”这本书，可谓是完全融汇儒家精华的经典之作。

弟子规 圣人训 首孝弟 次谨信

救父

一个个性刚直的人，在为人处世方面，往往会受到一些势利小人的陷害。

淳于意弃官行医，由于个性刚直，得罪权贵，被押往京师受肉刑。

缇萦上书救父：父亲做官时，清廉爱民；父亲行医时，施仁济世。

一个心中有着恭敬、孝顺之心的人，会时时刻刻想着父母亲的安慰，在当朋友、亲人身处险境时，都会尽自己最大的努力，帮助他们脱离险境。

泛爱众 而亲仁 有余力 则学文

蒲抄书

幼年路温舒放羊时，无意发现蒲草可抄书。

一个人只要善于观察，多动脑筋，机会随处都是。

一个人只要懂得学习求知的可贵之处，就会从时间中挤出分秒，把握美好的时光，提高自身的品德修养。就像路温舒一样，只要有恒心，刻苦学习，定会创造好的前程美景。

孝礼篇

“百善孝为先”一直作为礼仪的根本，父母与子女，则是同气所生，犹如树木与枝叶，则是同气连枝。因此，父母则是子女人生路途的第一位老师。这样，孝悌礼仪在《弟子规》中最先显现。

父母呼 应勿缓 父母命 行勿懒

游问师

孝的重要是要培养的是敬，一切人伦亲情之道都是以爱敬心为起点的，孝必定要跟恭敬心结合在一起。

子游：“子女以很丰厚的补助奉养父母亲，这个能算是尽孝呢？”

孔子：“至于犬马，皆能有养。不敬，何以别乎？”“如果子女对父母没有恭敬之心，那么赡养父母跟养狗、养马有什么分别吗？怎么能叫尽孝呢？”

冬则温 夏则清 晨则省 昏则定

王问安

父母与子女血肉相连，时时体察父母是否睡得安稳，吃的是否合口，身体是否安康……这些都是作为子女应尽的孝道。

周文王在做世子时，一日三次前去父亲住处问安，询问父亲是否睡得安稳，如果身体有所不适，文王也是满脸忧愁，担心的健康状况。

周文王每天都会在王季用膳之前，检查饭菜，一是检查饭菜是否会有毒，二时检查饭菜的生熟、凉热等。

守信篇

此章主讲"人无信而不立"的为人处世原则，因此，开门见山就点名主旨：凡出言，信为先；诈与妄，奚可焉。诚信待人，是做人的最起码准则，《守信篇》中正是教诲世人守信的良言。

彼说长 此说短 不关己 莫闲管

说人是非者，便是是非人

做人要厚道，既然不喜欢他人评说自己，害怕他人说自己的坏话，自己又为什么要在别人面前搬弄是非，说人闲话呢？所以，孔子说"己所不欲，勿施于人"，我们可以多赞扬他人的长处，不可大肆宣扬他人的短处。

过能改 归于无 倘掩饰 增一辜

水中捞月，雾里看花

从古到今，要找寻一个人身上毫无缺点，就如水中捞月，雾里看花，根本不存在。但是懂得犯错改过之人，一生必定是"德逐增，过逐减"，反之，一个人明知有过，反而加以掩饰，错上加错，一生必定是"过逐增，德逐减"，正是知错能改，善莫大焉；错上加错，法网难逃。

谨言篇

“谨”是儒家个人修养和行为规范，此处的《谨言篇》就是要求一个人在待人接物上，要有所畏惧，有所不为，要言行慎重，勤勉修身，要经常自我反省，对人要礼让恭谦，总而言之，就是要遵守中庸之道。

朝起早 夜眠迟 老易至 惜此时

晨光，勿虚度

一个人在年少的时候，也如这初升的太阳一样短暂，应珍惜生命的每分每秒，做些对自己，对社会都有意义的事
不会虚度一生。

一年之计在于春，一日之计在于晨，光阴如流水，逝去就不会再来，浪费时间就等于浪费生命。

借人物 及时还 后有急 借不难

济人当如及时雨，还物须似花信风

及时雨与花信风都是引申之意：及时雨，则是一个人应在他人有困难时，及时伸出援手，犹如人们常说的雪中送
般，让朋友感受到你的温情；而花信风，则是指一个人在做任何事时，都要坚持言而有信、绝不是失言的做事之风。这
处世之道，必然会得人尊重、得人信任。

及时雨：就是在干旱时节，万物即将枯萎之时，忽天上降下甘霖滋润大地，使万物恢复生机；

花信风：就是花都会在固定的时节开方，重来都不会错失时节。

行悌篇

“悌，善兄弟也。”人们常说兄弟如手足，兄弟姐妹之间能够和睦相处，这样也是对孝的进一步延伸，出现家和万事兴的美好局面。《弟子规》中有“事诸父，如事父，事诸兄，如事兄”，这可谓是进一步扩大“悌”的范围，提升了人的修养之心。

财物轻 怨何生 言语忍 忿自泯

与利

权力、金钱与美色，在一个凡人眼中是最为重要的。往往一生都在不断追名逐利，从来都没有考虑到人生的意义何在，以至于一生都在金钱与权力之间徘徊。

学问与品德，在一个圣贤人眼中则是最为重要的，圣贤对衣食没有过多的追求，只要可以充饥就可以了，但对学问的追求却是没有止境的，以至于一生都在求学中。

尊长前 声要低 低不闻 却非宜

上值得尊重的三种人

一个人一生值得尊重的三种人。我们没有达到那么高深的学问、优秀的品德、年长的岁数（因为学识、品德、年龄都是时间的沉淀才会与众不同），就必须尊重他们。

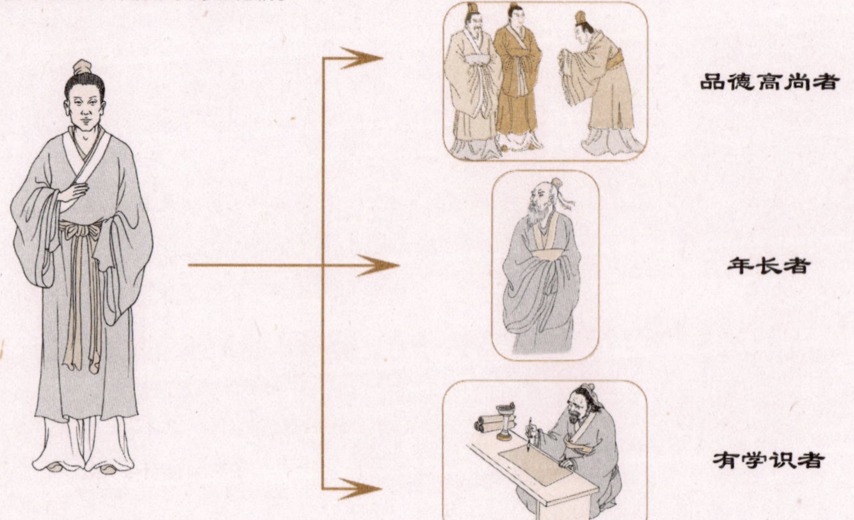

做人成才之准绳——《弟子规》

李毓秀，生于清康熙年间，卒于乾隆年间，字子潜，号采三。新绛县龙兴镇人。清初著名学者、教育家。从师党冰壑游历近二十年。精研大学中庸，创办敦复斋讲学。根据传统对童蒙的要求，也结合他自己的教书实践，写成了《训蒙文》，后来经过贾有仁修订，改名《弟子规》。他的著作还有《四书正伪》、《四书字类释义》、《学庸发明》、《读大学偶记》、《宋孺夫文约》、《水仙百咏》等，分别藏于山西省图书馆和北京大学图书馆。

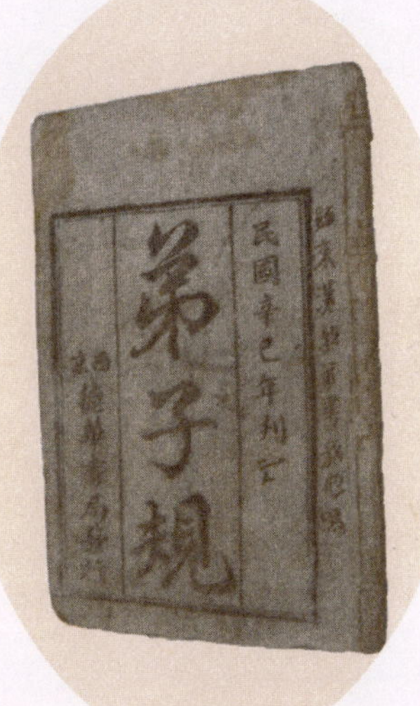

《弟子规》可谓是儒家思想的入门，融入了儒家经典的精华。原文以三字一句，两句一韵编纂而成。全书以《论语·学而》中的"弟子入则孝，出则弟，谨而信，泛爱众，而亲仁。行有余力，则以学文"开篇，列出了为人子弟在家、出外、交友、求学应遵循的礼仪规范。每一条、每一项都是中国传统处世哲学和道德观念的生动体现。《弟子规》本是童蒙养正宝典，看似一本不显眼的小书，实际上里面蕴涵着做人做事做学问的大智慧。学好《弟子规》，对于"知廉耻、明是非、懂荣辱、辨善恶，培养健全的道德品质"，具有至关重要的意义。

《弟子规》文风朴实，言语隽永，说理透彻，含义深远，是中华文化的传世经典。此书既起到了文化积累、智慧启蒙的作用；又有利于规范自我的言行、培养人格的功能。

求学篇

修德与学文是人生成功至关重要的法宝，前五章立在修德，而本章重在学文。古语云："玉不琢，不成器，人不学，不知道。"如何在修德的基础上进而提升学识？尽在《求学篇》。

方读此 勿慕彼 此未终 彼勿起

古今读书之差

古人读书都是聚精会神、认认真真、一丝不苟，全身心地投入，并且是理解了书中的道理后，再去读下一本。这样的结果就是不仅使他人的知识变成自己的财富，还提升了自己的修养。

今人读书往往都是虎头蛇尾，前面看一点，中间翻一些，后面再看几页，这一本书囫囵吞枣就算看完了，或者是走马观花地从头到尾翻一遍，就丢在一旁，在去看其他的书，这样的读书方式，是不会增长学识的。

赵普夜读

一个人学习东西切忌不能贪多，还有不能贪快。一个人太躁进，心就会浮动，跟学问不相应。就会样样通样样松，因为多就会乱，杂了就学不扎实，到最后哪一样也没学精，所以曾国藩先生也说到："心上不可无书，但是桌上不可多书。"

赵普："齐家、治国、平天下的道理全在这本书中。我只用半部《论语》辅佐太祖平定天下，现在，用半部《论语》为陛下治天下，就能使天下太平。"

宋太宗："有人说你只读一部《论语》，这是真的吗？"

图解弟子规

中国师徒授道第一书

（清）李毓秀　原著
子　真　主编

编者序

明事理，学做人，先读《弟子规》

中国是一个有着数千年悠久历史的文明古国，历史车轮的不断推进，也使几千年的文明史积淀下了丰厚的传统文化遗产，可谓是无价之宝。而这些传统文化的重要组成部分则是优秀的传统道德，是民族之魂、民族之根。

而中国传统道德的精华，主要指的是传统伦理文化为主要内容的道德精华。如"己所不欲，勿施于人"的自律，"先天下之忧而忧，后天下之乐而乐"的豁达，"富贵不能淫，贫贱不能移，威武不能屈"的正气，等等，这些都是中国传统道德的精华，是中华民族优秀的文化遗产。这其中，流传了数百年的《弟子规》便是其中的一颗闪亮明珠。

《弟子规》，原名《训蒙文》，是清朝康熙年间秀才李毓秀所编。后经清朝贾存仁修订改编，并改名为《弟子规》。原文以三字一句，两句一韵编纂而成。全书以《论语·学而》中的"弟子入则孝，出则弟，谨而信，泛爱众，而亲仁。行有余力，则以学文"开篇，列出了为人子弟在家、出外、交友、求学应遵循的礼仪规范。每一条、每一项都是中国传统处世哲学和道德观念的生动体现。

而，书名"弟子规"这三个字，"弟子"指代的就是学生、小孩子，再扩大其范围，弟子可以说是每一个人。"活到老，学到老"，人，可以说一辈子都在学习；既然都在学习，理所当然就是学生。无论老少，大家都应该来学《弟子规》。"规"是何义呢？就是规范、道理，做人应尽的道理，做人应尽的规范。从这三个字，就可以了解这一本书的用意：就是如何做好一个善良的人，做好一个孝顺父母的人，做好一个知礼守信的人。

《弟子规》更是一本童蒙养正的启蒙教育书籍。它作为经典，是儒学的入门钥匙，同时又自成体系，并不是不值成人一读的，而其承载的文化思想以及语言形式都会使人读了受益匪浅。而原文字数仅仅只有 1056 字，却脉络分明，说理透彻，在"总叙"中单单 24 个字就表明了全书的精髓，即：孝、悌、谨、信、爱、仁、学文等七方面内容，下文逐一阐发而又丝丝相扣，反映出儒学典籍间循环递进的结构特征。以浅入深地完成着人伦理道德、日常行为规范、是非观、价值观的养成教育。

总体来说,《弟子规》一书中,儒家思想中的"仁义礼智信"五常都通过生活的点滴得以体现,不再是枯燥的理论、难懂的哲理,这样寓理于生活,不再是只有"大家"才能读懂,也是我们"小家"也可以轻易深知的。因而,它的受众群扩大到了全世界。

进入新纪元之后,随着传统文化的推过与普及,国学教育逐渐被世人所追捧,成为一种新型的文化,这种传统文化不仅风靡中国,还风行于海外。近年来,《弟子规》这本教人如何做人的佳作,更是风行全球,在东南亚、日本、韩国等多个国家不仅把它作为幼儿的启蒙教育读物,而且在一些企业中也成为一种企业管理学书,被广泛地推广。

至于《图解弟子规》一书,内容共分为七个章辑,分别命题为"总叙篇"、"孝礼篇"、"行悌篇"、"谨言篇"、"守信篇"、"仁爱篇"和"求学篇"。本书在尊重原著的基础上,也吸纳了众家之译解,深入解读,其中融入了经典的历史典故,进一步阐释其义。夹叙夹议,说理与叙事相结合,读来朗朗上口。

更为重要的是,本书采用了新颖的文字与精美的图画相结合的方式,一页文字一页图解。这样全新的图书形式是在其他图书中所从未出现过的。读者在打开书时,不仅可以欣赏到精美的文字,更能欣赏到近三百幅栩栩如生的精美手绘图,而后通过品读大量历史典故,感受书中无处不在的先哲智慧精华。

如今,商品经济充斥着整个社会,人人都用金钱来衡量彼此间的关系,丧失了做人的本真。在日常的待人接物中,使得人人都秉着"逢人只说三分话,不可全掏一颗心"的处世态度。烦恼、忧虑与日俱增,而圣贤的智慧正是解决这一病症的良方。《图解弟子规》,不仅可以使纯真的孩童明事理,更加可以使成人放下心中的包袱,涤清心中的杂念,还原人本真的纯善,学会达观的、宽宏的处世之道。

本书单单 15 万字中却孕育着如此深的做人哲理,让我们仔细品味吧。

编者

目录

第三辑 行悌篇

第四辑 谨言篇

第五辑 守信篇

第六辑 仁爱篇

本书内文图示

本节主标题
本节所要探讨的主题。

7

年少勿饮酒，酒醉丑态出

［原文］

年方少　勿饮酒　饮酒醉　最为丑

★ 解读

原文的意思是：青年人，千万不要饮酒，如果喝醉了，则会疯言疯语，丑态毕露，也容易惹出是非。

古人第一次发现了酒时，认为酒是一种神奇的食物，应该用来祭祀祖宗或先人。因此，就作为一种祭祀上的祭品。论语中说道："惟酒无量，不及乱。沽酒市脯不食。"酒对于人来说是没有固定的量的。可以不加限量，只要没有到达"乱"的程度，就可以饮用。然而从市场上随意地买酒买肉，在既不敬先人也不祭神明的情况下，随心所欲地不按传统规矩饮酒吃肉，是违反礼节的，是不应该为之的。

酒，起初是作为一种健康的饮品，少量的饮酒可以疏通经脉，促进血液循环。过多的饮酒，不仅伤及身体，影响健康，有时，还会产生不必要的事端。我们看各个朝代的酒杯，往往酒杯旁都有两个耳，高高的耳，古人在拿起斟酒的话，如大口就会触碰到脸颊，有失礼节，因而都是小口轻斟。所以，古人喝酒只是为了促进血液循环，增强体质，而不是为了饮酒作乐。

实则人人都晓得，饮酒过量，就有可能出现酒后无德、酒后乱性！人在这种不清醒的状态下，会说错话、办错事，往往做出很多丧失理智的事情，造成不可收拾的后果，所以从小就不要饮酒。这个酒在现在也包括所有让我们沉迷的东西、不好的习惯。例如抽烟、上网、赌博等等。

所以，我们从小孩子在家里，不应该让其饮酒。因为喝酒很容易上瘾，上瘾之后要戒除就很难。一旦有酒瘾，就会时时想着喝酒，喝醉之后又疯言疯语，丑态百出，不仅有损自己的健康，还会失礼于他人，使得自己的道德有所缺失。

这个酒可谓是穿肠毒药，所以孩子从小绝对不能染上喝酒的习惯。而且喝酒不只伤自己的身体，还会造成别人生命财产的危险。现在，很多交通事故的发生都是由于过量的饮酒所致，在酒精的催化下，意识不是很清醒的情况下，就敢于为之，犯下难以磨灭的错误，追悔已晚。

132

节序号
每章节采用不同色块标识，读者轻松寻找识别。同时以醒目的序号提示该章小节。

正文
书中言简意赅的文字，通俗明了，使读者轻松阅读。

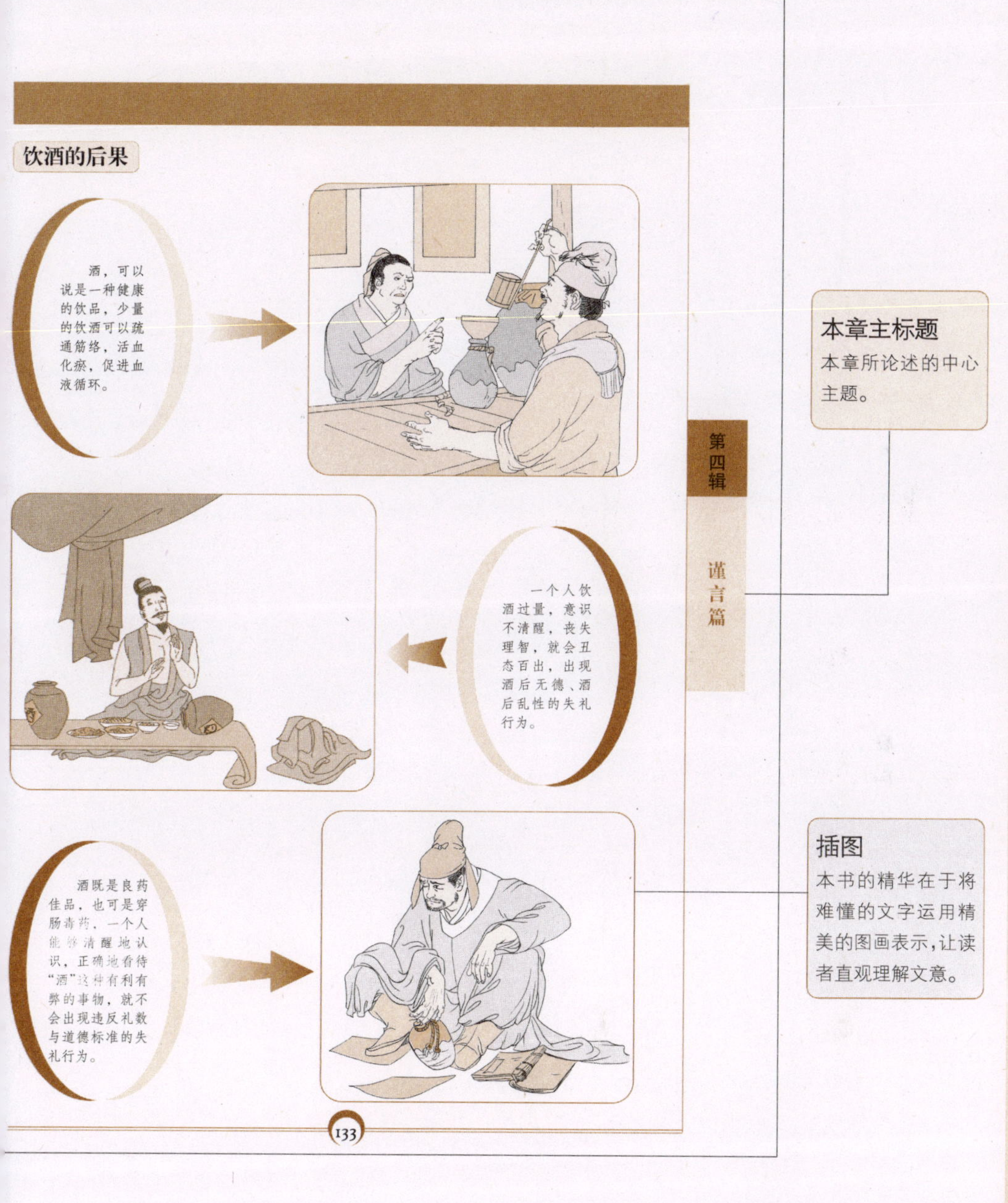

目录

第一辑

总叙篇

1

《弟子规》，原为《训蒙文》，是清朝康熙年间秀才李毓秀所作，后经清朝贾存仁修订改编。其内容摘录于《论语·学而篇》：『弟子入则孝，出则弟，谨而信，泛爱众，而亲仁，行有余力，则以学文。』这本书，可谓是完全融汇儒家精华的经典之作。

本辑图版目录

《弟子规》，原为《训蒙文》，是清朝康熙年间秀才李毓秀所作，后经清朝贾存仁修订改编。其内容摘录于《论语·学而篇》：『弟子入则孝，出则弟，谨而信，泛爱众，而亲仁，行有余力，则以学文。』这本书，可谓是完全融汇儒家精华的经典之作。

出入行孝悌，为人知谨信

[原文]

弟子规　圣人训　首孝弟　次谨信

★ 解读

原文的意思是：《弟子规》这本书，是依据古代圣贤孔子对学生的教诲而编成的生活规范。首先在日常生活中，要做到孝顺父母，尊敬兄长；其次在一切日常的人际交往中要小心谨慎，对人要诚实守信。

历朝历代帝王都是利用儒家思想治理国家，孔孟更被人们尊称为圣人，他们的言行也被后人所效仿，《弟子规》，也是摘录自孔子《论语·学而篇》中的一部分。原文是这样的：子曰："弟子入则孝，出则弟，谨而信，泛爱众，而亲仁。行有余力，则以学文。"在原文的基础下，进而加以扩充、细化，构建成一本规范人行为的国学经典之作。

被后人称为"至圣先师"的孔子，是儒家文化的创始人，他的学问、品德也成为后人学习的典范。孔子（公元前551—前479年）本名孔丘，字仲尼，春秋末年杰出的思想家和教育家，在当时，孔子带领他的弟子周游列国，宣传他的政治主张。晚年，孔子着手整理了《诗》、《书》等古代文献，并且创办私学，招收了许多学生，孔子招收的学生各个阶层的都有，上至王公贵族，下至贩夫走卒。据说前后有三千名，其中出类拔萃的贤士就有七十二人。孔子教学的主要内容是以儒家典籍《诗》、《书》、《礼》、《易》等为教材，以文、行、重、信四项课目（历代的文献、社会的经验、对待别人要忠、与人交往要信）为重点，培养了许多杰出的人才。因此，儒家学说不仅成为历代帝王的政治统治工具，还成为后人成才的锦囊。

古贤们，不但学问十分出色，品德也是十分的优秀。一个人若十分聪明且拥有渊博的学识，却无道德，那么他所拥有的学识就会成为造恶的工具，就好像老虎，本来就已经是百兽之王，也足够凶猛，假如再添上翅膀会飞了，岂不是更能来去自如，无恶不作，为所欲为了吗？因此，好的道德要远比渊博的学识、才干更要紧。因为圣人教化人，也希望人人都能成为圣人，成为有品德的人。

《弟子规》正是在遵循圣人教诲的基础上而作的，在开篇就把"孝悌"放在第一位，可见，"孝悌"在人心中的地位。

我们每个人都晓得，我们的身体是来自于父母，所谓"身体发肤，受之父母，

如虎添翼

老虎本是百兽之王，在地面上也是足够的凶残，如果再添上翅膀，则会更加来去自如，无恶不作，为所欲为了。

一个人如果拥有了聪明的头脑和渊博的学识，而缺失了“忠孝仁义”这些基本的行为准则，那么这样的人就会成为社会的蛀虫，后患无穷，因此，好的品德远比好的学识来得重要。

孔子讲学

孔子周游列国，宣讲他的政治主张，晚年创办私学，招收弟子，所收弟子三千有余，且孔子的弟子各个阶层的都有，上至王公贵族，下至平民百姓，其中圣贤者有七十二人。

孔子教学的主要内容是以儒家典籍《诗》、《书》、《礼》、《易》等为教材，以文、行、重、信四项课目（历代的文献、社会的经验、对待别人要忠、与人交往要信）为重点。

不敢毁伤，孝之始也”。我们既然已经深深地明白，我们是从父母那里所来，我们就应该要知恩感恩。只有知恩感恩，心中就会长存孝心，在行动上就会付诸孝行。在父母眼里，视他的子女完全都是一样的，都是同气所生，父母就好像一棵大树，枝干犹如子女。所以为人子女的，不但要孝顺自己的父母长辈，而且在兄弟姊妹当中，还要彼此友爱，相互照顾。

因此，圣仁言：人最基本的就是要先懂得行孝；再者要行悌。如果这两样都可以做到的话，进而，我们就要学习如何修身养性。所谓“修身养性”，就是我们在日常的生活学习中，我们的言行举止要合乎礼性。什么叫合乎礼？就是你内心当中，要心存恭敬之心。只有心中有了这份恭敬之心，我们才会心胸开阔，任人唯贤，虚心学习圣人的智慧。

汉文帝执政时期，有一位叫淳于意的人，拜齐国著名的医师杨庆为师，经过自己的刻苦学习，最终学得一手高超的医术。曾经做过齐国的仓令。但他的老师去世以后，淳于意就弃官行医。由于个性刚直，在行医的时候，不小心得罪了一位有权有势的人，导致后来被陷害，押往京城治罪。他的女儿名叫缇萦，虽然只是一位弱女子，然而不辞辛劳，长途跋涉一同前往长安向皇帝诉冤，上书汉文帝，缇萦陈述了肉刑的害处，并说明了父亲做官时清廉爱民，行医时施仁济世，现在却遭人诬害，并且愿意替父受刑。汉文帝被缇萦的孝心深深感动，赦免了她的父亲，并且下诏书废除了肉刑。

孝悌一直就是我们中华民族的传统美德，可是现在的孩子由于生活条件的优越，自认为自己很出色，对谁都不屑一顾，养成了唯我独尊、我行我素的性格。正是这种错误的观念，导致小到家庭的不和，大到社会的纷乱。为了消除这种错误思想，人要懂得孝悌，懂得约束自己，懂得礼貌，懂得一切都应有恭敬心，进而学习圣人的智慧，提高自我的修养，并在待人接物上，时时用“谨慎”与“守信”这两把尺子衡量自己的言行。这样，我们在立身处世方面，就可以得到和谐。

同气所生，同气连枝

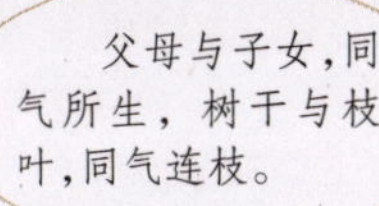

父母与子女，同气所生，树干与枝叶，同气连枝。

父母就像树干一样，子女就像枝干一样。彼此相离，不可分割。

上书救父

一个个性刚直的人，在为人处世方面，往往会受到一些势利小人的陷害。

淳于意弃官行医，由于个性刚直，得罪权贵，被押往京师受肉刑。

缇萦上书救父：父亲做官时，清廉爱民；父亲行医时，施仁济世。

一个心中有着恭敬、孝顺之心的人，会时时刻刻想着父母亲的安慰，在当朋友、亲人身处险境时，都会尽自己最大的努力，帮助他们脱离险境。

待人之仁爱，求学之惜时

[原文]

泛爱众　而亲仁　有余力　则学文

★ 解读

原文的意思是：在日常生活中，和大众相处时要平等博爱，并且亲近那些有仁德的人，向他们学习，这些都是很重要并且非做不可的事，如果这些完成后，还有多余的时间与精力，就应该好好地学习六艺等其他有益的学问。

俗语说："上天有好生之德"。我们总是在需求自己能够活得精彩，活得有生机，可不顾别人或其他生灵的生存，任意践踏他们的生存空间，不断地索取，这可谓是一种自私的心态。自然界的万物都是有其生命的，都有其生存的权利，就连一株小草，也在经历了寒冬、初春时，挣扎着钻出土壤，展现自己的生命价值。众生一起生存在这广袤的时空中，便是一种无形的缘分，可我们不懂得珍惜这难得的缘分，总是相互地竞争、伤害，致使反目成仇，这种自私的行径实在很可悲，要转变这种自私的观念，就要从小树立"仁民爱物"的公德心，人与人之间，真诚相待！

《三字经》一开端就讲"人之初，性本善"，也就是说，人，天性都是纯真善良的。孩子眼中的万物犹如水晶一样清明。孟子也曾说："人皆有恻隐之心！"人为什么会有邪恶、伪善的一面？那是由于后天环境的影响。所以当我们从小就接受一种良好的教育，在懂得了"孝悌谨信"的私德之后，更要懂得心中长存公德心。只要具备了这些，我们在社会这个大家庭中生存时，就懂得克制自己的言行举止，更进一步去帮助、去友爱他人。只有怀着一颗恭敬的心，万事才顺利。那么如何怀有恭敬心？就必须与那些品性高尚的人相处，还得时时亲近善知识（例如诗书六艺。也就是静态的书本知识，如六经：诗、书、礼、乐、易、春秋；与动态的技能实践，如六艺：礼、乐、射、御、书、数。），请它们教导我们行善，劝诫我们除恶。所以亲近仁者，是很必要的；而所谓"亲近"，就是所谓的"三人行，必有我师焉"以及"不耻下问"去寻求真知，而不是守株待兔、天上掉馅饼的无稽之谈。

据说孔子的众多学生中有一位很出名的人士子路。为人豪爽质朴，且忠肝义胆，又十分重信，但性情鲁莽、冲动、冒失。在拜孔子为师之前，子路自恃勇猛，根本瞧不起那些所谓熟读诗书、躬行揖礼的读书人，所以初次去见孔子，他就耀

三人行，必有我师焉

子曰：『三人行必有我师焉，择其善者而从之，其不善者而改之。』

一个人要想不断地提高自身的修养，就要抱着不耻下问的精神去亲近仁者，亲近善知识。众人是我师，我是众人师，这样才会成为一个有德之人。

子路求学

武扬威地直接闯了进去，没有等待别人的通报，并且帽插长长的山鸡毛，腰佩熊皮剑套的特长号宝剑，煞是威风！子路想以此来威慑孔子，可孔子却是神色自若，且温文有礼。随后子路就要求与孔子比射箭，孔夫子也神闲气定，脸无怒色，也毫不怯弱，且箭箭直入靶心。子路当时自惭形秽，急忙退出，改换儒服，再正式拜求孔子，并拜孔子为师。但江山易改，秉性难移，子路这么一个弟子，并非是容易用诗书所能教化的。有一次，子路问老师："南山上有又高又直的好竹子，劈了来做箭，必定射得极其的远。可见人只要有好的本质就够了，又何必一定要学文？"孔子则引他的譬喻，反过来调教他："这支竹箭，若前头加上金属的箭头，后尾饰上羽毛，岂不更可射得远，又入得深呢？"子路听了之后，改掉了自己的鲁莽冒失性格，终变为儒士，从此虚心学习，成为有用的人才。

人应当活到老，学到老，时代在不断地进步，我们也要紧随时代的步伐，利用多余的时间，沉入到知识的海洋中，汲取善知识的力量，充实我们的头脑，提升我们的生活品质。只有这样人生才算过得更有意义，更充实，更幸福，更美满。

因此，如果人有多余的时间，不是放在增长自己的学识、修养上，而是放在游玩、闲逛上，这样只会污染自己的身心。身心受污染，我们就没有办法在人生当中，获得古圣先贤所遗留下来的宝贵智慧，也就不能与贤德之人亲近，也就不能获得人生的提高。

西汉时期，有个小孩叫路温舒，从小就十分喜欢学习，可家里比较穷，没有钱进学堂读书，只能靠放羊维持温饱。有一天，他赶着羊群来到河边，看见河边那一丛丛又宽又长的蒲草，发觉这蒲草不正像那抄书的竹简吗？由于当时的书都是用竹简编成的。于是，他采摘了一大捆蒲草带回家。一到家，路温舒就将采摘的蒲草切得与竹简书相同的尺寸，然后用线绳穿在一起，随后向邻居借来几本书，抄写在蒲草上，有了蒲草书，只要一有时间他就读。读完一本再抄一本。甚至每次去放羊身边都带着蒲草书，通过刻苦自学，路温舒获得了许多知识，并因此谋到了在狱里当小吏的差事。后来，凭着刻苦用功的精神，他终于成为西汉时期有名的法律学家。

古人就是事事亲近仁者，亲近善知识，才得以提升自己的人生价值，实现自己的人生抱负。此时此刻，我们是否应当深思一下，我们是不是在浪费时间、浪费生命！

子路求学

子路问老师："南山上长有又高又直的好竹子，劈了来做箭，射得又直又远。可见人只要有好的本质就够了，又何必一定要学文？"

孔子调教他："这支竹箭，若前头加上金属的箭头，后尾饰上羽毛，岂不更可射得远，又入得深呢？"

子路听从老师的训导，从此虚心向学。

假使一个人总是抱着自以为是，厌弃读书人的态度，言行不一致地去请教他人学问，那样终究是本性难移，就是穿上龙袍也不像皇帝。

只要找对方法，就是一个人的坏习惯长存很久，也是容易改掉的。

编蒲抄书

幼年路温舒放羊时，无意发现蒲草可抄书。

一个人只要善于观察，多动脑筋，机会随处都是。

一个人只要懂得学习求知的可贵之处，就会从时间中挤出分秒，把握美好的时光，提高自身的品德修养。就像路温舒一样，只要有恒心，刻苦学习，定会创造好的前程美景。

第二辑

孝礼篇

2

『百善孝为先』一直作为礼仪的根本，父母与子女，则是同气所生，犹如树木与枝叶，则是同气连枝。因此，父母则是子女人生路途的第一位老师。这样，孝悌礼仪在《弟子规》中最先显现。

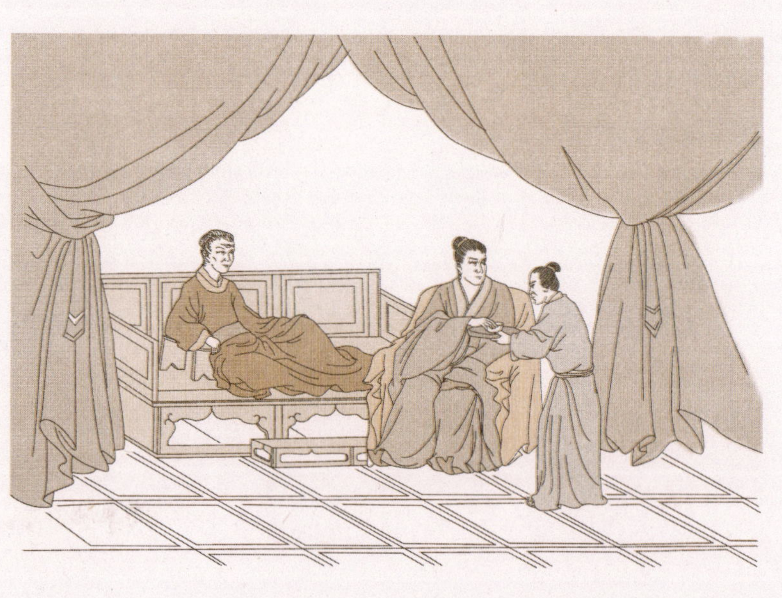

本辑图版目录

『百善孝为先』一直作为礼仪的根本，父母与子女，则是同气所生，犹如树木与枝叶，则是同气连枝。因此，父母则是子女人生路途的第一位老师。这样，孝悌礼仪在《弟子规》中最先显现。

父母呼与命，子勿缓

［原文］

父母呼　应勿缓　父母命　行勿懒

★ 解读

原文的意思是：父母呼唤，应及时回答，不要慢吞吞地很久才应答；父母向你交代事情的时候，要立刻动身去做，不可拖延或推辞偷懒。

与父母相处时，我们应遵徇什么样的原则才能成为一个合格的子女？

首先，父母呼唤时，我们应是有礼貌地应答，而不是缓慢地推脱。其次，父母交代我们的事情，我们也应当马上就行动，而不是偷懒拖延。也许，由于现在的家庭都是一个孩子，父母的娇宠，致使他们不用去劳作，就可以享受到优越的生活。但孩子对父母讲话的态度，对小孩一生的影响将是极其深远的。当孩子在与父母应答之间所形成的是一种孝心、恭敬心时，那么在以后的社会大家庭中，他们就会与众人建立一种友好的关系，恭敬师长、恭敬领导……这样就能保持一种良好的人际关系，就为孩子以后的发展奠定了良好的基础。

孔子与子游的对话就很好地说明了孝的真谛。一次，孔子的学生子游问孔子：子女以很丰厚的生活补助奉养父母亲，这个能不能算是尽孝呢？孔子否认，他说："至于犬马，皆能有养。不敬，何以别乎？"如果子女对父母没有恭敬之心，那么赡养父母跟养狗、养马有什么分别吗？怎么能叫尽孝呢？因此，孝的重点是要培养的是敬，一切人伦亲情之道都是以爱敬心为起点的，孝必定要跟恭敬心结合在一起。当一个人在家里养成了一种对父母持有一种温和柔顺的态度与恭敬的心理后，将来进入社会，与人相处时，这种修养一定会引起别人对他的重视和尊敬，这种恭敬的心就是他幸福与成功的源泉。

古贤们和现在的孩子在幼年的时候是一样，心灵纯洁，没有一点瑕疵，玲珑剔透。但他们从小就被父母对长辈的孝顺恭敬的行为所熏染，自然而然就养成了一种好的习惯，这就是言传身教的良用。所以，圣贤们不仅熟读诗书，知书达礼，还孝顺父母，友爱兄弟。

三国时期，"王裒泣坟"就是最真实的体现。

三国的时候，魏国有一位叫王裒的人，非常孝顺，自幼饱读诗书，所以他的学问、品德都非常好，朝廷也屡屡征召他入朝为官，可是王裒面对金钱与名利的

子游问师

孝的重要是要培养的是敬，一切人伦亲情之道都是以爱敬心为起点的，孝必定要跟恭敬心结合在一起。

子游："子女以很丰厚的生活补助奉养父母亲，这个能不能算是尽孝呢？"

孔子："至于犬马，皆能有养。不敬，何以别乎？""如果子女对父母没有恭敬之心，那么赡养父母跟养狗、养马有什么分别吗？怎么能叫尽孝呢？"

言传身教

父母、长辈在日常生活中的一言一行，都是子女、晚辈学习效仿的对象，影响着后代的品格塑造，所以才有"身教重于言传"之说。

王裒闻雷泣墓

王裒母亲生前，很怕打雷，只要雷雨天，王裒必陪左右；王裒母亲去世后，王裒还是每逢雷雨天必去母亲坟前跪拜安慰，犹如母亲还在世。

只要一个心中长存恭敬心的人，在父母生前，都会把自己的孝心付诸于孝行中；在父母去世后，还是会时时把父母的恩德记挂心中。

诱惑，不为所动，一生没有做官，而以教书为生。父亲死后，王裒就与母亲相依为命，王裒对母亲也是体贴入微，百般孝顺。只要是母亲吩咐的事情都小心翼翼地去做。他将全部的孝心放到了母亲一人身上。他的母亲特别害怕打雷，每逢雷雨天气，他便把门窗关得严严实实的，坐在母亲床边，握着母亲的手，绝不离开半步。多年后，王裒的母亲去世了。他将父母合葬一处，内心悲痛万分，虔诚恭谨地守丧尽孝，且天天早晚，都到父母坟前祭拜。他惦记着母亲怕打雷的事情，每当雷雨的天气，一听到轰隆隆的雷声，他便狂奔到父母的坟地，跪拜、哭诉：儿子王裒在此，母亲您千万别怕！别人看到以后都说，王裒是个大孝子啊！母亲死了还会在雷雨天去母亲坟前跪拜，可想而知，父母在世时，肯定更会呼而必应了！

可见一个人的孝心孝行，他不但能感动天地间万物，更可作为后人学习的典范。现在如果我们看到这样的孝行也是会备受感动的。父母从小把我们抚养长大，照顾我们辛苦劳累。孩子幼时，一旦生病，最着急担心的便是父母；孩子外出时，父母又会担心孩子是否安全；父母出门办事，回到家里的首要任务，就是探望自己的孩子是不是很好……父母的心时时刻刻都记挂在子女身上。想一想父母他们是如何照顾我们的，那么作为子女的我们，今天已经长大成人了，有没有想到父母已经年老，身体衰弱，而我们是否尽到了孝心？“树欲静而风不止；子欲养而亲不待了！”所以孝顺父母要及早，更要从这些每日的应对做起，培养自己的恭敬心，那便是孝的初步了。

相较于现在，“父母呼，孩子应”，几乎没有这种情况了，而变成了“孩子呼，父母应”。这主要是现在独生子女的优越感所致，孩子被当成宝贝对待。父母宠，爷爷奶奶、姥姥姥爷宠，集万千宠爱于一身。从小就养成了骄横自私的性格，认为父母为自己做的一切都是应该的。这不但是害了自己，还害了孩子一生的发展。因此，父母作为孩子的启蒙老师，父母要看清情况，从小注意对子女的教育。

树欲静而风不止，子欲养而亲不待

父母在世时，我们要尽到做子女的孝道，不要等到父母离开了才想起应尽的孝道没有尽。

父母教与责，子宜听

［原文］

父母教　须敬听　父母责　须顺承

★ 解读

原文的意思是：父母教导我们做人处世的道理，我们应该恭敬地聆听。自己做错了事，父母责备训诫时，我们应当顺从地接受，不可强词夺理，使父母亲生气、伤心。

古语有云："爱之深，责之切"。这也体现了父母亲情的无价。只有关心、爱护我们的人才会不厌其烦地教我们为人处世的原则，时刻提点我们不要犯错、知错能改。所谓"众人是我师，我是众人师"，人们彼此之间是可以互为老师，相互帮助的，他人可作为一面镜子，照出自己的不足，何况是父母？父母的人生阅历毕竟高于我们，父母说得对，要听从；说得若不合理呢，也可以拿来作参考引以为鉴，提点我们不要犯类似的错误。

因此，对待父母时，子女的一言一行都要有一颗恭敬心，父母的教导与责备，都是为了子女有一个健康的成长环境。子女应当顺从地接受，而不是左耳进右耳出，事不关己一样。子女在对待父母的训诫时，自以为是：父母总喜欢拿大道理来教训人。时间久了，进而产生抵触情绪，正如孔子所言："色难"，在与父母、长辈、领导相处时，最难的就在于永远保持和颜悦色。其实当一个人能深刻体会到父母的恩德，他的心境就会自然柔软，自然恭敬。

《增广贤文》中说："羊有跪乳之恩，鸦有反哺之孝。"自然界的动物都会懂得报答父母的养育之恩，人更应做到：父母的教诲，一定要恭恭敬敬地听，假使父母责备你，一定是有道理的，所以你要虚心接受，不可有所不恭敬。孔子说："父在，观其志；父没，观其行。三年无改于父之道，可为孝矣。"此句可理解为：父亲在世时，对于家中事务，做儿子的并未拥有决定权，所以只能观察其志向，是否能继承父亲的抱负；父亲过世之后，因为家中事务的决定权已转移到儿子身上，因此就可以直接观察其行为，是否能持续父亲的事业。如果能持续三年，都不违背父亲的规范，那就可以称为孝子了。

三国时期吴国人顾悌，字子通，十五岁，就当上郡里的一个小吏，后又晋升为偏将军。他因为性情刚毅，言事切直，招致同事妒忌而辞官回乡。当时他的父

羊有跪乳之恩，鸦有反哺之孝

小羊羔都懂得用跪拜来吮吸母乳来报答母亲的恩德。

自然界中的动物们都懂得反哺之恩，那么我们更要有孝顺父母、报答父母养育之恩的孝行。

年老的老乌鸦已没有出去觅食的能力，小乌鸦得到了老乌鸦的哺育长大，反过来，觅食哺育老乌鸦。

亲还在其他县任县令。顾悌每次接到父亲的家信，一定先洗浴并整理衣帽，重新摆放好桌子，放置好家信，才跪下来恭敬地阅读，读完后再叩拜书信一次。后来他的父亲去世了，顾悌哀恸欲绝。丧事结束后，还悬挂父亲的遗像在墙壁上，下设神座，供奉果品，从未间断，并且早晚跪拜追思。

所谓"母活一百岁，常忧八十儿"，纵使母亲活了一百岁，八十岁的儿子在母亲眼里依然还是小孩子。当子女的内心能感受到一位为人父母的辛苦、辛劳时，子女就绝对不会对父母讲一句忤逆的话，讲一句不恭敬的话，而是一辈子报答父母的恩德。因为有这一份体会，自然而然看到自己的父母就会心生恭敬、心生欢喜。所以很重要，我们要时时把父母的恩德放在心上，自然而然"诚于中，形于外"，我们的恭敬的言语跟行为就会表现出来。

汉高祖刘邦从小就十分孝顺，即使后来做了皇帝仍然像普通人家的孩子一样，每次见到父亲刘太公，都要恭敬地叩拜行礼。后来，刘太公觉得刘邦贵为一国之君，每次见到自己都要行叩拜之礼有失皇帝的尊严。于是，当刘邦又一次来探望父亲时，刘太公就随同所有的仆人一同在院子里迎接他。刘邦见父亲如此，大惊失色，连忙执起父亲说："父亲大人，快快请起，哪有父亲拜儿子的道理，这不是折我的寿吗？"刘太公恭敬地说："你贵为一国之君，我只是普通的臣子，哪有君主拜臣子的道理！"刘邦听后，无可奈何，反复思虑以后，颁布一项法令：尊刘太公为太上皇，太上皇不必对皇帝行君臣之礼。自此以后，各朝各代都沿用这项制度。

顾悌与汉高祖刘邦对其父的恭敬之情使我们深深地折服，但我们看现代的情形，父母训斥一句，孩子可能顶了三四句。父母不说还好，一说孩子还一言九"鼎"，所以完完全全时代都变了。为什么？因为从小父母在教导子女的时候，他没有特别注意到他们的礼貌。如果一个人在家里不听从父母的话，将来在社会上与人相处，也可以说很难用虔敬之心去服从、去听从别人或者长辈的话、领导的命令，也就说很难有那种诚敬之心。也就很难成为出类拔萃之人，反之，要想成为一名优秀的人才，最基本的因素就是心存一颗对父母、他人的恭敬心。

家书如父

一个人只要懂得孝悌之道，心中长存恭敬之心，不论父母身处何地，都会运用不同的方式表达对父母的孝顺之心。

顾悌每次接到父亲的家信，一定先洗浴并整理衣帽，重新摆放好桌子，放置好家信，才跪下来恭敬地阅读，读完后再叩拜书信一次。

汉高祖敬父

刘邦贵为君王，每次见到父亲刘太公就如同普通家的儿子一样，都要恭敬地叩拜行礼，根本不顾及自己帝王之身。

刘太公觉得刘邦贵为君王，全天下都是他的，却每次见到自己都要下跪，有失君王威严。故下跪于刘邦。

冷暖要常询，早晚要请安

［原文］

冬则温　夏则清　晨则省　昏则定

★ 解读

原文的意思是：冬天寒冷时，要照顾好父母，让他们感到温暖；夏天炎热时，要让父母享受到清爽凉快。早晨起床之后，应该先探望父母，并向父母请安问好；晚上回家后，要向父母报平安，使父母放心，然后侍候父母睡下，子女才应该去休息。

原文可谓是节选于《礼记·曲礼》中的这句话："凡为人子之礼，冬温而夏清，昏定而晨省，在丑夷不争。"阐释为：大凡为人子女所要遵守的礼仪：冬天要留意父母亲穿得是否温暖，居处是否暖和。夏天，要考虑父母是否感到凉爽。每晚睡前要向父母亲问安，早上起床，一定要先看望父母亲，请问身体是否安好。与平辈的人相处，不发生争斗。

孩子是母亲十月怀胎辛苦所生。母亲为了体内的孩子能够健康发育，父母历尽艰辛，小心行事，生怕出现意外。如果子女体会到父母的这份艰辛，就会时时心中有孝道。此孝道为："子女要养父母之身、养父母之心、养父母之志"。一个人首先要赡养年老的父母，注意他们的饮食起居是否舒适，身体是否安康；其次要时时体谅父母的用心，细心观察父母的言行举止，尽量达到父母的期望；最后，要完成父母的志向，做社会的栋梁之才。

在古代，儒家孔孟之道常言：君子有九思：视思明，听思聪，色思温，貌思恭，言思忠，事思敬，疑思问，忿思难，见得思义。而"视思明"与"听思聪"则是要能从父母的言谈当中，听出他们心里的需求。然古人在这方面做得十分优秀，所以古人的孝心、孝行随处可以体现。

东汉时期，有一个叫黄香的小孩。在他九岁时，母亲就去世了。母亲去世后，黄香对父亲更加关心、照顾，尽量让父亲少操心。家中生活很艰苦，寒冬，夜晚特别寒冷，根本无法入睡。一天，黄香晚上读书时，感到特别冷，手都拿不住书了，想："父亲一定也冷得睡不着。"于是，小黄香读完书就悄悄地走进父亲房里，用自己的体温给父亲暖被窝，这样父亲就可以睡安稳了。而在夏天的时候，天气炎热，蚊蝇也较多，小黄香为了不让父亲被蚊虫叮咬，就乘父亲和邻居在院子乘凉

黄香扇枕温床

寒冷的冬天，小黄香想到劳累了一天的父亲，如果睡在冰凉的床上，心中就觉有失孝道，于是用自己的体温来温暖父亲的床被。

炎热的夏天，人们都在院外乘凉，小黄香却担心父亲一会睡觉会被蚊蝇叮咬，无法入睡，就乘父亲乘凉时，帮父亲扇赶蚊蝇。

孝心的体现是从实际出发，而不是空谈理论。更何况在日常生活中，一件简单的细小之事，就可以体现出一个人的孝心。

周文王像

周文王，(公元前 1152—公元前 1056)是中国商代末年西方诸侯之长。姓姬，名昌。周太王之孙，季历之子。商纣时为西伯侯，在位五十年，为灭商大业做好了充分准备，是个很有作为的创业者，积善行仁，政化大行，益行仁政，天下诸侯多归从，但未出师讨伐就离世了，但是他的功绩没有被人忽略掉，周人追尊为文王。

的时候，进入父亲房间，用蒲扇扇赶蚊蝇，还把父亲的床铺和枕头扇凉，让劳累了一天的父亲早些入睡。黄香不但孝顺父亲，而且还刻苦用功学习，年轻时就能写出一手好文章。长大后，他就担任魏郡太守。一年，魏郡遭受特大水灾，百姓苦不堪言，黄香拿出自己所有的钱财赈济灾民。百姓非常感动，称赞他为："天下无双，江夏黄香"。汉和帝时，黄香官至尚书令，即宰相。

小黄香的这些行为虽然都是小事，但处处都表现出一个孝子的那种纯孝之心、知恩报恩的心。我们要知道，从孩子有了生命那天开始，父母就对子女百般呵护，衣食住行照顾得无微不至。作为感恩，子女关注留意父母的冷暖，这是天经地义的，况且子女给予父母的关爱比起父母的付出，再多也不为过。

周文王做世子的时候，每天都要去朝见他的父亲三次。在早晨鸡啼叫时，文王就穿好了衣服，到父亲的寝门外面去请安。只要宫里的小官说好的，他就听了十分开心。到了中午的时候，文王又去问安，到了晚上，还去问一次安。天天如此。只要父亲稍有不适，文王的脸上就充满了忧愁的神气。吃也吃不好，睡也睡不安稳。直到父亲恢复健康，心才安。且在每次饭菜献进去给父亲用的时候，文王都亲自去视察饭菜，父亲用完饭菜之后，他还会问吃得怎么样。并对御厨说，以后不要把剩下的饭菜再献上来，然后文王才敢退下。

但现在很多父母时时嘘寒问暖地关心着孩子，很多为人子女也认为是理所当然的，也不会反过来关心一下父母睡得可好，吃得可饱，穿得可暖，身体健康可否等。

古人能做到如此的孝顺，我们今人刚好恰恰相反。所以有很多做父母的感慨子女不孝。为什么不孝？因为从小父母就没有好好教育他，所以长大后，不孝也是顺理成章的。当然，我们也看到很多职业妇女，孩子一生出来不是让父母带，就是请保姆带孩子，长大后自己上学，所以会出现父母与子女的关系不和谐。现在，母亲的责任与古人相比，可以说是天壤之别，因此，我们要注意家庭教育。而当一个人对父母的爱护、关怀养成了习惯后，他不管待人、处事、接物都有那种温、良、恭、俭、让的态度，这种人也就自然能得到大家的尊敬、爱戴。这样一生无过、无悔，虽是平凡，却是现今社会中的不凡之人了。

文王问安

父母与子女血肉相连，时时体察父母是否睡得安稳，吃的是否合口，身体是否安康……这些都是作为子女应尽的孝道。

周文王在做世子时，一日三次前去父亲王季住处问安，询问父亲是否睡得安稳，如果王季身体有所不适，文王也是满脸忧愁，担心父亲的健康状况。

周文王每天都会在父亲用膳之前，检查饭菜，一是检查饭菜是否会有毒，二时检查饭菜的生熟、凉热等。

温、良、恭、俭、让的态度

温

让

良

一个人不管待人、处事、接物都有那种温、良、恭、俭、让的态度，这种人也就自然能得到大家的尊敬、爱戴。这样一生无过、无悔，虽是平凡，却是现今社会中的不凡之人了。

俭

恭

出入要禀报，作息要有度

［原文］

出必告　反必面　居有常　业无变

★ 解读

原文的意思是：外出办事时，必须告诉父母要到哪里去，回家后还要当面禀报父母，以免父母担心。平时起居作息，要保持正常的规律，不要任意改变，以免父母忧虑。

“儿行千里母担忧”，孔子他讲“父母在，不远游，游必有方”，也说明子女在离家远行或办事时，要和父母禀告一声，免得父母在家牵挂、担心。不要事事以自我为中心，不顾及父母的心情与感受。

随着子女慢慢地长大，有的子女就会外出工作，忙于自己的事业，组建自己的家庭，忽视了父母的存在，缺少了对父母应有的关心与照顾。可是这种家族人伦之爱，是维系着中华几千年的核心传统。古贤们也曾指出这是自然之爱，是任何金钱利益所不能左右的，是人们感情生活中的一方净土。古人还强调：子女不是用于交换的商品，父母的辛劳和恩德也是无法量化的，只能用心去体会，不能因事业的忙碌，而忽视父母的存在。

唐朝的皇室宗亲李皋，在做衡州刺史时，政绩显著，深受百姓爱戴，但因受奸人陷害，被召回京受审。在审讯期间，李皋担心母亲年事已高，如若知道此事，必定惊忧成疾，于是告诫全家人不要走漏消息。每次被提审，李皋一定要等到走出家门以后，才换上囚犯的衣服；审讯完回家，也一定要在临近家门以前，改换官服，腰间悬着鱼符，胸前揽着奏事用的笏板，不失刺史威严。审讯结束后，李皋被判有罪，贬到潮州做刺史。却告母亲说这是朝廷重用才被调任的。母亲信以为真，还替儿子高兴。后来在杨炎做宰相时，才得以平反，并重新担任衡州刺史。当他回到衡州后，百姓夹道欢迎。直到这时，李皋才跪在母亲面前述说了被诬陷贬官的经过，并恳求母亲责罚自己的隐瞒欺骗之罪。

对于如今的人们来说，古贤们的思想，家族人伦之爱却在慢慢缺失。子女孝顺父母，本应是应尽的义务与责任，但现今已被一些子女所忽略掉了，缺失了这种情感。

李皋贬职

李皋说:"我被奸人诬陷,回京受审,恐母亲担心,每次在受审前,都是出了家门才换上囚犯的衣服;在审讯结束回家时,都是在家门外换上刺史的衣服,并摆出一副刺史的威严,并且在被贬职时还哄骗母亲说是朝廷重用才调任的。"

李皋为了使母亲过着平静的生活,不因自己受诬陷贬职而扰乱父母的安宁。这才是一种孝子的所为。一个人只有时时记挂着父母,才会在做任何一件事时小心谨慎,不让父母担心。

父母与子女之爱

家族人伦之爱,即时维系着中华社会几千年的核心传统。

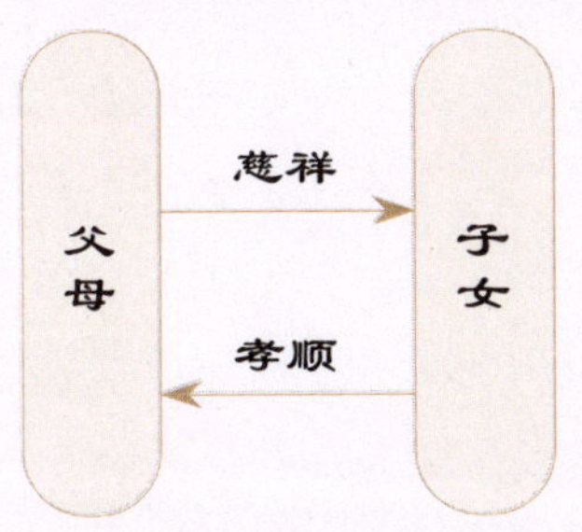

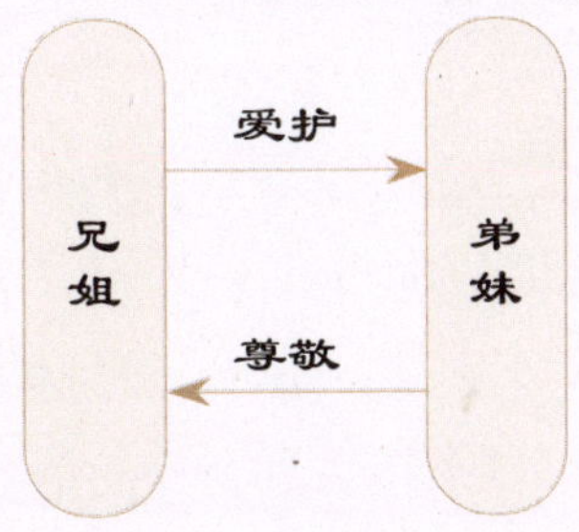

父母对子女的慈爱,子女对父母的孝顺,兄姐对弟妹的爱护,弟妹对兄姐的尊敬等等,都是一种爱心的最大体现,也是一种自然地本能地关爱。因这是处于人自身的一种天性,没有掺杂任何利益因素在其中。

勿事小而为，事事禀父母

［原文］

事虽小　勿擅为　苟擅为　子道亏

★ 解读

原文的意思是：不要因为是小事，就自作主张，擅自去做，没有告知父母；如果任性而为，就有背为人子女的本分，使父母担心，是不孝的行为。

这四句话是讲：为人子女的要恭敬父母，凡事要请示父母的许可，才可以去做。不要自作主张，自作聪明，认为自己已经长大成才，接受了优良的教育，见多识广，拥有辨别善恶的能力，没必要事事都要求得父母的许可，而认为时代不同了，父母的思想太陈旧，食古不化，没有必要去征求父母的意见，这样反而浪费时间。有时认为这种小事没有必要劳烦父母烦心，大事再禀报父母就可以了。殊不知我们已在无形中把为人子女的孝道亏损了！孝道好比光滑圆润、晶莹剔透的明珠，是天地间难得一见的无价之宝。凡人宁可丢命也不愿舍弃珠宝，生怕碰坏了，却不知保护这颗与生俱来的孝道明珠，轻易就亏损了它。这真是本末倒置，不知轻重啊！

曾子曾说“十目所视，十手所指”，告诉我们，人要经常怀有这种警戒之心，即使在没有人的地方，或者没有被人注意，自己独处的时候也要很谨慎小心。

孔子也曾说：“非礼勿视，非礼勿听，非礼勿言，非礼勿动。”这也明确地告诉我们，不合礼数、道德规定的事情、言行，我们都要不看、不听、不说，不动。也是要求每个人只要对自己的行为有所节制，同时心中怀有对别人的尊敬心，别人就会尊敬你。

其实很多的大善都是从小善做起，很多的大恶也是从小恶积累上来。所以古人时常用“勿以善小而不为，勿以恶小而为之”这句话训诫自己的子弟。孩子在家庭当中的一言一行，父母都不能苟且，太随便了，不加以约束，任其为之，不然出入社会就会有犯大过失的可能性。当然，要让孩子“勿擅为”，首先我们家长要“勿擅为”，因家长是孩子最好的老师。

勿以善小而不为，无因恶小而为

一个人总是认为小小的善事做不做都无关紧要，只要在大的善行上行善就行了，但殊不知，大善也是由小善累积而成的。

父亲做事谨慎，生活俭朴，儿子却私借官府布匹，致使受到父亲的责打，在做任何事情之前，都要征求父母的意见，因父母的经验毕竟多于我们。且不要认为只做了一件小小的错事，无足轻重，殊不知，大恶行也是小恶、小错的累加而成的。

小物私之藏，亲知心之伤

［原文］

物虽小　勿私藏　苟私藏　亲心伤

★ 解读

原文的意思是：任何东西即使是微不足道的小物，也不可以私自收藏占为己有。倘若私自收藏，就会有损自己的品德，父母知道了一定也会很伤心的。

任何人都会有好奇心，在好奇心的驱使下，就会做一些有损自己品德的事情。上节也说到我们在做任何事情的时候，最好征求父母的意见，这样我们就不会做出有损自己品德的事情，也不会使父母担心。同样的道理，凡是任何东西，即使在别人看来都是微不足道的，有或无都不重要。对于自己却很想拥有一个。但是，不是自己的东西，你统统不可以私自把它藏匿起来，变成自己的私人物品。如果对别人看来已经是不需要的，你可以征求他人的意见，赠送于你。否则，私自把它藏起来，那就等于是小偷，有损自己的品德，也会使自己的品德蒙上阴影，且父母知道以后，会使父母蒙羞。

在以前，父母时常用圣贤的道理教化自己的孩子，教诲孩子都要谨记"一瓜一果之弗贪"，一个瓜果都不去想着占为己有，不是自己劳动所得的就不要去占有。"一丝一毫之不苟"，绝对不允许孩子从小有贪小便宜的坏行为。俗话说，小时偷针，大时可能就偷金，也就是说，小的时候养成小偷小摸的坏习惯，长大以后，很可能因贪的欲念膨大，想要又在正常的途径下得不到，就会去抢、去偷，导致触犯国法，锒铛入狱。所以养孩子的不贪，在他往后是养他廉洁之心。廉洁非常重要。

汉朝时期，有一个名叫杨震的人，为官期间，爱民如子，勤政廉洁，深受皇帝的器重。有一个非常有才华的读书人——王密，很受杨震的欣赏，随后，杨震就举荐王密做官。王密感激杨震的恩德，于是，在夜深人静的时候，给他送了一些金子作为酬谢。王密对他说："此事没有人知道，就你我二人所知，你就收下吧。"然而杨震却严词拒绝："除了你我，还有天知、地知，如果被我母亲知道，她会很伤心的，我也就失去了自己的节操。"王密听后很羞愧，只好离去。

杨震的品行不但维护了做人的基本原则，还使自己的父母感到荣耀，并且影响着自己的子孙成长。

可是，在现今的社会中，我们时时都会听到看到一些人不满足眼前的利益，欲望越来越大，或者被别人利用，走上了不归路。等到觉醒的时候已经晚矣！因此，在孩提时代，父母、老师就应该时刻教育自己的子女，让子女怀有一个好的价值观，正确地面对自己的人生道路。

杨震像

杨震（公元 59—公元 124），字伯起，东汉时华阴人，少时聪敏而且好学，世人赞其“时经博览，无不穷究”，当时被誉为关西孔子。后因德高望重，学识渊博，从师者如市。50 岁时，经朝廷大将军举荐，开始步入仕途，升任荆州刺史。杨震为官清廉，不谋私利。他始终以“清白吏”为座右铭，严格要求自己，“不受私谒”。曾举荐茂才王密担任了昌邑县令。后因受奸人诬陷，蒙受冤屈而死，后沉冤昭雪，后世人们为了纪念他，建了“四知书院”。

杨震拒贿

一个品德高尚之人，就不会收受不义之财，不是靠自己的劳动所获得的财物是不可取的。不义之财不可取。

亲所喜物应取之，亲所厌物应弃之

［原文］

亲所好　力为具　亲所恶　谨为去

★ 解读

原文的意思是：父母亲所喜欢的东西，子女应该尽力去准备，父母所厌恶的事物，子女则要小心谨慎地去除、改正。

为人子女的，总一天会变为为人父母。因此，平常与父母相处的时候，我们要随时随地地观察、留意父母的言行举止，想父母所想，从中发现父母的喜好，作为子女就要尽自己的努力去取得，使父母高兴。因为父母是子女睁眼看世界所见到的第一人，是他们最亲的人。再则，父母不喜欢的东西、讨厌的事情，作为子女就要远离、躲避，不去触碰它们，并且改掉自己身上的坏习惯。那样的话，父母就会感到很欣慰。

但父母的喜好的确会影响子女的人生价值观，假如是一个喜好名利的父母，那么导致子女也是一个贪财逐利之人，建立了错误的价值观，影响孩子一生的发展。

在古代，楚王很喜欢腰很细的女子，结果宫中的很多后宫嫔妃都节食，进而很多女子都饿死了。国君有什么喜好，大臣都会去迎合他，从而形成了一种不良风气，导致一国灭亡。一个家带错风气，家会垮，一个国的国君带错风气，国就会垮，所以就有“一家仁，一国兴仁；一家让，一国兴让”，一人贪财逐利，一国就会混乱。所以假如一位国君整日贪图享乐，过着骄奢淫逸的生活，到最后的下场很可能是跟人民发生冲突被人民推翻，商纣的灭亡，就是最好的印证。商纣王当时很宠爱妲己，不听信朝中贤臣的忠谏，为满足妲已的欲望对人民不断地压榨，剥削民脂民膏，到最后人民起而跟他对抗，最终得人心的周武王带领人民推翻了商朝。

人们往往都在追求“富贵”，可对“富贵”的定义确实过于字面话，只认为是有钱有利就是富贵一生，没有想到他的实质。一个人真正知足，他内心常常觉得很充裕，知足者才能够常乐。所以真正的富在知足。而“人敬则贵”，当人人看到你都心生欢喜，都打从心里尊敬里你、佩服你，那才是实在的贵。只有这样的“富贵”才是人生所追求的。

古代也有许多孝子会常常满足父母的需要。晋朝时期，有个叫王祥的人，心

商纣的灭亡

一个国君假如很贪钱财喜好美色，到最后的下场很可能是跟人民发生冲突，致使国破。一个只知贪图享乐的人，到最后必定也是两手空空，独自一人，众叛亲离。

富贵的真谛

一个人真正知足，他内心常常觉得很充裕，知足者才能够常乐。所以真正的富在知足。而“人敬则贵”，当人人看到你都心生欢喜，都打从心里尊敬你、佩服你，那才是实在的贵。

地善良、孝敬父母。幼年时丧母。后来继母朱氏对他不但没有慈爱，还经常虐待他，并且在他父亲面前说三道四，搬弄是非。他父亲对他的态度也逐渐冷淡，然而王祥却一点也不在乎。王祥的继母特别喜欢吃鲤鱼。有一年冬天，天气很冷，冰冻三尺，王祥为了能得到鲤鱼，赤身卧在冰上。他浑身冻得通红，仍在冰上祈祷，希望得到一条鲤鱼。正是由于他的虔诚，他右边的冰突然开裂。王祥喜出望外，正准备跳入河中捉鱼时，忽从冰缝中跳出两条活蹦乱跳的鲤鱼。王祥高兴极了，就把两条鲤鱼带回家供奉给继母。

在这则故事中，我们看到王祥没有记仇，而是以德报怨。

现如今，如果你问一些孩子一个很简单的问题：你知道你父母的生日是哪天吗？回答肯定是：不清楚。为什么会有这样的结果？他们肯定说："父母从来就没有说过，我们怎么知道。"导致这样的情况就是，现在每家几乎都是一个孩子，不是公主，就是王子，他们只知道命令父母，父母也乐意去做。可，父母是否想到长此以往，你的孩子就永远以自我为中心，就知道命令别人，从不为他人服务。那样的话，结果就是：子女以后出入社会，缺乏他人的信任、尊敬，遭到排斥、孤立，出现消积、反叛心理，走入极端。不光这样，还会在父母年老之后，被子女所抛弃，无人赡养。

现在，父母在孩子还小的时候，心灵没有受到污染的时候，就应该让子女有一个正确的人生观，多去学习一些古人的智慧良言，因古人的智慧都是在历史的浪潮中，经过数以万计的经验教训锤炼而成的，处处都是精华。

当别人做了什么对自己不好的事情，不要时常挂在心中，应扩大胸怀，忘掉才好，并帮助对你有仇的人，时间久了，仇人会变为朋友的。

以德报怨

王祥的继母时常虐待他，但王祥从来都没有记挂在心中，在冬天卧于冰上获取鲤鱼，孝敬继母。

一个人心中怀有孝心，就会时时想着孝顺父母，满足父母的需求，从不恨父母对自己的责罚。

知健康免忧愁，懂道德免蒙羞

［原文］

身有伤　贻亲忧　德有伤　贻亲羞

★ 解读

原文的意思是：如果身体不小心受到伤害，就会给父母带来忧伤。假如品德上有什么损伤，就会使父母亲蒙受耻辱。

上节说到如何正确处理父母的爱憎事宜，对我们而言，是相当大的考验和磨炼。这种孝心的实践，不仅需要耐心、勇气和毅力，同时也须要智慧。否则一不小心，我们可能把自己陷入不合乎情、理、法的处境里，甚至处于危难中，这样就会有心孝顺，却无力做到了。因为若为了父母的喜好，百般冒险犯难，不惜坑蒙拐骗，甚至通敌卖国。这小则伤身败命，大则足以毁家亡国；不但贻父母以忧虑，更令人讥笑父母于子失教，于己失德，真可谓遗臭万年了！正如《孝经》上亦说："爱是不自私……不做羞耻的事。"但凡自己身体的，心理的损伤，都是会令父母担忧的，所以爱护自己，不做恶事或任何不合情理之事，以免令父母蒙羞，这样，也是间接的孝顺了父母。

《诗经·蓼莪篇》里提到"哀哀父母，生我劬劳"，此句是赞叹父母的伟大，父母在养育我们时，为了我们拥有一个健康的身体，并且接受良好的教育，历尽辛劳。我们回头想一想，今天我们所拥有的每一项难道不都是父母的恩赐吗？所以我们就应该尽自己最大的努力去达到母亲的期望。

孟子说，"事孰为大？事亲为大"，侍奉父母，人生第一大事；"守孰为大？守身为大"，守住自己的品德，绝不做违背道德的事，而让父母难堪。如果我们的行为不符合道德，不符合礼数，就会使父母蒙羞，兄弟姐妹也蒙羞，甚至于连自己的子女也有可能蒙羞。因此，我们的言行举止要合乎礼数。

人们常说饮水思源、吃水不忘打井人。那么我们就应该要想到，我们从哪里来的。父母就是我们的根。所以，我们就要尽到子女应尽的孝道。

晋代有个文学家叫范宣，是出了名的大孝子，虽然家境贫寒但范宣十分好学，精通儒家经典，也恪守礼法道德。小时候的一天，他正在茶园里干活，不小心把手指头弄伤了，不禁难受得哭了起来。有人问他："你哭什么？是不是伤口太疼了？"范宣却说："我不是因为手指疼痛，而是因为伤了父母赐给我的身体，就等

饮水思源

做人要懂得饮水思源，受人点滴之恩，应当涌泉相报，正如父母对自己的养育之恩，应当一生相孝。

范宣惜身

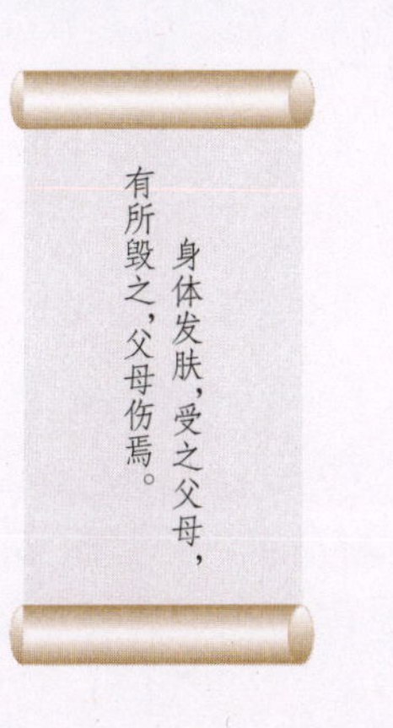

范宣手指受伤，是因身体是父母所赐，伤及自己，就会使父母伤心。

于伤了父母的心，因此，我才伤心痛苦啊！”可见，范宣是多么的孝顺。

又如，春秋时期，有一个叫管仲的大政治家，由于家里特别穷，每天衣食难寻，幸得好友鲍叔牙相助，他才得以养家糊口。鲍叔牙与管仲一同做生意，每次分红，管仲都会取走很多，他也没有觉得有什么不妥，可是管仲母亲知道后就训斥他：“鲍叔牙是个好人，我们多亏他的帮助，才可以生活，你怎么能欺负他呢？”管仲觉得母亲说得很有道理，不能再这样了，于是他辞别鲍叔牙投靠了齐国公子纠，作为了公子纠的门人。之后，公子纠与公子小白争夺王位的时候，不幸死去，他的门人都自刎殉王了，唯独管仲没有那样做。别人都说他贪生怕死，管仲毫不生气地说：“如果我死了，母亲肯定会伤心流泪的，这哪像为人子该做的事情？”后来，管仲又在鲍叔牙的举荐下，做了齐国的宰相，光耀门楣，成为母亲的骄傲。

古人讲到孝顺这个最高的境界，则是他能光耀门楣、光宗耀祖。正如管仲的故事。相较于今天，反而是有些人经常抱怨说：父母什么都要管？实则是父母对你的关怀所致！假如你知道照顾好自己的身体，生活起居饮食有规律，进而让自己更知礼明事，这样父母当然就放心了。现在是信息化时代，人与人之间交流很频繁，也有所虚拟化，假如你没有判断力，缺乏理智，很有可能就会犯下让自己一生遗憾的事情。到时候不但父母家人蒙羞，甚至连下一代也有可能蒙羞，这是大不孝，所以守身很重要。

今天，父母也是希望子女有所作为，有所成就。但是，只要自己尽了努力去追求，即使没有成功，父母也是会感到很欣慰的。只要我们心中时刻想着父母的恩德，做一个对社会有用的人，不违背法律、道德，这样，就是父母眼中的期望。因此我们为人子女的要诚信、要稳扎稳打，不可好高骛远，造成自己犯下了错误，也连累了自己的父母。

管仲奉母

仲父（约公元前723年或前716年～公元前645年）汉族，齐国颍上(今安徽颍上)人。名夷吾，又名敬仲，字仲，谥号敬，史称管子。春秋时期齐国著名的政治家、军事家。周穆王的后代。管仲少时丧父，老母在堂，生活贫苦，不得不过早地挑起家庭重担，为维持生计，与鲍叔牙合伙经商后从军，到齐国，几经曲折，经鲍叔牙力荐，为齐国上卿(即丞相)，被称为“春秋第一相”，辅佐齐桓公成为春秋时期的第一霸主，所以又说“管夷吾举于士”。管仲的言论见于《国语·齐语》，另有《管子》一书传世。

一人说：“管仲，公子纠死后，他所有的门客都自刎殉王了，你贪生怕死吧？”

管仲却说：“我如果死了，我的母亲会伤心哭泣的，这怎么能算是一个为人子所应给做的事情呢！”

父母爱孝易，父母憎孝贤

［原文］

亲爱我 孝何难 亲憎我 孝方贤

★ 解读

原文的意思是：当父母喜爱我们的时候，孝顺就会变得很容易；当父母亲讨厌我们，或者管教过于严厉的时候，我们还能恪尽孝道，而且还能够反省自己的过失，能够体会父母的心意，改过自己的缺点并且做到更好。这种孝顺才是最可贵的。

《孟子·万章上》："父母爱之，喜而不忘；父母恶之，劳而不怨。"这也是说：父母疼爱我们时，自己内心高兴，但不要忘记父母的恩德；父母讨厌、责备我们时，自己则要改正过失，体会父母的心意，尽到孝心。只要我们能够设身处地地、站在父母的立场考虑问题，进而常与父母沟通，那样我们就会理解父母的严厉，体会父母的用心。达到一种家庭的和谐。

中国俗语说："礼尚往来。"人与人之间经常往来，关系自然亲密，就是他人怀一分好意对我们，我们也要回敬一分；人家笑脸相向，我们也没必要摆出一副臭脸孔。这是很自然的为人处世原则，更何况父慈子孝是天性！所以父母疼爱我们，照顾我们，我们孝顺父母是本分，根本就不能自以为是了不起的大孝子了！假若父母根本就无暇或不愿照顾我们，甚至厌恶我们，我们还能孝养父母、承顺父母，那才是特别的、有贤德的孝行。

世间的一切事都是相对的，存在因果报因。世人中的一些凡夫总是抱着一种要么投桃报李，要么以牙还牙的态度待人接物。"投桃报李"，比喻彼此间的友好与互惠；"以牙还牙"，则是比喻彼此间的仇恨和报复。世人就是被这种无形的力牵着鼻子走，不时纠缠于恩怨情仇间，彼此造业，彼此伤害；以致生生世世都在这种恩怨情仇中纠缠。假使人能打破这无形的力，而以绝对的慈悲心，去恭敬友待他人，去容恕救助他人，无怨无悔，那就如佛家所说的得道成仙，没有掉入万劫不复的深渊！所以想求佛道，了生死，必先要学做人，而做人的首要道理就是尽孝；不管父母是否慈爱，都能尽足孝顺之道，便跨出成功的第一步了！

在古代，一些圣明的君主以及古圣先贤们都是以至德垂宪的榜样事迹流传百世的，成为后人学习的榜样。

“投桃报李”与“以牙还牙”

一个人在待人处事时，抱着彼此间的友好与互惠的态度对人；摒弃彼此间的仇恨和报复心理，一直坚持这样，就会有所成就。

人与人的相处应是怀有恭敬之心，他人赠与自己东西，自己也要怀抱更好的东西与朋友，这样礼尚往来，建立良好的关系。

有位哲人曾说：“假使狗咬了你一口，难道你也反咬狗一口？”这也是说明我们与人相处时，切勿抱着“以牙还牙，以眼还眼”的态度，这样会使彼此间的关系有可能恶化，酿成不好的后果。

精诚所至，金石为开

把石头看做了老虎，全神贯注，用尽气力，箭深深射入石头中。

我们无论是对父母还是身边所有的人，纵使他们用不对的态度对我，我依然要用对的态度去面对他们，扩大自己的胸怀，包容一切，这样，随着时间的流逝，他们会感到你的诚信，会改变对你的态度，恭敬地对待于你，这样，建立良好的亲情、友情、爱情关系。这就达到了所谓的“精诚所至，金石为开”。

在尧舜禹时期，舜的“至孝”感动了天地，被尧帝选为自己的继承人。

舜幼年时，母亲不幸过世，于是父亲再娶，舜的父亲是一个不明事理的人，性格十分顽固，后母也是一个没有妇德的人，父亲和后母对舜相当不好，时常虐待他。过了几年，后母生了一个弟弟，他们就更加偏爱弟弟，经常三个人联合起来欺负舜。

可是，舜还是很孝顺父母，友爱弟弟，并希望可以凭借自己的努力来使家庭温馨和睦，与他们共享天伦之乐。但父亲和继母、异母弟象，多次想害死他：如让舜修补谷仓仓顶时，从谷仓下纵火，舜手持两个斗笠跳下逃脱；让舜掘井时，他的父亲与异母弟却下土填井，舜掘地道逃脱。事后，舜毫不记恨，仍对父亲恭顺，对弟弟友爱。舜的胸襟最终感动了天帝。他在骊山耕种时，大象替他耕地，鸟代他锄草。尧帝听说舜非常孝顺，并有处理政事的才干，就把自己的两个女儿娥皇和女英嫁给了他。又经过了许多年观察和考验后，最终选定了舜做自己的继承人。而舜登上天子位后，还恭恭敬敬地去看望父亲和弟弟象，最终自己的孝行、孝心也感动了父亲、后母和弟弟。

《孟子》云：“舜何人也？予何人也？有为者，亦若是！”舜既然能做到如此的孝顺，我们一定也可以。无论是父母还是身边所有的人，纵使他们用不对的态度对我们，我们依然要用对的态度去面对他们，扩大自己的胸怀，包容一切，假如不是这样，我们根本没有资格去说别人的是非。以怨报怨，结果绝对不圆满，没有和谐感。我们要相信“精诚所至，金石为开”，这样才能上演人生一出一出的好戏。

因为我们天性中都有一颗至善、至敬、至仁、至慈的爱心。只要我们时刻以古人的孝悌之心督促自己，使自己能够达到孝亲顺亲，到那时，必然会缔造幸福美满的大家庭。继而，再将“孝”扩大到生活的周围中。任何的矛盾、冲突都会冰释消融。这至孝的大爱孕育出的是互敬互爱、和睦共处的和谐社会。

虞舜至孝

虞舜，三皇五帝之一，名重华，字都君；生于姚墟，故姚姓，今山东诸城市万家庄乡诸冯村人。舜，为四部落联盟首领，以受尧的“禅让”而称帝于天下，其国号为“有虞”，故号为“有虞氏帝舜”。帝舜、大舜、虞帝舜、舜帝皆虞舜之帝王号，故后世以舜简称之。

孟子与《孟子》

孟子（约前372—前289），名轲。战国时期的思想家、政治家、教育家。孔子之后的儒学大师，后世称为“亚圣”。邹（今山东邹城东南）人。他的老师是孔子之孙孔伋（子思）的门人。曾游历齐、宋、滕、魏诸国，宣传先王之道。不为采纳，归而与弟子讲学著书，作《孟子》7篇。孟子维护并发展了儒家思想，提出了“仁政”学说和“性善”论观点，他的理论对宋代影响很大。《孟子》记载了孟子的言行，笔带锋芒，常用夸张、比喻和寓言故事增强说服力，是先秦极富特色的散文专集。

《孟子》一书就是他于晚年与其弟子万章、公孙丑等人共同编纂的。《孟子》发展了《论语》的语录体。《论语》中单人的语录占总条数的三分之二以上，对话体不到三分之一；而《孟子》基本上都是对话体。对话比单人语录更能把论题阐发得具体深入。

孟子的仁政学说被认为是“迂远而阔于事情”，没有得到实行的机会。最后退居讲学，和他的学生一起，“序《诗》、《书》，述仲尼之意，作《孟子》七篇”。

父母有过，子女劝导时要诚恳

［原文］

亲有过　谏使更　怡吾色　柔吾声

★ 解读

原文所说：假如父母有过错的时候，子女应该小心规劝使其改过向善，在规劝时必须和颜悦色且态度要诚恳，声音还必须柔和。

我们在规劝父母或朋友时应该注意到四点：第一是存心，第二是注意时机，第三是注意态度与方法，第四是注意要有耐性。规劝父母时，我们要给父母一种好的口气，而不是带有谴责的语气，感觉既然父母做错了事情，就得当面指出。令其改过。可是你这样做的时候，会使父母感觉自己很没有面子，还会被自己的子女批评。反而没有要改的心，有时会惹父母生气。《论语》里面也曾提到，“可与言，而不与之言”。我们在劝谏父母与朋友时，也是为了他们能够改掉自己的坏习惯，所以，除了自己的言语态度以外，还得注意场合与时机。并且要有耐心，俗语也有：冰冻三尺非一日之寒。因为父母或朋友的坏习惯有可能不是一天两天才有的。

在古代，很多圣贤哲人都给我们做出了很好的榜样。

从前，有个叫孙元觉的少年，他小时候就十分懂事，也很孝敬父母。但他的父亲却很不孝顺。在孙元觉爷爷年老体弱多病时，他的父亲就用一个竹筐把病弱的爷爷装起来，打算扔到荒野，不再照料。孙元觉跪着大哭祈求父亲不要那样做，可是父亲根本不听他的话，还骗说：“人老了不死会变成妖怪的，爷爷老了不死也会变成妖怪的。”他只好随同父亲来到荒野，父亲放下爷爷就要离开。这时，孙元觉却对父亲说：“咱们把爷爷扔了，然后把筐子拿回去吧！”父亲不解，孙元觉说：“等到父亲老了，如果不死，我也用竹筐装好父亲，把父亲扔到荒野啊。”父亲一听，大吃一惊，最终改变主意，又把爷爷接回了家。

再如明朝时期，有个叫兰姐的童养媳，年方十二，看到她的婆婆老是骂太婆是老不死的讨厌东西。于是，兰姐在一天深夜，悄悄进入婆婆房中，流着泪，跪在婆婆的面前，言辞恳切地说：“婆婆和太婆相骂，对于晚辈是一个很不好的榜样啊！倘若将来婆婆年老时，我的儿媳也把婆婆您骂成老不死的讨厌东西，那时婆婆您心里会是什么滋味呢？谁都有年老的时候，长寿与短命都是上天的安排，媳妇我但愿婆婆您以后也能够长寿啊！”婆婆听完之后，羞愧难当，幡然醒悟，自此以后开始孝敬太婆，兰姐的两个儿子在她的教育下，都高中进士。

从以上两则故事中，我们能看到，孙元觉与兰姐小小年纪就深明大义，行孝至孝。我们作为21世纪的子女，接受了优秀的文化教育，更应该明白这个道理，更加要从自身做起，树立一个好榜样，使父母为我们感到骄傲，也可作为以后对子女教育的小故事。

苦心劝父

子女在看到父母、朋友有错时，应当及时地加以劝诫改过，还告诫人们不要忌讳自己的错误，只要可以改掉就会得到别人的尊重。

孙元觉的父亲十分不孝，在其父年老体弱的时候，不想奉养老人就将父亲装在竹筐中打算丢在荒野，而孙元觉却是十分的孝顺，劝诫父亲不要遗弃爷爷，父亲不听，而孙元觉最后想到一个办法对其父说：“咱们扔掉爷爷，然后拿回竹筐，等到父亲老了，如果不死，也用竹筐装好父亲，把父亲扔到荒野。”这样最终改变了父亲遗弃爷爷的打算。

反复劝谏，直至父母改过之

［原文］

谏不入　悦复谏　号泣随　挞无怨

★ 解读

原文的意思是：如果父母不听子女规劝，子女则要耐心等待，有合适的机会，再继续劝导；如果父母还是不听规劝，甚至生气动怒，虽然子女难过得哭泣，还是应该继续劝谏父母，使父母改过，纵然遭遇到父母责打，也无怨无悔。

我们每个人身上都有优点与缺点，谁也逃不掉，即使那些古圣先贤也不例外。往往人们只能看到自己的优点，忽略了自己的缺点。也就是说："人非圣贤，孰能无过，过而改之，善莫大焉。"所以，需要他人的劝谏，进而改过。当我们与父母相处时，有时也会无意中发现父母的过错与缺点，在这种情况下，子女则要尽到为人子女的责任，使父母改过，如果反复劝谏，父母还是无动于衷，没有改过之意，甚至生气动怒出手打了你，但是你还是要坚持，或者换种方式进行劝谏，直到父母认识到了自己的错误，改过而没有使错误加深。你的任务就完成了。

历史上这样的故事数不胜数，就如唐太宗李世民年轻的时候，随父亲李渊平定天下。在一次战役中，父亲作出一个错误的决定：想乘敌人不备的时候，连夜攻打一座城池。李世民觉得父亲的计策有误，如果敌人在沿途埋伏，不但我们取不得胜利，还会腹背受敌，很不利于我军。于是，他马上把自己的想法告知父亲，可父亲认为自己的计策可行，没有听取他的建议，然而李世民没有灰心，连劝三次。结果父亲还是一意孤行。眼看全军就要拔营出发了，李世民就在父亲的帐篷外号啕大哭，且哭得很伤心，李渊听到后，出了营帐问其原因，李世民心诚的说："孩儿本打算阻止父亲的错误军事行动，可父亲却不采纳，因此，感觉很伤心，就大哭起来了。"李渊看到李世民如此伤心，就停止了这次行动。正是这次正确的决策，才挽救了一支军队。

随后在唐王朝的建立中，正是有像魏征这样的贤臣辅助，才使唐王朝得以出现"贞观之治"的繁荣盛况。魏征也常常在唐太宗有过失的时候，直言不讳，他也常常提醒唐太宗，"水可以载舟，亦可以覆舟"，人民可以拥护你，成就你的功业，当你不爱惜人民，他同样可以把你推翻。所以，唐太宗也是兢兢业业治理国家，生怕自己的治理有什么不足之处。

李世民谏父

唐太宗李世民（599 年 1 月 23 日—649 年 7 月 10 日），是唐朝第二位皇帝，他名字的意思是“济世安民”。汉族，陇西成纪（今甘肃省静宁县）人，祖籍赵郡隆庆（今邢台市隆尧县），政治家、军事家、书法家、诗人。平窦建德、王世充之后，始大量接触文学与书法，有墨宝传世。即位为帝后，积极听取群臣的意见、努力学习文治天下，成功转型为中国史上最出名的政治家与明君之一。唐太宗开创了历史上的“贞观之治”，经过主动消灭各地割据势力，虚心纳谏、在国内厉行节约、使百姓休养生息，终于使得社会出现了国泰民安的局面。为后来全盛的开元盛世奠定了重要的基础，将中国传统农业社会推向鼎盛时期。

别人如果有缺点，一次劝谏没有成功的话，则总要经过多次反复劝谏，直到那人改过才停止。这是防止一错再错，造成不好的结果。

唐高祖李渊（566—635）。唐代开国皇帝。字叔德。陇西成纪（今甘肃静宁）人，祖籍赵郡隆庆（今邢台市隆尧县）。

唐太宗李世民通过自己的多次劝谏终于使父亲改变连夜攻打城池的计划。

有一次魏征进谏得很激烈，使得唐太宗很生气，气冲冲就跑回他的寝宫，并且边走边喊："气死我了，我一定要杀了他。"他的皇后看到唐太宗生气的样子，就知道谁有这么大的本事。只有魏征办得到。皇后马上就去换了端正、正式的衣服，换好以后就走到唐太宗面前，跪下来说：恭喜皇上！贺喜皇上！唐太宗本来已经很生气，对皇后这个举动觉得莫名其妙。然后皇后就说："皇上，一定有明主出现，明君圣主出现才有臣子敢这样直言不讳。"结果唐太宗一听转怒为喜："那我是明主！"假如这个时候皇后又进了魏征几句谗言，那么"贞观之治"可能就改写了。

后来魏征去世了，唐太宗哭得很伤心，他说：我有三面镜子，"以铜为镜，可以正衣冠"；"以史为镜，可以知兴替"；"以人为镜，可以明得失"。唐太宗说他有这三面镜子，但现在有一面镜子却是已坏，那就是我的良臣魏征过世了。由此可看出，一个贤明的君主一定非常惜才、爱才，他才能够赢得这些大臣对他的信任。

因此，一个国家的兴旺，一个朝代的兴盛，都离不开那些敢于劝谏之人。我们明白了这一点，那么在今后人生当中成就的一些事，一定要把功劳回馈给敢于指出我们错误的人，只有众志才可以成城。

所以，今天的父母们，不仅要时常警戒自己，反省自己有无过失。有无不良的习惯，应当及时地加以改正；对于那些不是一时很容易改正的错误，必须持有恒心、毅力，慢慢戒除掉。这样才能成为子女学习的榜样。

而现在，作为子女的我们，则要时刻严于律己，时常回头去看自己的缺点，改正自己的缺点，才能更好地去规劝他人，之后向古圣先贤们学习。不仅要学习他们的智慧，还要学习他们的处世原则。

长孙皇后的淑德

唐太宗在一次魏征的劝诫中，大为愤怒，要杀魏征，被贤德的长孙皇后听闻后，长孙皇后没有添油加醋指责魏征，迎合唐太宗，而是运用巧妙的方法化解了这场矛盾，解救了魏征的性命。

唐太宗的三面镜子

唐太宗说他有三面镜子，一面是铜镜；一面是历史的教训；一面是谏臣魏征。正是有这三面镜子，才使他治理国家出现"贞观之治"。但现在有一面镜子却是已坏，那就是我的良臣魏征过世了。由此可看出，一个贤明的君主一定是非常惜才、爱才，他才能够赢得这些大臣对他的信任。

"以铜为镜，可以正衣冠"。

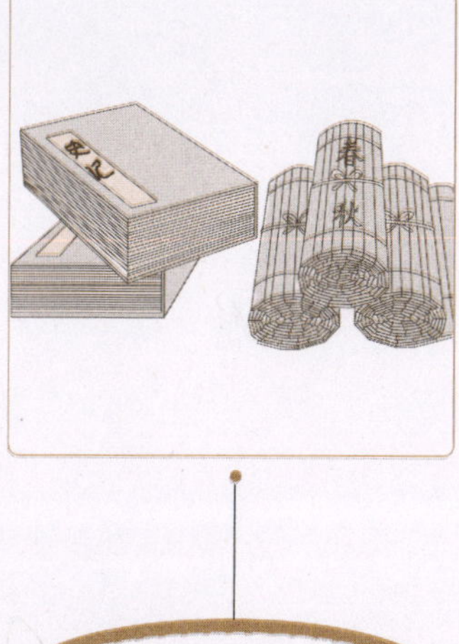

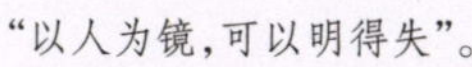

"以史为镜，可以知兴替"。

亲如病，子长随

［原文］

亲有疾　药先尝　昼夜侍　不离床

★ 解读

原文的意思是：父母亲生病的时候，子女不仅要亲自尝汤药还应当尽心尽力地照顾，一旦病情严重时，更要昼夜服侍在父母床边，不可以随便离开。

众所周知在古时候药都是中草药，必须经过煎熬才能成为供人治病的良药。当父母亲生病时，子女都会小心谨慎地把药煎好，端到父母面前，浅尝一下药的凉热，因为只有热的汤药服用以后，效果才会更加明显，也不能太热，那样的话会烫伤虚弱的病人。可是这里的“尝”只是一种浅尝，是用舌尖去试一下药的温度，并不是把药喝到肚中，因为手在接触碗而没有接触到药，所以药的温度很难把握。而且，没有生病的人是不能胡乱吃药的，否则会起到反的作用。如果父母的病情加重，在古代，子女则会衣不解带，服侍在父母的床边，不离不弃。

西汉时期的汉文帝刘恒是历史上有名的孝子，虽贵为皇帝却很孝顺自己的母亲，但他的母亲却对他十分冷淡。汉文帝每天处理完朝政事务之后，都会前往母亲薄太后处问安。后来薄太后得了重病，卧床不起，汉文帝十分着急，不仅千方百计地寻访名医，给母亲治病，还衣不解带，服侍在母亲床边。每天母亲吃药前，汉文帝都会亲口尝一下，才让母亲服用。薄太后一病就是三年，汉文帝就这样服侍了母亲三年，直到母亲的病好转。长达三年，实在是难能可贵。

在现代，一些职业人士，总说自己很忙，没有时间照顾父母，就把自己的父母丢在家中，或者送进养老院。给他们很多钱，让父母自己去买喜欢的东西。你们可曾想到，对于父母亲来说除了孤独和金钱还有什么呢，金钱虽多却买不到亲情，买不到家的温馨。其实父母并不看重你给予他们多少金钱，而他们最期望的是你的关怀。当父母生病时，子女也不在身边，留下父母孤单地躺在病床上。现在如此对待自己的父母，今后自己的子女又会如何呢？我们真应该回头去想想儿时的自己，生病的时候父母都寸步不离地守在身边，直到康复。“树欲静而风不止，子欲养而亲不待”，我们作为子女，更加要珍惜父母为我们付出的艰辛，也要在父母需要我们时，第一时间来到他们身边。

汉文帝尝药

汉文帝刘恒（公元前203年—公元前157年），汉朝第3位皇帝，谥号“孝文皇帝”。汉高祖刘邦四子，母薄姬，初为代王，建都晋阳。公元前180年登基为帝，在位期间，继续执行与民休息和轻徭薄赋的政策，使之在位23年成为汉朝从国家初定走向繁荣昌盛的过渡时期。后世将这一时期与其子景帝执政的时期统称为“文景之治”。汉文帝刘恒，以德政治天下，开创了中国封建社会第一个治世——文景之治。“治世”是治平之世，也就是太平盛世。

中西药之区别

古代的汤药都是纯天然的药草，浅尝不会有什么大碍；然而现代的西药都是化学成分浓缩的一粒粒药片，乱吃会导致生命危险。

古代，孝子都会衣不解带地服侍在父母床边，即使是帝王将相也不例外。这也是告诫我们今人，子女心中要时常有一份孝心，时刻记得孝顺父母，尤其是在父母年老体弱时。我们子女要打破一句俗话“久病床前无孝子”，而应是“久病床前孝子多”。

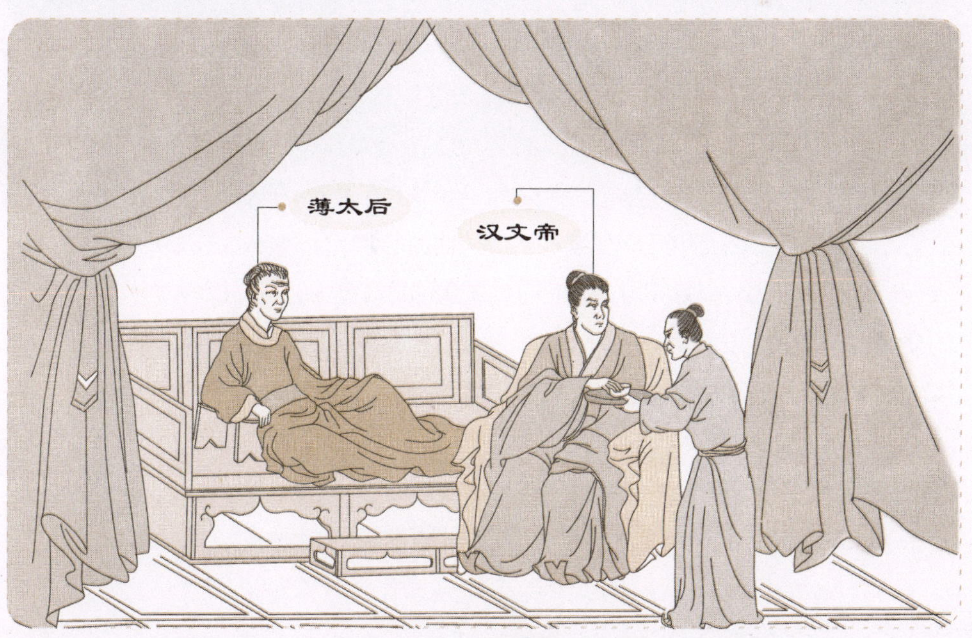

亲逝之，子常怀

［原文］

丧三年　常悲咽　居处变　酒肉绝

★ 解读

原文的意思是：父母去世之后，在古代，子女都要守孝三年，要常常追思、感怀父母教养之恩。在守孝期间，子女的生活起居必须有所改变，不能贪图享乐，应该戒绝酒肉。

“丧三年，常悲咽”，它只是形容父母刚过世的时候，我们因为思念他，经常不自禁地眼泪会涔涔下来，这也是子女情不自禁的流露。如果有的父母已经过世多年，怀想到与父母相处的点滴，也不免会伤心落泪。

“居处变，酒肉绝”，这也是对我们在父母过世后，我们的饮食起居的一种约束。面对家中长辈过世，此时我们生活应该要简朴，应该茹素，拒绝酒肉，这也是为父母祈祷。吃饭时，看到曾经父母坐的位子空着，往往是咽不下饭，吃不下食物，怀念父母。

《孝经》里有一段很重要的教诲，提到了“居则致其敬，养则致其乐”，我们用恭敬心，用一种让父母欢喜的心去奉养他；“病则致其忧，丧则致其哀，祭则致其严”，就是在父母生病时，心中也是充满了忧愁，担心父母；在办丧事时，我们要感怀父母的恩德不要铺张浪费，遵从父母的遗愿而行；在祭祀时，要很庄严肃穆，且时时不忘父母的教诲，这才是一个孝子应该尽的本分。

古代，父母不幸过世，走完了人生的最后一程路。子女就要给父母发丧、送终。古礼则有：子女守孝三年，且在这三年中，子女要生活俭朴，放弃以前的富足生活，禁止一切娱乐活动，过着简单的节俭的朴素生活，拒绝酒肉享乐的富足生活。更有极孝顺者，在三年守孝中，身穿粗布麻衣，胡须不剪，还在父母坟前搭一茅草屋，陪伴在坟前。这种丧礼，上至君王，下至平民百姓，都没有例外的。在古代的制度中，人们接受儒学教化，心底单纯、善良、厚道，父慈子孝的传统根深蒂固。所以在父母死后，时时流露出悲痛，日日思念父母，食之无味，夜晚难眠。也可谓是“父母之恩，昊天罔极”，一辈子思怀不忘。

汉代，有一个孝子韩伯俞，生性孝顺。他的母亲对他的管教也是十分的严厉，有时韩伯俞淘气做了错事惹得母亲发火，那时，母亲就会很严厉地用手杖折

韩伯俞敬母

现在子女犯错，面对父母的责罚，要和颜悦色地认错谢罪，低头躬身地等待责罚，而不应该明知有错却不承认，惹得父母更加生气，这可谓是一种不孝的表现。

韩伯俞在犯错时，母亲怎么样责罚，都没有一句怨言，还会在母亲气消之后，和颜悦色地向母亲认错谢罪，可见韩伯俞的孝顺。

父母年老体衰时，子女犯错，面对父母责罚，心里充满了悲伤，父母年老了，子女则要更加孝顺父母，不要惹父母生气。

打他。可是，韩伯俞从不辩解，只是低头躬身地被母亲责罚，即使很痛也不会哭，等母亲气消了之后，韩伯俞就会和颜悦色地向母亲认错谢罪。后来，母亲年事已高，体弱多病，当他再做错事时，母亲责罚他，他却大声地哭了出来。母亲很奇怪，不解地问："以前可没见你哭过，是不是打得太疼了？"韩伯俞忙说："不是不是，以前母亲责罚孩儿时，虽然很疼，可显母亲身体健康，现在，却一点也不疼，则表示母亲身体削弱，才情不自禁地哭出声。"母亲听后，长叹，没有再说什么。

明朝时期，有一个讲学家叫胡居仁，一直跟着吴与弼读书，他所追求的学问是有的放矢的本心。因此，心中常怀恭敬心，还把敬作为他书斋的名字。胡居仁与妻子相敬如宾，孝顺父母。当他父母去世之后，在守孝的三年里，心情一直处于忧郁中，以至寝食难安，日渐消瘦，到后来只能凭借拐杖行走，且三年中从未走进内室一步。在与家人、朋友交谈时，从未提及功名利禄，也不愿做官。随后一直谨慎自守地在白鹿书院讲道。

韩伯俞与胡居仁的行为体现了孝子的挚诚，父母在世时，时常懂得顺从父母，体谅父母的用心；父母过世多年后，还能保持一直俭朴的生活，实在令人感动。

相较于现在，我们反思子女对待父母的态度，莫不心生惭愧，因为父母为了儿女健康成长耗尽了他们一生的心血。我们作为儿女，当父母去世之后，虽然不用效仿古人那样在父母坟前守孝三年，但我们却可以把它转化为内心常常追思、感怀父母的恩德，一世不曾忘怀。

居仁敬斋

胡居仁一直把"敬"作为自己为人处世的原则，并把自己的书斋以"敬"命名。

守孝三年，胡居仁面带愁容、寝食难安、日渐消瘦。

子女，在父母去世之后，不要忘记父母的养育恩德，要心中时时怀念父母，一生一世都不要忘记。

葬之以礼，祭之以礼

［原文］

丧尽礼　祭尽诚　事死者　如事生

★ 解读

原文的意思是：父母去世之后，子女在办理父母的丧事时，要合乎礼节，不可草率马虎。在祭拜父母时，子女要诚心诚意，对待已经去世的父母，要如同父母在世一样孝顺。

论语云："生，事之以礼，死，葬之以礼，祭之以礼。"子女在办理父母丧事时，要遵从父母生前的愿望，按照应有的礼法进行办理。而不是父母生前，自己没有尽到孝道，怕他人谴责，在父母死后，大肆铺张浪费给父母操办葬礼，以显示自己多么的孝敬。这等举动，可耻亦可悲！在丧礼的时候，我们也要办得庄严肃穆，不要吵吵闹闹，且子女孝敬父母之心理应是生死如一的。自己一生都必须保持恭敬孝顺之心。正如欧阳修有一句很好的教诲，他说"祭而丰，不如养之薄也"，祭祀祭得多好，不如在父母生前好好奉养，更有意义。生前不奉养，死的时候花一大把钱，其实真是太颠倒了，有违人道！

孔子对丧祭之礼的看法是：第一，要依照自己的身份地位，并配合家庭经济状况，毋过与不及，也就是尽礼，合乎礼仪；第二，要存真正的哀伤之情和敬意；也就是尽诚，出乎至诚。古代，子女在祭拜父母灵位或去父母坟前祭拜时，仿佛父母就在自己身旁，恭敬地行礼、问安。

孔子，一生都在宣讲"仁""孝""礼""义"，使得许多人得到了终生受益的智慧。他的母亲去世之后，按照当时的周礼，孔子只要守孝两年就可以了，可两年过后，孔子内心还是十分的悲伤。一天，孔子对弟子子贡说："我的心还是很悲痛，刚刚我为母亲作了一首哀乐，你来听听吧！"孔子在弹的过程中，子贡情不自禁地流出了眼泪。感慨地说："老师这是内心思母的最好体现啊！"

《论语》云："慎终追远，民德归厚矣。"中国古礼特重葬礼，而重视丧葬之根本目的是在教化活人，以此来培养人们的道德品性和反哺报恩的观念。人与人之间的感情很容易夹杂势利的因素而不纯粹，唯有对死者，没有欲望，只有真情。现在当然可以改革葬礼仪式，不必厚葬，但一定要有对父母的真情，切不可流于形式。

现在，很多人由于工作、求学这样或那样的原因都不在父母身边，即使父母过世，也没能见到父母最后一眼，心中很愧疚。可人只要常常想到就是因为有父母的教养，我们今天才有的成就，时时有这样感恩的心，并时常诚心去父母墓前祭拜，努力完成父母身前的期望，那么父母在地下也会感知到你的孝心。

欧阳修论孝道

欧阳修（1007—1072）：北宋文学家、史学家。字永叔，号醉翁、六一居士，吉州吉水（今属江西）人。天圣进士。谥文忠。主张文章应“明道”、致用，对宋初以来靡丽、险怪的文风表示不满，并积极培养后进，是北宋古文运动的领袖。散文说理畅达，抒情委婉，为“唐宋八大家”之一；诗风与其散文近似，语言流畅自然。其词婉丽，承袭南唐余风。曾与宋祁合修《新唐书》，并独撰《新五代史》。又喜收集金石文字，编为《集古录》，对宋代金石学颇有影响。有《欧阳文忠集》。

《泷冈阡表》

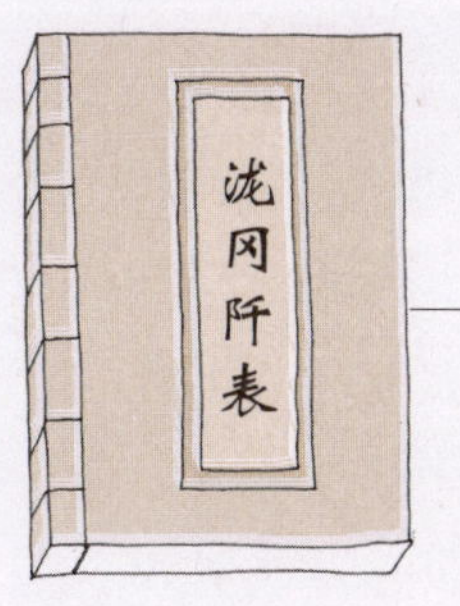

注

“祭而丰，不如养之薄也”节选自《泷冈阡表》，译解：祭祀再丰盛再好，也不如生前微薄的奉养。祭祀再祭得多好，不如在父母生前好好奉养，更有意义。生前不奉养，死的时候花一大把钱，其实真是太颠倒了，有违人道！

孔子守孝

子女不仅在父母生前要尽孝道，在父母死后，也要尽孝道，时常感怀父母的恩德。

孔子在母亲守孝过后，依然悲痛，而后作哀乐思念母亲，他的弟子子贡听后，情不自禁地流泪。

第三辑

行悌篇

3

『悌，善兄弟也。』人们常说兄弟如手足，兄弟姐妹之间能够和睦相处，这样也是对孝的进一步延伸，出现家和万事兴的美好局面。《弟子规》中有『事诸父，如事父，事诸兄，如事兄』，这可谓是进一步扩大『悌』的范围，提升了人的修养之心。

本辑图版目录

『悌，善兄弟也。』人们常说兄弟如手足，兄弟姐妹之间能够和睦相处，这样也是对孝的进一步延伸，出现家和万事兴的美好局面。《弟子规》中有『事诸父，如事父，事诸兄，如事兄』，这可谓是进一步扩大『悌』的范围，提升了人的修养之心。

兄弟姊妹和，家道自然兴

［原文］

兄道友　弟道恭　兄弟睦　孝在中

★ 解读

原文的意思是：做兄长的要善待、友爱弟妹，弟妹也要尊敬兄长，兄弟姊妹之间和睦相处，这样孝敬父母的孝道就自然体现在其中了。

兄弟姐妹本是同根生，血浓于水。人们也常常把兄弟比作手足，说明了兄弟间的这份情谊就如一个人的手脚不可分割。更何况，我们人生的道路上，除了自己的父母，妻子（或丈夫）以外，兄弟姐妹则是陪我们一生走过最长路的亲人。法照禅师也曾写过一首描写兄弟之间情谊的诗：同气连枝各自荣，些些言语莫伤情，一回相见一回老，能得几时为弟兄；弟兄同居忍便安，莫因毫末起争端，眼前生子又兄弟，留与儿孙做样看。从字面意思，不难理解：也是在强调兄弟姊妹间的那份血缘亲情。

佛曾说：前世五百次的回眸，换来今生擦肩而过。我们是否想过彼此之间能够成为兄弟姐妹是何其不容易啊！因此，兄弟姐妹在相处时，兄长要友爱弟妹，这样弟妹才会尊敬兄长，一家人其乐融融，父母也会高兴。

在古代，也有许多感人的兄弟姐妹之情。在晋朝的时候，有个叫庾衮的小孩，一年，他们村闹瘟疫。他的父母和几个兄弟已经死了，只有一个兄长卧病在床，村民都逃走了，长辈劝他自己逃走，不然会死在这里。他却说："我不能丢弃我的兄长不管。"长辈一再相劝，小庾衮还是坚决留下来照顾兄长。长辈们只好留下庾衮走了。庾衮就每天亲自帮兄长煎药，还在深夜跑到父母和其他兄弟坟前哭泣。由于他这份对兄弟的关爱，奇迹出现了，兄长的病慢慢好起来了。瘟疫退去后，他的长辈们回来了，看到他们兄弟还存活，既震惊又欣慰。

现在的家庭，子女越来越少，少则一个多则两个。这时，子女由于父母的娇宠、父母疏于管教、不良文化熏陶，导致现在很多子女走上与传统观念相悖，违背道德的不归路。"个人主义"观念强化。忽视了兄弟姐妹之间的手足之情，做出一些使父母伤心的事情。因此，传统教育的传播刻不容缓，父母应该在子女年幼时，多灌输一些健康的知识给自己的子女。

前世的五百次回眸，换来今生擦肩而过

佛曾说:“前世五百次的回眸，换来今生擦肩而过。”我们是否想过彼此之间能够成为兄弟姐妹是何其不容易啊！因此，兄弟姐妹在相处时，兄长要关爱弟妹，这样弟妹才会尊敬兄长，一家人其乐融融，父母也会高兴。

小链接

法照禅师也曾写过一首描写兄弟之间情谊的诗：

同气连枝各自荣，些些言语莫伤情，
一回相见一回老，能得几时为弟兄；
弟兄同居忍便安，莫因毫末起争端，
眼前生子又兄弟，留与儿孙做样看。

庾衮敬兄

兄弟姐妹本是同根生，彼此之间要相互关爱，扶持。不要因为小事伤及兄弟间的情谊。

瘟疫蔓延全村，全村人都逃走了，而小庾衮不愿舍弃自己生病的兄长，却留下来照顾生病的兄长。

钱财罪恶源，言语福祸门

［原文］

财物轻　怨何生　言语忍　忿自泯

★ 解读

原文的意思是：兄弟姐妹之间把财物看得很轻，不斤斤计较，怨恨就不会产生了。交谈时，言语上要忍让，多说好话，少说坏话，愤恨就自然而然地消失了。

人在一生中往往追求两样事物：名与利。在追求这两样事物时，由于利益的驱使，人的双眼看到的往往就是金钱与权力，为了达到目的则会不择手段，六亲不认。俗语有云："人心不足蛇吞象。"这也是在讽刺人的欲望、贪念永无止境。追其本源，我们会发现这是许多父母在教育子女问题上存在偏差所导致的。

因此，在家庭教育中，父母作为子女的启蒙老师，则要起到一个好榜样。教育子女心存善念，从善事近亲做起，不要把钱财看得很重，虽说，我们需要金钱来购买生活所需，但金钱也不是万能的，亲情、友情、爱情等等是无法用金钱来衡量的。只要够用就可以了，知足者常乐嘛！兄弟姐妹间，从小接受了好的孝悌教育，往往就会把金钱看淡，亲情看重。彼此之间说话时，也会忍让包容对方。孔子也曾说："言语为福祸之门。"可见言语的重要性，人们也常说：小不忍，则乱大谋。忍一时风平浪静，退一步海阔天空。

在元世祖至元年间，有一个叫朱显的人，他的祖父多年卧病在床，感觉自己不久将离开人世，所以在弥留之际，将家产按等份分好，并立下字据，交代了自己的后事。然而，在英宗至治年间，朱显的兄长也去世了。留下几个年幼的孩子，无人照顾。他看到侄儿孤苦无依，心里很难过，就和弟弟朱耀商量：决定不分家，还是生活在一起，全心全意地照顾侄子们，把他们当自己的亲生孩子一样对待，让他们健康成长。随后，兄弟二人一同来到祖父的坟前，把祖父留下来的分产遗书焚毁掉。从此之后，这一家继续其乐融融地共同生活在一起，互相关怀照顾。

现在，许多子女为了父母遗留下来的财产，往往争得天翻地覆，谁都想多得到一些。甚至会对簿公堂。如果父母知道会有这样结果，我想他们就不会遗留下来而是直接捐给慈善机构了。因此，孩子从小就应该建立一种正确的金钱观，父母要多提倡子女勤俭节约，培养一种勤俭节约的好习惯。

名与利

权力、金钱与美色，在一个凡人眼中是最为重要的。往往一生都在不断追名逐利，从来都没有考虑到人生的意义何在，以至于一生都在金钱与权力之间徘徊。

学问与品德，在一个圣贤人眼中则是最为重要的，圣贤对衣食没有过多的追求，只要可以充饥就可以了，但对学问的追求却是没有止境的，以至于一生都在求学中。

朱显焚券

一个从小接受孝悌教诲的人，一生都会友爱兄弟，孝顺父母。

朱显从小就懂得孝顺祖父，友爱兄弟，在祖父死后，却没有想着分家产，而为照看年幼的侄儿和弟弟主动放弃分家，共同辅养侄儿，并且在祖父坟前焚烧了祖父弥留之际留给他的遗书。

饮食起居，长幼有序

［原文］

或饮食　或坐走　长者先　幼者后

★ 解读

原文的意思是：在吃饭的时候，应该让长辈先吃，并且让长辈先坐，在行走时，应该让长辈走在前面，晚辈紧跟其后，懂得谦虚礼让。

上文展开阐释为：饮食与行走虽说只是一种细小的礼节，但却是在通过实践的方式，培养孩子要拥有一颗恭敬心。只要孩子心中存有了这份心，他们就会在饮食与行走时，谦虚礼让年长者，做到谦恭礼让。如果心中缺乏恭敬心，在饮食时，子女就没有长幼之分，有时就会占据长辈的位子，看到自己喜欢吃的东西，也会狼吞虎咽，没有礼让与他人，眼中只有自己。在外出时，路遇长辈也不会礼让，乘车时，看到老弱病残的人也视若无睹。这一个小小的礼让细节就可以折射出一个人的品德修养。

一种道德风气的产生、发展，也是由于受到环境、时间等诸多因素的影响，进而慢慢形成。要想剔除这种不良习气，一蹴而就则是不可能的，必须集合许多品德高尚之人起带动作用，通过言传身教的方式使大部分人转变观念、转变态度，建立正确的认知，进而用好的道德教育取代恶劣的不好风气。那一个人的道德品质形成也不是简简单单的，也不是一朝一夕可以建立的，要想有好的品德，父母就必须从小在家庭教育中逐步培养孩子正确的道德观。这样才能促进孩子的健康发展。

中华民族一直被世人尊称为是礼仪大邦。礼与让，宛如一个人的左右手，缺一不可，彼此相辅相成，互相帮助。对于那些不合礼法的事，即使是微不足道的小事，我们都不可以去做。否则，有失我们做人最起码的道德底线，因此，必须避而远之。

从古至今，以礼让闻名的圣贤君子，数不胜数。且还有更多以礼治国的范例。

幼年时的孔融聪明好学，才思敏捷，能言善辩，人人都夸他是奇童。四岁时，他已经熟读圣贤书，并且能背诵许多诗词歌赋，深得父母喜爱。一日，父亲的好友带来一盘雪梨，父亲让他们弟兄七个挑选。孔融在家排行老六，父亲让孩子们

长辈与晚辈的行坐礼节

点滴之礼

饮食：晚辈做到礼让，宜长辈先吃，随后晚辈再吃，切忌做出失礼之举。

行进：晚辈做到谦恭，宜长辈先行，晚辈紧随其后，防止长辈摔倒，以便搀扶。

起居：晚辈做到孝顺，宜长辈先睡，随后晚辈再睡，切忌晚辈早于长辈，不懂恭敬孝顺之礼。

孔融让梨

孔融小小年纪就懂得谦虚礼让，懂得恭敬兄长，友爱弟弟。

从年纪最小的开始挑选，孔融的弟弟挑了最大的一个，孔融却只拿了最小的一个。父亲不解便问道："那么多梨，你怎么只挑选了一个最小的？"孔融却说道："我年纪小，就应该吃小梨，大的应该留给哥哥们。"父亲听后非常惊喜，也很高兴，于是又问道："可弟弟不是比你还小吗？"孔融接着又说："我是哥哥，就必须让着弟弟。"从中不难看出，孔融小小年纪就已经懂得了礼让之礼。

再如周武王是周朝开国皇帝，他的曾祖古公亶父，有三个儿子，分别叫泰伯、仲雍、季历。周武王的祖父特别喜欢季历的儿子，认为他可以使姬氏建立的周国更加强盛。并取小名为昌，希望昌可以作为周的君王。但是，姬昌的父亲不是长子没有办法直接继承王位，也就不能传位给他。季历的两位哥哥知道了父亲的愿望后，为了方便弟弟可以继承王位，就逃亡到南蛮。在姬昌的祖父去世前后几年里，姬昌的父亲三次礼让王位给兄长，希望兄长可以继承王位。但兄长都没有同意，最后为了表明自己不愿继承王位，放弃回国的决心，泰伯、仲雍就学着南蛮土著人，把头发剪短，在身上图上花纹。后来姬昌慢慢长大继承了王位，成为了一位德才兼备的领导者，使得周围的小国纷纷逃脱暴君商纣王的统治，归顺了周朝，为周朝统一天下奠定了良好的基础。随后几年周武王兴师伐纣，统一了天下，建立周皇朝，封姬昌为周文王。周文王不但是个圣明的君王，他的礼教、典章、制度，和所演算出来的"易经八卦"，推动了中国历史文化的演进。而逃到南蛮的泰伯、仲雍两兄弟，也由于品德高尚、才能出众，被当地的土著推为君长，建立了虞国。后来虞国的子孙迁移到扬子江下游，建立了吴国，并接受周的招抚，成为一个诸侯。

即使现在，随处可见关于礼让的标语，可是还是有许多人视若无睹。尤其是一些小孩在家中，没大没小，对长辈没有一点尊重外不说，还有时会命令长辈做一些自己不愿做的事情。有一天我们也会变老，回想自己年幼时没有敬老尊贤，自己的子女也用相同的方式对待自己，那时，后悔已经晚矣，这就是一种"传承"。因此，我们从小要懂得礼让，且要把这种礼让的美德代代传播下去。

礼让之风

周文王姬昌
泰伯
仲雍
季历
周文王之祖父古公亶父
姬昌的祖父认为他长大以后肯定是一位很有成就的人，也会是一位贤德的君王，因此希望可以把皇位传于他。

季历多次礼让皇位于兄长，不愿违背当时的礼法。
周文王
泰伯、仲雍明白父亲想传位给季历的儿子，可当时没有跨长子传位给次子的法令，因此，泰伯、仲雍体恤到父亲的用心，进而出走放弃皇位。

长辈呼代为传，人不在代为做

[原文]

长呼人　即代叫　人不在　已即到

★ 解读

原文的意思是：长辈有事呼唤人，听到后，应代为传唤，如果那个人不在，自己就应该主动询问长辈是什么事？可以帮忙就代为去做，不能帮忙时则代为转告。

上文中所说，代长辈去传唤某人过来，也可理解为：长辈在有事的情况下，才会呼唤他人过来，而不是没有缘由就随便呼唤。我们作为晚辈，在听到长辈的呼唤当然有义务去代为找人，假使长辈要找的人不在的话，我们则要回去禀明长辈，然后询问自己是否可以帮忙去做。这样才是一种有头有尾地完成一件事的做法。对长辈对自己也是一种负责任的态度。只有这样，我们才会成为一个有责任感的人，在做任何事时，都不会虎头蛇尾，半途而废。也是别人可以托付重任的最佳人选。有时，人们会认为这只是小事，做与不做无关痛痒，不会影响自己的发展，殊不知，大事都是由小事构成的，大道德也是从微细处实行起的。

饮食与行走，要长幼有序，这其实就是一种生活中的细小礼仪，它的重要之处是可以长养孩子的恭敬之心，因此，它所含的真正用意则是孩子的存心。也在说明教育子女的第一学问则是：为人着想。

曾子曾谈论他的老师孔子的道："夫子之道，忠恕而已矣。"这句话的重点则是"忠"与"恕"，忠，就是在做任何事时，都要有始有终，心存一种敬慎心，平等对待每个人，谨慎行事；恕，就是在做任何事时，要有一种体恤别人的心，慈悲心，也就是"己所不欲，勿施于人"。这也是对原文的进一步阐释。然而这些美好的品德都必须从小就要培养。

在古代，往往都是兄弟姐妹很多人住在一起，前后连起来是一个大的家宅。长辈叫人时，可能要走一段路才能到，如果长辈年老体衰时，要走很久才能到。这样，不仅很耽误时间，还会使长辈劳累，所以子女在听到后，要马上代为传唤长辈要找的人。减少长辈的劳累。如果那个人不在，自己就要代为去做。这种小小的事情，进而映射出了古代子女对父母、长辈的恭敬与孝顺。

有一次，范仲淹让儿子把五百斗麦子从京城运往江苏老家。结果，范纯仁在

范纯仁的仁心

范纯仁一次运粮回老家时，在途中遇到了父亲的故友，听之说明家中情况后，就毫不犹豫把粮食和运粮船卖掉后，把钱全数赠与父亲好友解决困难。
范纯仁正是受到了父亲良好的教育懂得在他人有难之时伸出援手，就如雪中送炭，使受恩惠之人感受到温暖。
落难的范仲淹之友

范纯仁说："在途中，遇到父亲好友说：'由于家里十分贫穷，父母去世了，没有钱安葬父母，然后还有女儿都还没有出嫁，生活状况比较窘困。'就把五百旦米卖掉了，且把钱给了父亲的好友，但钱还是不够。"
范仲淹说："那你就可以把运粮船也卖掉啊！"
范纯仁说："我的确是这样做的，钱才凑够。"

途中，刚好遇到了他父亲的故友，他父亲的故友就把自己的家庭状况告诉了范纯仁。由于家里十分贫穷，父母去世了，没有钱安葬父母，然后还有女儿都还没有出嫁，生活状况比较窘困。范纯仁听完后，立马就把五百斗麦子全部卖掉，把卖麦子的钱全部拿给了长辈。结果钱还不够。人们常说："帮人要帮到底，送佛要送上西天。"所以，范纯仁当场把运麦子的船也卖了，钱才凑够。处理完父亲好友的事情，范纯仁就马上赶回京城见父亲，刚到家就和父亲坐下来，开始报告父亲说，他在途中遇到了父亲的故友。当说到他把五百斗麦子卖掉去帮助父亲故交时，钱还是不够。范仲淹立马打断儿子的话说，那你就把船也卖了！结果范纯仁说，父亲，我确实已经把船卖了，钱才凑够。听后，范仲淹脸上露出了喜悦之情。

所以，可见父子同心，家道可以长久不衰，范纯仁拥有一颗仁厚之心，才会做出这样的好事。这也说明了范仲淹良好的家庭教育之德。

再如东汉时期，宦官把持朝廷。宦官候览依仗权势，贪污受贿，霸占良田，抢夺民女，干尽了坏事。有一位官员张俭写了一份奏折，揭发候览的罪行，请求皇帝把他杀了，可不想，奏折落入候览手中，候览教唆张俭的同乡上书皇帝，诬告张俭谋反。汉灵帝不明真相，就下令逮捕张俭。当时，张俭与孔融的哥哥是好友。于是，张俭逃亡投奔孔褒。可孔褒不在家，孔融接待了他。孔融看出了他有难事，就对张俭说："先生不要为难，哥哥现在不在，我还是可以做主的。"于是，孔融收留了张俭，留在家中。几天以后，风声减小，张俭谢过孔融，离开了孔家。可是，不想张俭在孔家躲避的消息泄露了出去。官府就派人把孔褒、孔融两兄弟抓了起来。审判时，孔融说是他收留张俭的，他愿意承担所有责任；孔褒说张俭是来找他的，应该由他承担责任；可他二人的母亲说自己是一家之主，理应承担全部责任。审官不知如何处理，只好向朝廷请示。不久，皇上下诏：让孔褒抵罪，孔母与孔融释放回家。孔融不仅友爱兄长，还刻苦读书，最终孝顺父母成为东汉末年最有名的儒生和学者之一。

现在，我们也在接受一些礼仪文化的教育，可是，还是会有一些不文明的现象出现。那是因为人们只注意到了一些外在的、表面的东西，没有从内心改变。只有心变了，行动才会跟着改变。因为，人的行动是由心在支配的。

友爱的家风

孔融知兄长不在家，发觉张俭面有难色，必定有事就代兄长做主收留了张俭。
张俭写了一份奏折，揭发侯览的罪行，请求皇帝把他杀了，可不想，奏折落入侯览手中，侯览教唆张俭的同乡上书皇帝，诬告张俭谋反。汉灵帝不明真相，就下令逮捕张俭，张俭投靠孔褒。

兄弟之间相互承担责任，不愿父母承担，可见他们兄弟之间是不仅孝顺父母，而且彼此友爱的。
孔融收留张俭之事被官府知道，官府治罪于孔家。
孔融：是他收留张俭的，他愿意承担所有责任。
母亲：自己是一家之主，理应承担全部责任。
孔褒:张俭是来找他的，应该由他承担责任。

称长辈勿呼名，长辈前勿炫耀

［原文］

称尊长　勿呼名　对尊长　勿见能

★ 解读

原文的意思是：称呼长辈时，不可以直呼名姓，在长辈面前，要谦虚有礼，不可以炫耀自己的才能。

古代小孩生下三个月，父亲就给其取名。到成年时，再取字。古代晚辈不能称呼长辈名字，长辈称呼晚辈名，平辈之间称呼字。在古代，对长辈的名字必须避讳，避父母祖先名字的讳成为家讳。长辈的名字，作为晚辈，在日常生活中，言行或行文用字绝对回避，如果违反，就会缺失对长辈的恭敬心。

不直呼长辈的名字，也是一种恭敬的表现。现在的家庭教育往往忽视了这点，致使现代的孩子，不但直呼兄姐的名字，对父母、长辈也是直呼其名；美其名曰：缩短彼此间的距离，增加亲切感，殊不知已经开启了长幼无序的大门。长幼无序将会有什么样的结果呢？孩子幼年时，对父母就忤逆而不知恭敬；青年时，父母稍不如他的愿，就会认为父母不在乎、不关心他；成年后，自然动辄忤逆反抗，成为一个不孝子。是故，父母在孩子还小时，做父母的若不能以恭敬长辈来要求他，甚至对他不礼貌的言行举止，没有加以阻止，日后就不免要承受到子女的气，伤心、痛苦，后悔自己教子无方了。

我们还知道，孩子在学到新的事物时，就喜欢拿来展现给父母、长辈看。这其实也是一种炫耀才华的表现。任其发展下去，就会使自己锋芒毕露，将来则会隐藏很大的危机。俗话说："逢人只说三分话。"也就是不要过于在人前卖弄自己的本事，否则，会引起他人的嫉妒与陷害。这其实是一种自我保护，也是对人的一种慈悲。我们都晓得，当今社会上有很多才华出众的人，这些人很容易遭到其他人的嫉妒，有时候我们可以说是他的锋芒过于显露了。所以古人很重视韬光养晦，即使你有才华，很有才艺，也不能在大庭广众当中故意卖弄，这样对自己有很不好的负面作用。所以，从小子女在家里，做父母的也要特别小心留意，千万不能让子女与长辈、外人觉得这么小就爱卖弄自己，对将来的前途，对将来立身处世，都有不好的影响。然而，古人在对待长辈的事情上，却做得很出色。

郭子仪是唐朝的名将，他平定了安史之乱，立下赫赫战功。皇上赐予他许

郭暧打金枝

作为晚辈，在对待长辈时，理应恭敬，即使长辈不在面前，也不可以直呼长辈的名字。

作为晚辈，在长辈面前，都要保持一颗恭敬心，不可直呼其名姓，假使呼长辈名姓就是一种失礼的行为，在长辈眼中，就是一种缺乏教养的行为，招致长辈的讨厌，懂得尊敬长辈，学会谦恭，这样不仅提升自己的修养，而且可以获得长辈的赏识。

多封赏，还把自己的女儿升平公主嫁给郭子仪的儿子郭暧。然而升平公主从小娇生惯养，过着奢华的生活。当嫁给郭暧后，他还是改不掉做公主的架子，时时发脾气。有一次，郭暧的父亲郭子仪过生日，郭暧让升平公主准备礼物为父亲贺寿。然而，升平公主却说，郭子仪只是她父皇的一个臣子，怎么能让她一个堂堂的公主给他贺寿。郭暧听完公主的话很生气，觉得他怎么可以这样称呼长辈的名字，没有一点做晚辈的礼俗。一怒之下就打了升平公主一巴掌，公主一气之下回到皇宫，然而，当皇上听完女儿的哭诉之后，反没有降罪于郭暧，还把自己的女儿好好教育了一番，最后就派人把公主送回了家。

这是说，作为晚辈，在对待长辈时，理应恭敬，即使长辈不在面前，也不可以直呼长辈的名字。

张良是我国两汉初期的一位大臣。年少时，一天途经一座桥看见一位身穿粗布麻衣的老人站立在桥头，脚上穿着一双破鞋，还不时地晃来晃去。当张良走过老人身旁时，老人故意将一只鞋脱落掉在桥下，然后指着张良，让他帮自己把鞋拾回来。本来张良很不情愿，但看到老人年岁已大，身体不方便，就放下心中的怒火，下桥去拾鞋。这样，反反复复三次，张良毫无怨言并且还帮老人把鞋穿上。老人被他的诚心所打动。最后让他五天后再来这里，张良很奇怪，但还是在五天后，天还未亮，就早早起了床出发，可当他到的时候，老人就已经在那里等他了，反而被老人大骂了一通，让他再过五天过来。又过了五天，张良想："这次无论如何也不能迟到了。"于是，半夜时分已等候在桥头了。过了一会儿，老人步履蹒跚地走过来。张良急忙上前扶住老人，老人看见张良早早来了，露出了笑容，说："年轻人就应该如此！"他拿出一卷书说："这是一本世上少有的奇书，我一直找不到合适的年轻人来传授，现在我把它传给你！读了它，你就会有远大的谋略，实现自己的宏伟抱负。"张良深深谢过老人，接过书，一看是《太公兵法》。回家后，张良反复诵读，认真体会，增长了很多智慧。最后，在协助刘邦开创汉朝时立下了很多功劳。

从以上两则小故事，我们会发现越是有内涵的人，越是敬老尊贤，也就越会有所成就；反之，越是肤浅无识的人，越是倨傲，也就越会受到他人的嘲笑。所以对人对事常存敬慎心和慈悲心，其实是利人又利己的。所以，在子女年幼无知时，父母就应当教养他们敬老尊贤。

张良纳履

《太公兵法》，又称《太公六韬》或《六韬》，是周文王之后的历代国君潜心研究的一部奇作，是中国古代著名兵书。《太公兵法》内藏宇宙之机，汇有天地之智。是先人实践后的感悟。此书中治军从政，为人处世，应有尽有。

途遇长辈应问好，长辈无事站一旁

［原文］

路遇长　疾趋揖　长无言　退恭立

★ 解读

原文的意思是：路上遇见长辈，马上迎上前去问好行礼，长辈不说话时就恭敬后退站在一旁。

朱熹的《朱子童蒙须知》杂细事宜第五中记载："凡道路遇长者，必正立拱手。疾趋而揖。"意思就是：凡是在路上遇到长辈，一定要端端正正地站立与长辈行拱手礼问候。如果长辈与自己有一段距离，应马上小快步或小步跑着走到长辈面前作揖问候。

"趋"和"疾趋"在我国古代表示两种程度不同的礼节。"疾"的意思是有一点快步走过去，"趋"也就是小步地走过去，因此，"疾趋"就是小步快跑，"疾趋"相对于"趋"，显示出人的心情更加急切。

在古代，行趋礼是体现一个人的修养，也是约定俗成的一种礼仪。反映到现代社会生活中，体现在我们见到长辈、老师或领导时，理应热情地快步走上前行礼问候。如果见到领导或长者无所谓地视而不见，或到对方跟前问候时还大摇大摆、慢腾腾地，就会被对方视为不礼貌，缺乏修养，从而引起他人的反感。其实，尊卑有别，长幼有序，见到尊长赶紧上前行礼问候，是我国自古以来再正常不过的礼节。

作揖也称为行拱手礼，行揖礼，是我们华夏民族特有的见面问候礼节，这也是一种以自谦的礼节表达自己对长辈的尊敬，对领导的尊重。

据考证这种见面时的礼节，大约起源于三千年前的周朝。其基本手势是：右手握拳，左手成掌，对右拳或包或盖于胸前，并有节奏地晃动两三下。但男子用左手握右手，女子用右手握左手（拱手，男子尚左，女子尚右），这称作"吉礼"，反之则为"凶礼"。

拱手礼左掌右拳表达了古人的尊卑观念，即左手为尊，右手为卑，把右拳掩盖住，以尊贵的一面示人，表示对对方尊敬，但凶伤吊唁右为尊。据说拱手礼有模仿带手枷奴隶的含义，意为愿作对方奴仆，后来逐渐成了见面时的礼节。

因此，即使现时社会，中国流传了几千年的揖礼已经被"问候""点头微笑""轻微鞠躬"或者"握手"所替代了。人们还是有在见面，问候时，注入自己内心中的真挚的情感，让与你交谈的人，感受到你的热情，增强对你的好感、信任度。也是应验了那句俗语：“见人先作揖，礼多人不怪。”

古代，路遇长辈时的礼节

古人，凡是在路上遇到长辈，一定要端端正正地站立与长辈行拱手礼问候。如果长辈与自己有一段距离，则会马上小快步或小步跑着走到长辈面前作揖问候。假使长辈没有事情交代时，晚辈则站于一旁，等长辈走后再行离去。

尊卑有别，长幼有序，见到尊长赶紧上前行礼问候，是我国自古以来再正常不过的礼节。

小链接

古人的见面礼仪

介绍一些常见古代见面礼节：

拱手行礼，是为揖。这是古代宾主相见的最常见的礼节。揖让之礼分为三种：一专用于没有婚姻关系的异姓，行礼时推手微向下；二专用于有婚姻关系的异姓，行礼时推手平而至于前；三专用于同姓宾客，行礼时推手微向上。长揖：这是古代不分尊卑的相见礼，拱手高举，自上而下。

拱：古代的一种相见礼，两手在胸前相合表示敬意。

拜：古代表示恭敬的一种礼节。古之拜，只是拱手弯腰而已，两手在胸前合抱，头向前俯，额触双手。

拜手：古代的一种跪拜礼。行礼时，跪下，两手拱合到地，头靠在手上。

再拜：拜两次为再拜，表示礼节之隆重。

顿首：跪而头叩地为顿首。“顿”是稍停的意思。行礼时，头碰地即起，因其头接触地面时间短暂，故称顿首。通常用于下对上及平辈间的敬礼。

稽首：古代的一种跪拜礼。行礼时，施礼者屈膝跪地，左手按右手，拱手于地，头也缓缓至于地，手在膝前，头在手后。头在地必须停留一段时间。稽首是最重的礼节，常为臣子拜见君王时所用。

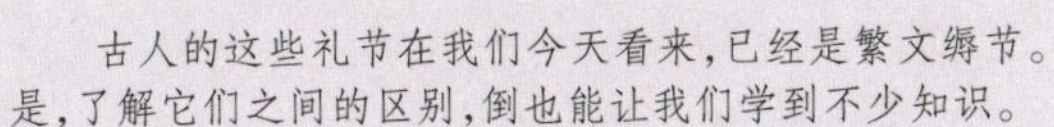

古人的这些礼节在我们今天看来，已经是繁文缛节。但是，了解它们之间的区别，倒也能让我们学到不少知识。

途遇长辈应下乘，百步之余方离去

［原文］

骑下马　乘下车　过犹待　百步余

★ 解读

原文的意思是：在自己骑马或乘车行路时，遇到长辈要马上下马或下车问候，等长辈走后，自己还是应该站在原地稍等，等长辈走了大约百步之后，自己方可以离开。

《礼记·祭义》："见老者，则车徒辟。"这也是体现出一种对长辈的恭敬心。礼节作为人们彼此之间的行为规范，可以说是人与人之间所保持的最和谐、最美好的距离，这种自然的秩序法则假如我们遵守的话，人与人相处起来就感觉非常舒服、和谐，不会觉得唐突、产生误会。如果这个礼节，你觉得没有必要存在这种约束，要把它废除，这样才会产生诸多的不愉快跟误会。要知道正是这些的礼节约束、限制，才能培养出一个人的耐心、细心、恭敬之心。这样久而久之养成习惯后，这个人自然就有一种雍容大度之气，即使是在事情很忙、很混乱的情况下，他的礼节都不会方寸大乱，这才是真正有德之人。

在日常生活中，就养成恭敬长者、老师、领导的习惯，锻炼出沉稳、干练的应对谈吐，是做人做事成功的基石。我们自己不可能独立生活，必须融入到社会这个大家庭中，才会有所价值。如何与人和睦相处，并获得施展自我才华的机会，以服务大众，这是每个人一生都要努力的课程；这个课程，开始得愈早愈明晰，将来的际遇也愈宽广。因此，孩子的启蒙教育，应以孝悌为先，培养他们对父母、师长的恭敬之心；孩子长大跨入社会，自然就会是个有礼貌的人，这是成功地展开人际关系的第一步。

历史的车轮在向前推进，古代中国的礼节，也因时代、人、事而变化，但礼的精髓不可废。我们在路上遇见了长辈，一定要主动而有礼貌地上前问好；在长辈没有特别指示前，不要心浮气躁地，一副恨不得马上一走了之的样子。等长辈先行离去，我们虽不须等待长辈离去百步之远，我们才走，但至少也要恭敬地目送，不能掉头就走。若我们有急事需要马上去办理时，也必须告知长辈，侧身慢慢离去，绝不可大摇大摆地走开，这些细小的礼节都体现了一种谦恭之心。

礼的精髓

礼节作为人们彼此之间的行为规范，可以说是人与人之间所保持的最和谐、最美好的距离，这种自然的秩序法则假如我们遵守的话，人与人相处起来就感觉非常舒服、和谐，不会觉得唐突，产生误会。这样整个社会将是一片祥和之气。

路遇长辈，晚辈应做的礼节

历史的车轮在向前推进，古代中国的礼节，也因时代、人、事而变化，但礼的精髓不可废。我们在路上遇见了长辈，一定要主动而有礼貌地上前问好；在长辈没有特别指示前，不要心浮气躁地，表现出马上想走的样子，要等长辈先行离去不久之后，我们再走。

长无坐子勿坐，子要坐应听长

［原文］

长者立　幼勿坐　长者坐　命乃坐

★ 解读

原文的意思是：与长辈在一起，长辈站立时，晚辈应该陪着站立，不可以自行就坐，长辈坐定以后，吩咐坐下才可以坐。

《全唐诗补逸》："尊人立莫坐，赐坐莫背人。存坐无方便，席上被人嗔。"这句话的意思是：长辈站着的时候，你就不要坐，让你坐你就不要把背对着人。坐的姿势不要随便，否则在席上就要惹他人生气。这也是在教导我们在自己行为上应注意的礼节。当有长辈在场的时候，做晚辈的应该要懂得进退应对之礼。所以此处这一节就是告诉我们，如果长辈没有坐下来，晚辈就必须站着不允许坐下；在客人来拜访时，主人没有坐的时候，所有的客人也不能坐下来。只有长辈吩咐了晚辈才可以坐。这样，在日常生活中，养成恭敬长辈，谈吐得当，举止文雅，是做人做事的成功基石。

"敬老尊贤"一直是华夏民族的优良传统。《周礼》所制定的《乡饮酒》就是借以乡亲们在宴饮这种场合中，用来增进邻里之间的和睦和培养年轻人敬老尊贤的习惯。此外，古代的中国，学生尊重老师犹如家中的贵宾，坐时主人居东，请老师西向对坐，所以就尊称老师为"西席"或"西宾"。这种尊师之礼，就是诸侯帝国、皇亲国戚中也是没有例外的。对老师都恭敬地执持弟子之礼。

曾子是我国古代著名的思想家、文学家，他在年轻的时候，曾跟随孔子学习。那时候的教学都是没有桌椅的。学生在听授老师传授知识时，都是跪在席子上。有一次，孔子给他的弟子讲学，问曾子："以前的圣贤之王有至高无上的德行，精要奥妙的理论，用来教导天下之人，人们就能和睦相处，君王和臣下之间也没有不满，你知道它们是什么吗？"曾子听了，明白老师孔子是要指点他最深刻的道理，于是立刻从坐着的席子上站起来，走到席子外面，恭恭敬敬地说："弟子不够聪明，哪里能够知道呢？还是请老师您来说明答案吧。"孔子见曾子如此懂礼，非常满意地点点头。

现代的社会里，我们虽然不必拘泥这些旧礼，但恭敬的诚心，应该是古今不渝的。

古时，老师的坐席

曾子避席

“避席”是一种非常礼貌的行为。曾子在孔子眼中是一个懂礼之人，当曾子听到老师要向他传授重要道理时，于是，赶快站起身来，走到席子外向老师请教，是为了表示他对老师的尊重。

与长语声要柔，勿低语

［原文］

尊长前　声要低　低不闻　却非宜

★ 解读

原文的意思是：与尊长交谈，声音要柔和适中，回答的音量太小让人听不清楚，也是不恰当的。

中国人很强调中庸之道，其实中庸之道就表现在一个人的日常生活礼节之中。我们在吃饭穿衣中，时时都体现了中庸之道。在吃饭时，过饱，则会消化不良；过少，则会引起胃痛。在穿衣时，过厚，则会太热；过薄，则会引发感冒。所以，不难看出讲话也是讲求中庸之道的。尤其是在与长辈交谈时，比我们年长的人，往往经历的事情也是多得多，长辈们不是时常教育子女：我吃的盐比你喝的粥还要多，我过的桥比你走的路还要多。是说，前辈的经验、教训远远多余我们。因此，我们在与长辈交谈时，要有一种谦恭之心。

世上有三种人值得我们尊重：第一，品德比我们高尚的人；第二，年龄比我们大的人；第三，学识比我们高的人。这也是说明一个人的学识、品德、年龄是通过时间的沉淀才会变成与众不同的。我们没有达到那种程度，就得尊重他们。尤其是在与长辈交谈，由于长辈的年纪大，相对应的身体机能也在逐步衰退，听觉会有所弱，所以作为晚辈，在讲话时，音调、音色都要适中，这也是一种言语的礼貌。

古人很重视言语的应答。交谈、应答时，除了要有恭敬心之外，谈吐也要大方得体，音调更应高低适中，音色也要柔和圆润；尤其要避免用尖刻的声调讲话，使人感觉你是在卖弄自己的才能或是与人争辩，留下恶劣的影响，甚至因言语惹祸上身。

所以，在实践中懂得了这种礼貌，在与人交谈时，就会言语得体，举止落落大方。得到长辈的喜爱，得到领导的器重。所以，子女的言语教育问题至关重要，要想自己的子女以后能够受人尊重，得人器重，必须从小教育，从点滴做起。

世上值得尊重的三种人

一个人一生值得尊重的三种人。我们没有达到那么高深的学问、优秀的品德、年长的岁数(因为学识、品德、年龄都是通过时间的沉淀才会与众不同),就必须尊重他们。

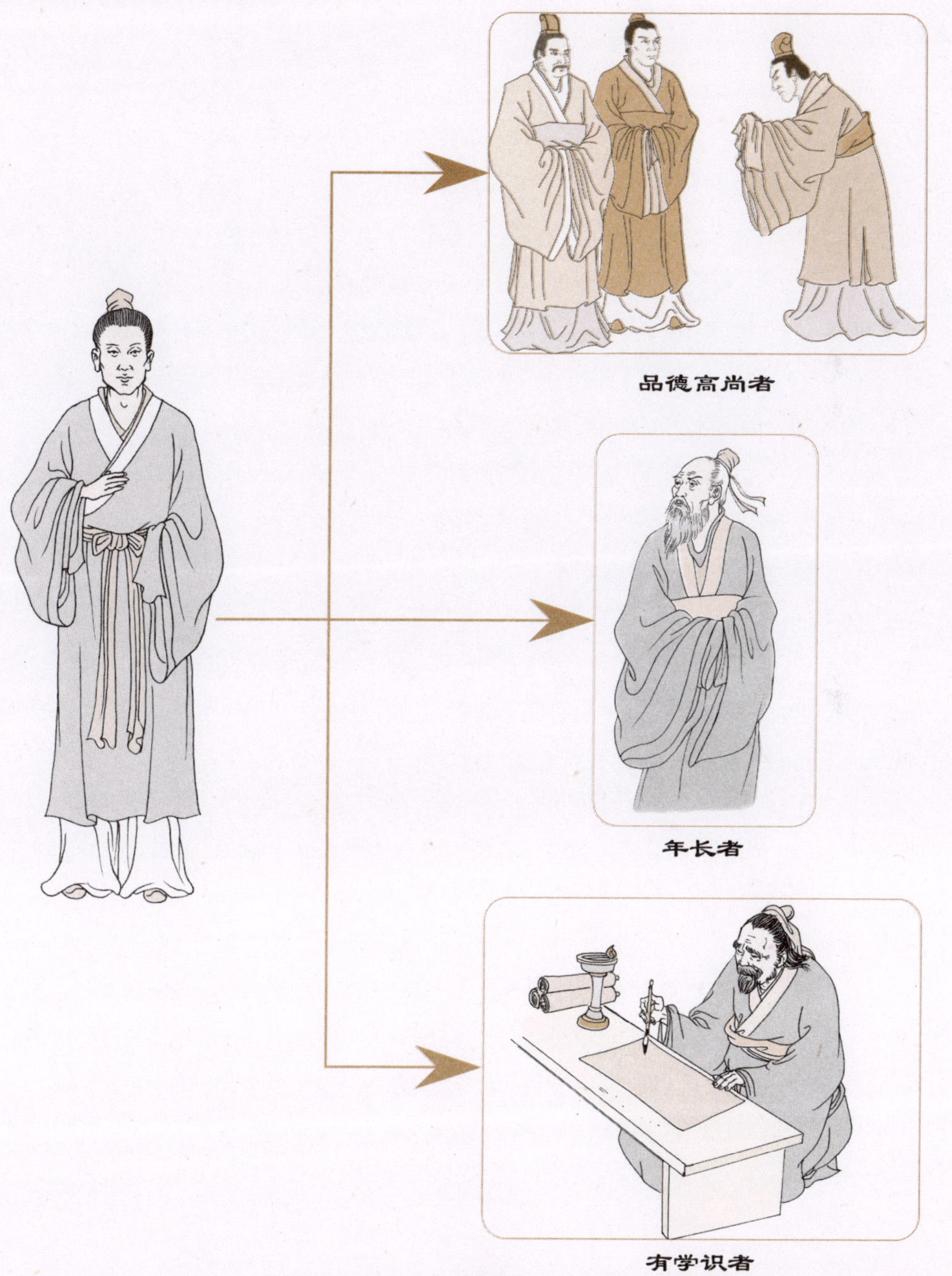

进退有度，对答有礼

［原文］

进必趋　退必迟　问起对　视勿移

★ 解读

原文的意思是：有事要到尊长面前，走路必须要快些，没事告退回去时，必须稍慢一些，才合乎礼节。当长辈问话时，应当专注聆听，双眼要对着长辈，不可东张西望，左顾右盼。

上文扩展开来说：文中的“趋”是说走路时，要小快步地行进。在以前，长辈对晚辈讲话，如果晚辈没有及时走近聆听，这样会产生一种缺乏对长辈的恭敬心。而“迟”也是同样的道理。如果长辈在对你讲完话后，你马上离开，会使长辈感觉这个晚辈很没有礼貌，缺乏礼仪修养，给长辈产生很坏的影响。

因为，中华民族自古以来民风就是十分的醇厚，大部分人对父母长辈师长，都有一种孺慕的心态。不但乐于效劳，亦且乐于拜见长辈。因此一些晚辈，在晋见长辈时，生怕让长辈久等，想快，又怕大步走或跑步会惊动长辈，所以“其进必趋趋”；告退离去时，虽然依恋不舍，想留，又怕麻烦打扰到长辈，所以“其退必迟迟”：言行举止懂得进退，付诸行动也是小心翼翼，这也是晚辈们对长辈的真情流露，这本就合乎情理，没有什么矫揉造作。

所谓“发乎情，止乎礼”，这本就不是肤浅冒失的人所能理解的，也不是虚伪拘泥的人可以学来的。我们的言行举止，都是自己内在情感的表达，当我们的情感反应和表达不是特别的充足与到位时，就必须通过礼仪这种理性的东西来加以纠正与约束，使人的行为在合情合理下，能够很好地完成。所以说：“礼者，理也”。有时，过于拘泥于形式，而忽略了情感的注入。倒不如抛弃礼仪只强调情感。

《世说新语》中记载：东汉末年，北海人孔融，字文举，是孔子的二十世孙。他从小就特别聪明，尤其长于敕令，小小年纪，就已经很有名气。十岁那年的一天，孔融随父亲去洛阳，当时的河南太守，是很负盛名的李元礼，才名都很有地位。致使来王太守家的人都是很有才学的文人骚客。导致拜访太守必须有拜帖才可以入内。孔融就想着去拜访太守，他来到府门前，对守门人说：“我是李太守的亲戚，烦容通报一声。”过了不久，李太守接见了孔融。并问他：“你和我有什么亲戚

“其进必趋趋”与“其退必迟迟”

晚辈在有时求见长辈时，应该是“其进必趋趋”。

长辈无事时，晚辈离开应该是“其退必迟迟”。

孔鲤知礼

孔子所处的时代，诸侯国之间主宾的应答，以及上层社会交际场合的交谈都是引上《诗经》中的诗句。孔子认为：不学习《礼》，是难于立身做人的。

《诗经》是我国第一部诗歌总集，收入自西周初年至春秋中叶五百多年的诗歌305篇，又称《诗三百》。先秦称为《诗》，或取其整数称《诗三百》。西汉时被尊为儒家经典，始称《诗经》，并沿用至今。《诗经》又是中国现实主义文学的光辉起点。由于其内容丰富、思想和艺术上的高度成就，在中国以至世界文化史上都占有重要地位。它开创了中国诗歌的优秀传统，对后世文学产生了不可磨灭的影响。《诗经》的影响还越出中国的国界而走向全世界。日本、朝鲜、越南等国很早就传入汉文版《诗经》。

孔鲤谦恭地听取父亲的教诲，恭敬地退后学习《诗经》与《礼》。

《礼》，在中国古代是社会的典章制度和道德规范。作为典章制度，它是社会政治制度的体现，是维护上层建筑以及与之相适应的人与人交往中的礼节仪式。作为道德规范，它是国家领导者和贵族等一切行为的标准和要求。礼既是中国古代法律的渊源之一，也是古代法律的重要组成部分。

关系呢？”孔融马上跪拜回答道：“从前我的祖先仲尼和你家的祖先伯阳有师资之尊，因此，我和你也是世交呀！”当时的宾客很是吃惊，都感叹孔融的聪明才智。不久之后一位中大夫陈韪赶来，在座的宾客把刚才的事讲与他听。陈韪不屑随口说道：“小时了了，大未必佳。”聪明的孔融立即反驳道：“我想陈大夫小的时候，一定是很聪明的。”一时陈韪语塞，难于回答。这不仅体现了孔融尊敬长辈，恭敬长辈，而且也体现了他的聪明才智。

《礼记·曲礼》：“君子恭敬撙节，退让以明礼。”“侍坐于君子，君子问更端，则起而对。”也是说君子、古贤们的谦恭退让之礼。

有这样的一则典故充分显示了晚辈的谦恭之礼：孔鲤有一次看见父亲孔子立于庭院中，急忙迈着小步恭敬地走过去时，孔子叫住孔鲤，问他学过《诗经》没有？孔鲤说没有。因为当时的诸侯国间的主宾应答，与上层社会人与人的交谈都是运用《诗经》中的诗句，如果不学习《诗经》则没有办法与人交谈。于是，孔鲤，就慢慢退下去学习《诗经》。过了不久，孔鲤又被孔子叫住，问学习《礼》没有？孔鲤还是没有学习。孔子教育孔鲤说，如果不学习《礼》是很难立身处世的。于是，孔鲤又慢慢退下去专心学习《礼》。

从孔鲤与孔融的故事中，我们可以看到古圣贤们是如何做到对长辈谦恭有礼的。然而，由于缺乏这种传统教育，致使现在的晚辈，在长辈面前，毫无礼貌可言，在与长辈讲话时，也是没有一点尊称，有时则是直呼父母的名字，说话时，也是左顾右盼的，没有一点目光放在长辈身上。长此以往，慢慢长大的子女在社会上，与人交谈时，不懂得应有的谦恭礼貌，人际交往差，缺乏他人对你产生好感，缺乏他人的信任，则会被社会所淘汰。所以这些生活中的小细节，都需要父母、长辈在孩子幼年时，好好地耐心地去教导，慢慢让孩子能循规蹈矩，处处替人着想。将会使孩子与人相处时，心中就会想到去遵守这些基本的礼节，那么回馈给孩子的就是所有人都愿意帮助他、喜欢他。

孔融拜见李元礼

中华民族自古以来民风就是十分的醇厚，大部分人对父母长辈师长，都有一种孺慕的心态。不但乐于效劳，亦且乐于拜见长辈。在与长辈交谈时，也会保持一种谦恭的态度，注重言语的应答。

对叔伯如亲父，对表兄如亲兄

[原文]

事诸父　如事父　事诸兄　如事兄

★ 解读

原文的意思是：对待叔叔、伯伯等父辈，要如同对待自己的父亲一般孝顺恭敬；对待同族的兄长（堂兄姊、表兄姊），要如同对待自己的兄长一样友爱恭敬。

“基”，是建房的地基，只有地基打好了，房子才能够搭建起来；“础”，是屋柱的磐石，若不立稳磐石，房子就容易倾斜倒塌。但“孝悌”二者，却不是那么简简单单的狭义，只顾自己的父母兄弟而已；我们还要把“孝”扩充到叔伯舅舅，甚至所有的长辈上，把“悌”也扩充到堂表兄弟姐妹，甚至所有同辈上。换言之，也就是扩充到社会上所有人身上，也就应验了佛家的一句精神极致的话：“无缘大慈，同体大悲”。

老子有说：“天道无亲，常与善人。”也是说善良的人，他的福气是不可限量的。我们亲属之间的这种人伦关系犹如蜘蛛织网，由内而外扩散，层次分明。蜘蛛网的正中的蜘蛛则是“仁”，其一圈圆所包含的都是“义”，所经之径就是“礼”。因此叔伯舅舅和堂表兄弟姐妹，就是子女孝悌父母亲兄弟姐妹之后，必须要孝悌的对象；这是仁爱的第二层扩大，合乎常理。我们敬爱父母，友爱兄弟姐妹，父母也敬爱他们的兄弟姐妹；父母慈爱我们，叔伯舅舅当然也慈爱他们的子女。因此敬爱堂表兄弟姐妹，也就是善体叔伯舅舅之心，也就是孝顺叔伯舅舅；而孝顺叔伯舅舅，就是善体亲心，更是孝顺父母了。古人说“伯叔如亲父”、“见舅如见娘”，就是这个意思。

《孝经》里面有一段话：“敬其父则子悦，敬其兄则弟悦，敬其君则臣悦，敬一人而千万人悦”。只要你有一颗真心，时时抱着一份恭敬之心，自然就会赢得众人的友谊。

在晋朝的时候，有一位读书人叫祖逖。当时晋朝国家动荡，北方五胡乱华，他不得已带着家眷、亲戚与所有村民好几百户人家一起迁往淮泗。因为心中拥有一股侠气，又善于照顾人，所以一路上所有车马都让给年长的人坐，他自己徒步行走。并把家里所有的财物分给大家用，在这个避难的过程中，祖逖也是时时替所有人的生活打算，都辅佐他们怎么样去耕作，怎么样有好的收获。遇到一些

蜘蛛网

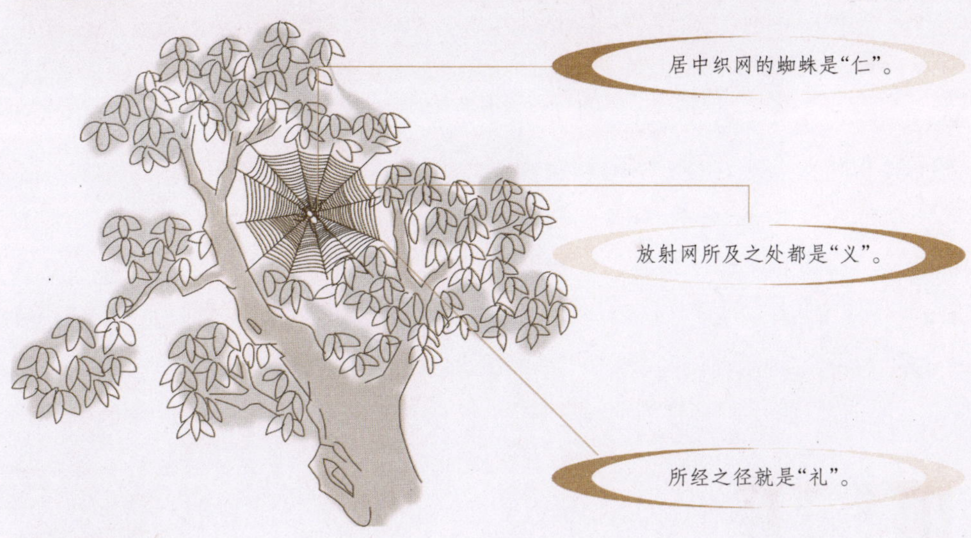

祖逖敬老

一个人只有时时心中存有一颗仁爱之心，抱一份恭敬之情，友爱天下大众，最后必定会有所回报，正如人们常说的：善有善报，恶有恶报。

骨骸，因为战乱时代，常常都会有很多骨头，很多大地上就可以看得到。祖逖就组织大家把这些骨头埋好，还帮他们买办一些简单的祭祀活动。就这样一路上照顾所有的人。当时晋元帝也很敬佩他的德行，所以封给他一个官职让他去做，他也做得很好。而且常常抱着一定要把国家的失土再收回来，很有这种雄心壮志。果不其然，在他生命当中，也把晋朝很多失去的土地都拿回来了。

再如，晋朝的皇甫谧，从小过继给他叔父。但不爱读书，游手好闲，人们都叫他傻子。但他却十分孝顺婶母。他的婶母任氏，看在眼里，急在心头。犹豫良久之后，和侄儿长谈。婶母对皇甫谧说："你今年已经二十岁了，眼里没有书籍，脑子里不装道理，对此我特别伤心。古时，孟母三迁，用好的环境影响孟子，让他学好，后来孟子果真成为一个很有学问的人；曾参把猪杀死，以言行一致的表率作用教育儿子，后来他的儿子也成为一个有作为的人。莫非因为婶母没有像孟母那样选择邻居，没有像曾参那样讲究教育方法，才使你这样游手好闲，不求长进吗？学好知识，掌握道理，是你生存自立的本钱。婶母讲这番话，也是想你有个改变！"说完，婶母痛心地哭了起来。皇甫谧听了婶母苦口婆心的劝告，很受感动。从此痛改前非，勤奋读书。他读了许多书，从春秋战国以来的诸子著作，到秦汉时代的各种经典，毫无遗漏地加以阅读，成为西晋时代很有学问的名人。后来，皇甫谧专心致志地著书立说，即使得了中风病，手脚麻痹，仍不中断写作事宜。他写的书内容广泛，有古代经典著作的注释，有礼乐论述，有医学专著。《黄帝三部针灸甲乙经》就是其中很有名的一部。这部医书，论述了中医的基本理论，系统地讲述了针灸原理和具体技术，对今天的中医研究依旧有可贵的参考价值。

所以，人与人相处，也贵在能谦虚。尤其对长者，长辈们的经验丰富，虽然或许他们的学识没有做晚辈的来得高，但是他们经验的累积，往往不是做晚辈的我们所能体会了解的。所以对待年长的人，我们也要敬爱他，对待与我们同辈的人，则要友爱。如果我们从小都有这一份心，我们可以说这个社会一定是相当的和谐，相当的安定，相当的幸福。

皇甫谧孝婶母

年少的皇甫谧，不爱读书，游手好闲，皇甫谧的婶母看在眼里，痛在心里，最终，严词教育皇甫谧。

婶母：“你今年已经二十岁了，却眼中无书，脑不装道。古时，孟母三迁，孟子杀猪的故事，你难道不明白其中的道理吗？”只有学好知识，掌握道理才是你生存的本钱。

深受婶母的教育，懂得了经学的重要性。最后，皇甫谧刻苦学习圣人的智慧书籍。

皇甫谧画像

皇甫谧（公元 215—公元 282），幼名静，字士安，自号玄晏先生。魏晋间作家、医学家。他编撰了《针灸甲乙经》。其实，除此之外，他还编撰了《帝王世纪》、《高士传》、《逸士传》、《列女传》、《元晏先生集》等书。他一生以著述为业。在医学史和文学史上都负有盛名，尤其在医学上，是我国中医领域“针灸疗法”的创始人。

《针灸甲乙经》

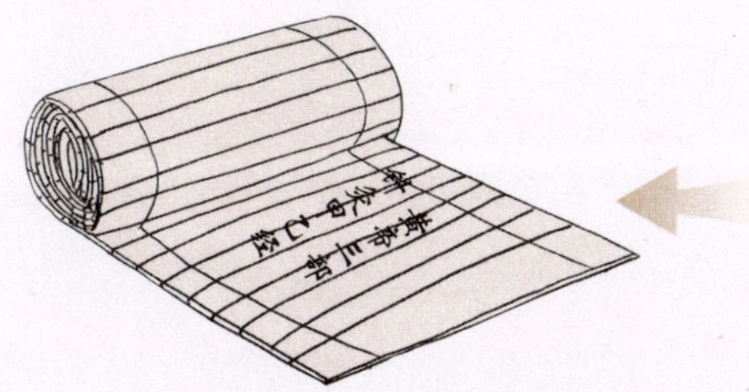

《针灸甲乙经》，共十卷，一百二十八篇。这是我国现存最早的一部理论联系实际，有重大价值的针灸学专著，被人们称作“中医针灸学之祖”，一向被列为学医必读的古典医书之一。

第四辑

谨言篇

4

『谨』是儒家个人修养和行为规范，此处的《谨言篇》就是要求一个人在待人接物上，要有所畏惧，有所不为，要言行慎重，勤勉修身，要经常自我反省，对人要礼让恭谦，总而言之，就是要遵守中庸之道。

本辑图版目录

『谨』是儒家个人修养和行为规范，此处的《谨言篇》就是要求一个人在待人接物上，要有所畏惧，有所不为，要言行慎重，勤勉修身，要经常自我反省，对人要礼让恭谦，总而言之，就是要遵守中庸之道。

少壮不努力，老大徒伤悲

［原文］

朝起早　夜眠迟　老易至　惜此时

★ 解读

原文的意思是：为人子应早起，把握光阴及时努力，若经常晚睡、甚至熬夜，不但对身体健康不好，也影响白天正常的作息。岁月不待人，青春要珍惜。

此处正是讲人要珍惜时光，我们都晓得“一年之计在于春，一日之计在于晨”。经过一夜充足的睡眠，早上起来可谓精力充沛、思维活跃，正是做事的最佳时间，因此一定要珍惜，把握住眼前。陶渊明《杂诗》中也说：“盛年不重来，一日难再晨。及时当勉励，岁月不待人。”人生短短数十载，若是把今生虚度，等到黄粱梦醒时，才发觉自己两手空空往返人世一回，虚度一生，追悔已晚。因此，人身难得，人身短暂，既有幸今生为人，就该好好珍惜有限时光，努力做一番事业，才不枉来人世往返一回！若是日日纸醉金迷，或为三餐忙忙碌碌，其与草木禽兽有何不同！

古语云：“百年三万六千日，蝴蝶梦中度一春。”天地悠悠，时光转世，恒古长存，不知何始何终；而人命无常，长者不过百岁之余，亦是寥寥无几，更何况早逝、夭折者还大有人在。所谓“莫到老年方学道，孤坟尽是少年人”。就是说不要等到暮年，才想起学习，到那时，追悔已晚矣！人生天地间，就好比蜉蝣之于老椿，滴水之于大海，尘埃之于空气，细沙之于大漠，是无法比量的，因此，不要仗恃目前青春年少，碌碌无为，蹉跎岁月。

古者很重视光阴的流逝，也很重视对子女的教育，教育他们要早起把握光阴，及时学习。《曾文正公嘉言集》里曾记载着关于曾国藩教育其子弟要珍惜光阴的言语：要看一个家庭有没有兴盛，就看他的子弟是不是晏起？这个晏起就是很晚才起。他们是不是会早起？早起的家庭，我们感觉这个家庭是一个有朝气、有前途的家庭。如果子弟都睡得很晚，日照三竿才起，这个家恐怕就是没有家教。所以，古人很重视子弟要爱惜时间，爱惜光阴，早上就要早早起床。

在晋代，有一名将祖逖，字士稚，他与刘琨自幼结为好友，年轻时就胸怀大志。且一同出任司州主簿。他俩白天在一起工作，晚上同寝。当时西晋皇族互相倾轧，争权夺利，其他少数民族趁机滋事作乱，虎视中原领土。祖逖与刘琨立志

晨光，勿虚度

一个人在年少的时候，也如这初升的太阳一样短暂，应珍惜生命的每分每秒，做些对自己，对社会都有意义的事情，才不会虚度一生。

闻鸡起舞

祖逖与刘琨半夜听到鸡鸣，认为是这是提醒他们要把握光阴，于是，二人穿衣起床，来到院中，借着月光，练习剑术。凭借着自己不懈的努力，与心中长存的保家卫国的志向，最终，成就了一番伟业。因此，只有懂得珍惜时光的人，才会创造有价值的成就。

报效国家，心中时时担忧国家的命运。一日半夜时分，祖逖听到鸡鸣，踢醒刘琨，说："你听到鸡叫没有？"刘琨听罢说："听到了，半夜鸡叫是恶声！"然而祖逖却说："这不是令人厌恶的声音，是催促我们赶紧起床练剑。"于是，他二人穿好衣服，来到院中，拔剑起舞，直到天亮才收剑。之后，祖逖担任了司马睿的军咨祭酒，在晋怀帝被匈奴俘虏以后，他主动请缨出战，率领自己私家的军队渡江北上，最终凭借自己的能力收复了黄河以南的诸多州县。

我们每个人虽然生来家境、才干、境遇有所不同，但只要心中存有追求上进之心，拥有远大的志向，懂得从小起早眠迟，从日常的小事上来锻炼，长久之后，必定会有所成就。古贤们之所以能够成就大事，做出一番伟业，使得后人称颂，原因在于他们也是起早眠迟，把握点滴光阴发愤图强而得来的，而不是天上掉馅饼，守株待兔的结果。

司马光是北宋时期著名的政治家、史学家和文学家。他从小聪明过人，被誉为神童，但他从不骄傲，学习十分勤奋。司马光奉旨编写《资治通鉴》，他用圆木做了一个枕头，取名"警枕"，意在警惕自己，切莫贪睡。他枕着这个枕头睡觉时，只要稍一动弹，"警枕"就会翻滚，于是立刻坐起来，继续发奋著述。就这样，他花费了十九年的时间完成了《资治通鉴》这部三百多万字的巨著，为后人作出了巨大贡献。他用一生精力，一生心血，记载着一千三百多年的历史，上起战国，下止五代，历代兴亡，善可为法，恶可为鉴，可为后代皇帝治国平天下广泛应用。

正是司马光如此勤奋好学，时时把握光阴，刻苦学习，从而使得他学识渊博，事业上取得了巨大的成就。

当下，人人都抱着明日做事的态度，可是"明日复明日，明日何其多；我生待明日，万事成蹉跎"。我们要马上改掉这种不正之风，紧抱当下，不要"黑发不知勤学早，白发方悔读书迟"。所以为人父母的，孩子在很小的时候，我们就要记得要好好地教导他，以古为鉴。

白发方知读书晚

与其满头白发才追悔没有好好把握时光，勤学技艺，不如珍惜光阴，发愤图强。

这也是在告诫人们应乘着年少的大好时光，好好学习技艺，自古以来，就有技多不压身之语。

碌碌无为一生，什么也没有留下，哎！

司马光与《资治通鉴》

寸金难买寸光阴，时间如流水，消失了的时光是不会回来的，因此，我们要把握当下，及时勤勉。

司马光奉旨著书，重视时间，借一圆木作为枕头，取名为"警枕"，时刻提醒自己不要贪睡，把握时光，奋笔著书，最终历时十九年，终于完成巨著——《资治通鉴》。

《资治通鉴》是北宋司马光所主编的一本长篇编年体史书，共294卷，耗时19年。记载着一千三百多年的历史，上起战国，下止五代，历代兴亡，善可为法，恶可为鉴，它是中国第一部编年体通史，在中国史书中有极重要的地位，可为后代皇帝治国平天下广泛应用。

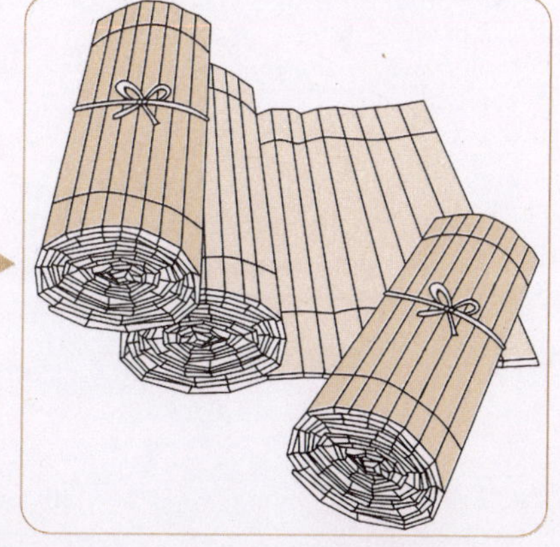

晨起面要洁；厕后手要洗

［原文］

晨必盥　兼漱口　便溺回　辄净手

★ 解读

原文的意思是：早晨起床后，必须洗脸、洗手、刷牙、漱口，这样会使精神清爽，一天有一个好的开始。每次大小便后，一定要洗手，养成良好的卫生习惯，才能确保身强体健。

这里提到一个健康整洁的习惯。勤洗手，勤漱口，是保持身体健康、减少生病的前提。俗话说，整洁乃强身之本。只有在日常饮食起居中，养成了良好的生活习惯，这样，才会达到身强体健，形成一种良好的精神状态。

孔子说："父母唯其疾之忧。"父母最担忧的就是孩子的疾病，然而，这个"疾"不只是单单的生病问题，还涉及一个人的坏习惯、坏毛病上。所以，爱整洁才不会导致身体损伤，然后生活有规律，有秩序，这也是身体健康的关键性因素。再者，当你做事谨慎小心，就不容易犯很多过失，这也是让父母能够减少担心、安心的最好条件。因此，这个"疾"字可以广泛开来说，就是在身体健康、在人际交往当中，都不要犯不好的过失，以至于让父母担忧。而一个人很爱惜身体、很爱整洁，也是对别人的尊重。所谓"自重而后人重"，而不是如《孟子·离娄下》中孟子曰："西子蒙不洁，则人皆掩鼻而过之。虽有恶人，斋戒沐浴，则可以祀上帝。"这句话是说：如果西施蒙上了脏东西，那么人人都会掩着鼻子走过她跟前；即使长得丑陋的人，只要（诚心）斋戒沐浴，那么也可以祭祀上帝。所以当你自己重视整洁，穿衣服也穿得很整齐，别人就会敬你三分。如果你每天蓬头垢面、邋里邋遢，他人还没跟你交往，就有所轻视，有所轻慢于你。所以当别人瞧不起我们，我们首先不要责怪别人，要先反观自照，看看自己是不是在这些礼节当中有所缺失。

人们常言：善恶有因。日用之间的举手投足，就是因的萌发。维持良好的卫生习惯，不但可以确保我们的健康，也确保了他人的健康。反之，若是养成了邋遢的习惯、举止，那么不仅毁坏了自己的声名，也会使恶的本源产生，贻祸他人。

在中国古代很重视整洁的礼仪。如国事、祭祀等礼仪活动之前都要沐浴干净，

外在形态的好与坏

自古以来，一个人整洁的外表，都是一种尊重之礼。在人际交往中，要注意自己的外在形态，只有保持一种端庄大方的外在形态，这样才能得到他人的尊重与友好的礼待。

一个人即使长着沉鱼落雁、闭月羞花之容貌，但本身不注重自身的整洁，满脸污垢，衣洁不整，这样，旁人也是会避而远之的。不会亲近于你。

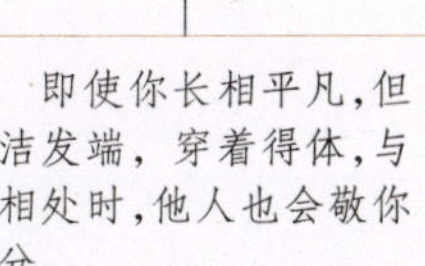
即使你长相平凡，但脸洁发端，穿着得体，与人相处时，他人也会敬你三分。

才可以进行相关的仪式，否则就是一种不尊重的行为，为人所不齿。臣子在上朝之前也是要沐浴更衣的。“孔子沐浴而朝”，这是古人众所周知的简单礼节。《周礼》、《仪礼》、《礼记》被合称为“三礼”，为儒家的经典，其中多处提到、描述过沐浴之事。在古时，还有一些相关的词语，加以引申其意。如“洗耳”、“洗心”等词语。“洗耳”则原意是厌听其事(《高士传·许由》：“尧又召为九州长，由不欲闻之，洗耳颍水滨。时其友巢父牵犊欲饮之，见有洗耳，问其故。对曰：‘尧欲召我为九州长，恶闻其声，是故洗耳。’”)，后引申为仔细倾听，进而引申出“洗耳恭听”这个成语，表示仔细、认真地恭听对方的讲话。而“洗心”，意即涤除心中杂念，后引申为一人改过自新，借助“洗”来达到整洁其身，继而加强自身的德行，升华到一种高深纯净的境界。可谓是一种礼仪“沐浴”的最高境界。

诸如洗脸、刷牙、漱口、洗手等等这些卫生习惯，都是日常生活中所要注意的细节。别轻看了细节，往往细节出真知。一个人若能在日常生活中，持之以恒地去实行，造次必于是，颠沛必于是，这才是真正的有才学、品德之人，道不远人，也就是说生活中就蕴涵着大道理，只要身体力行，就会体会到，没必要远求他人得道，平实就是道。

现在，很多人故意不梳头，披头散发；脸不洗，满脸涂脂。自认为是洒脱，与众不同。殊不知，这是一种随便、毫无约束之行为。可想而知，这样的人，终其一生也是碌碌无为，没有什么成就可言。

切莫小看了这些日常习惯的维持和实践，君子的品格和毅力就是从这儿培养起来的；唯有具备了君子的品格和毅力，才配谈人生的追求与所得。因此，培养良好的卫生习惯是件平凡而细致的工作，孩子良好习惯和正确认识的养成，离不开日常具体事务中对其行为的约束和训练，都不是靠短时间内的说教便能奏效的，因此要持之以恒、坚持一贯地要求孩子，通过不断地训练和巩固，使之习惯成自然。

孔子沐浴而朝

礼仪制度自古都是规范人言行的标尺，任何人都不得违反，否则就是一种失礼的行为。古代，无论是国事、祭祀等礼仪活动都要进行沐浴更衣后，才能进行仪式。上朝前也是要沐浴更衣。这也是显示一种对他人的尊重之礼。因此，我们在日常生活中，拜见长辈、领导时，也要衣着得体。

孔子在觐见君王时，也是要沐浴更衣的，这也是对君王的尊敬之礼。

《周礼》、《仪礼》、《礼记》合称三礼

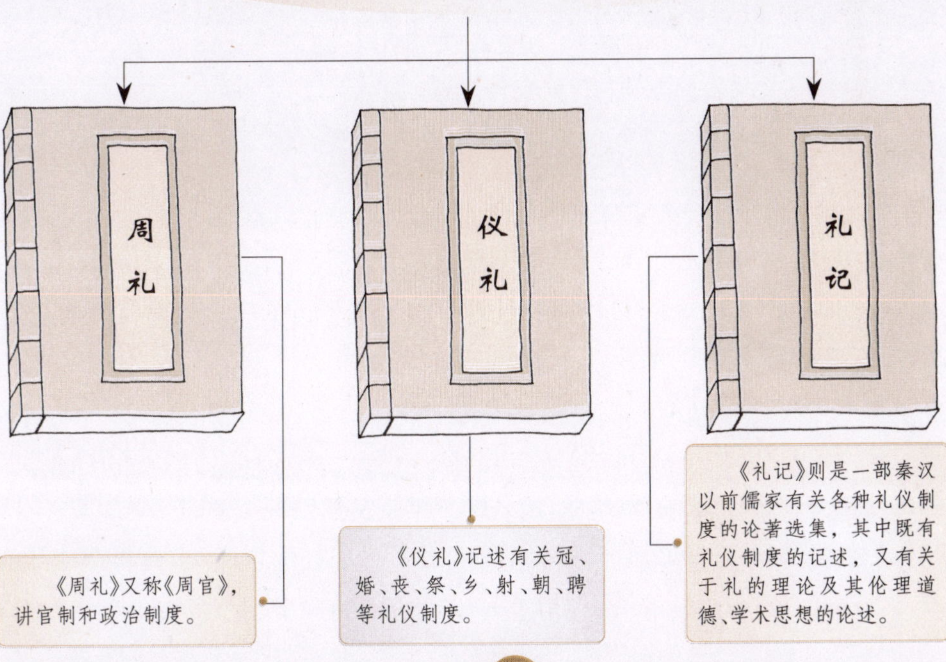

《周礼》又称《周官》，讲官制和政治制度。

《仪礼》记述有关冠、婚、丧、祭、乡、射、朝、聘等礼仪制度。

《礼记》则是一部秦汉以前儒家有关各种礼仪制度的论著选集，其中既有礼仪制度的记述，又有关于礼的理论及其伦理道德、学术思想的论述。

穿戴要整洁，扣带要系好

［原文］

冠必正　纽必结　袜与履　俱紧切

★ 解读

原文的意思是：要注重服装仪容的整齐清洁，戴帽子要戴端正，衣服扣子要扣好，袜子穿平整，鞋带应系紧，否则容易被绊倒，一切穿着以稳重端庄为宜。

针对原文进一步详细阐述："冠必正"，"冠"在此处是帽子的意思，就是指我们戴帽子的时候，要特别注意有没有正，假如戴得歪歪斜斜，可以说是一种自我轻率的表现。"纽必结"，"纽"就是纽扣，在古代，人们的服饰大多是大褂，总是一排纽扣，一时大意就会张冠李戴，扣错位子。导致仪表的失误，丢失应有的威严，失礼于他人。"袜与履"，袜就是指袜子，履就是鞋子。"俱紧切"，"紧"要绑紧，要绑得牢，"切"就是要把它绑紧。人，应注意自己的穿戴。因为，一个人的穿戴表示了他的身份和地位，展示了他的气质和修养，反映了他的爱好和追求。穿戴整洁、优美、高雅还是穿戴脏污、丑陋、庸俗，可不是一件小事情，一个人的仪容仪表不仅关系自身的形象，有时还关系到工作前途，同时也关系到他人对你的尊重。

人的容貌是人与人之间初次见面的第一个印象。平凡的容貌，大众的仪表没有关系，但是你有良好的仪态，你有整洁的穿着，就会使与你接触的人，感觉到你的文雅、端庄、大方，这样不失礼于他人。所以，仪容的整洁也是表现了一个人的威仪，因此，我们要特别谨慎小心自己的仪容。

在古代，人很注重自己的仪容，他们时时提醒自己要做到"三正"：一是帽带要正，二是裤带要正，三是鞋带要正。所以，古人不论在何时都会检查自己的仪容，首先看看自己的帽子有没有戴歪；然后裤子有没有扎好，不然掉下去就会显得尴尬；然后鞋子也要绑好，不要松松垮垮的，走起路来发出声音，他人看见后就会轻视、轻慢于你。

一个人的衣冠必须要整洁得体。这样，不但自己看了欢喜，别人看了也会高兴、舒服。为什么？衣冠不整的话，给人的感觉就是你是一个不懂得尊重自己，同时也是不尊重对方，缺乏修养的人，可以说是一种失礼的表现。要注重服装的整齐，仪容的清洁，帽子要戴端正，扣子要扣好，袜子穿平整，鞋带应系牢等等。只

仪容三正

古人不论在何时都会检查自己的仪容，首先看看自己的帽子有没有戴歪；然后裤子有没有扎好，不然掉下去就会显得尴尬；然后鞋子也要绑好，不要松松垮垮的，走起路来发出声音，他人看见后就会轻视、轻慢于你。因而，古人很重视自我的仪表问题，从不会有所懈怠。

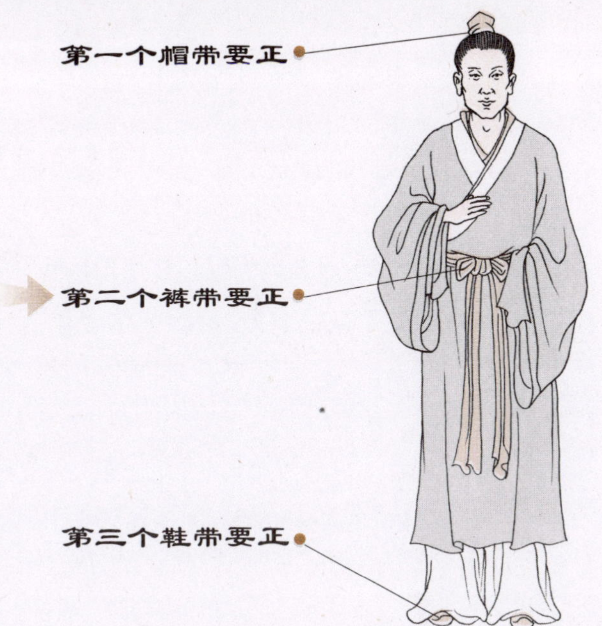

子路临死正冠

子路深受儒家正统礼仪制度的教育，即使在卫国内乱中身亡，临死前还在正其衣冠，准守其君子的行为：至死都要衣冠端正。

要注重生活的点滴、细节，不仅有助于逐渐养成做事严谨的习惯，还能形成自身的威仪。

在春秋时代，有一个大臣叫赵宣子，他是晋国的大臣。当时的帝王晋灵公很荒淫，但赵宣子很忠诚，时时处处都在劝谏君王，使得君王很不耐烦，心生歹念。于是，派杀手钼麑（一个很有力气的人）刺杀赵宣子。由于当时的早朝时间较早，大臣们都会很早起床，等候上朝，所以钼麑抓住早朝以前的时间来到了赵宣子的家里。结果发现，赵宣子的寝门却已经开了，赵宣子已经把整个朝服穿得整整齐齐，正襟危坐，在闭目养神。而他的这种仪容、威仪，钼麑一看非常感动，敬畏，他想：赵宣子这人平居的时候，都毕恭毕敬，这就是百姓的主人翁，绝对是国家的栋梁，假如我杀了他，这是不忠，对不起国家，对不起人民，失信于天下百姓；假如我不杀他，又失信于君王，这是不信，不忠不信，哪里能够在世上做人存活呢？因此，钼麑为了不陷害忠良，守信于君王，就撞树自杀了。

又如孔老夫子的弟子子路，生性勇猛质朴，心地刚强真率，喜好武力，曾头戴雄鸡样帽子，身佩豭豚长剑，冒犯孔子，可孔子以礼相待，逐渐诱导子路，为他正衣冠，开示他君子之道；经过孔子多年的训诫，子路这块顽石终于成就为一块美玉，脱颖而出，大放光泽。后来子路在卫国的内乱中被围攻致死；因为在战乱中，子路的帽带被打断，致使帽子歪斜，可临死，子路仍牢记老师的训诲，挣扎着把帽子重新戴正，因为君子至死都要衣冠端正。

从这两个故事中，我们可以体会到，当一个人仪容端庄，就会赢得他人的尊敬。也正是这样的一种恭敬态度挽救了赵宣子的性命。也正是这样一种君子的态度，子路至死都在遵守君子的风度，正衣冠。因而，生活中的一些气节我们也不可不谨慎小心，不可不量行而作。

一个人仪容的端庄与否，确实至关重要。当人们重视自己的仪容时，在人际交往中，就会得到他人的进一步尊敬。而当我们的仪容是一种稀奇古怪的感觉时，这样不只会让别人对你产生轻视，更会影响自己的前途发展。

现在，我们在很多场合都会看到衣着得体之人，引来他人赞赏的目光；也会看到一些奇装异服的出现，引来他人轻视、蔑视的眼光。因此，你想获得什么样的关注，这都是取决于你自身内在的修养，取决于你如何正确地接受好的着装理念。取决于你幼小的教育。

赵宣子礼退杀手

生气的晋灵公：赵宣子，时时觐见，劝谏本王，根本不把本王放在眼中，怎么才能解决掉这个头痛问题？
奸臣：陛下，可以让钼麑去刺杀赵宣子，解决掉陛下的烦恼。

钼麑看见赵宣子在无人的时候，都保持毕恭毕敬的行为，认为赵宣子是国家栋梁，不忍杀害，但不刺杀赵宣子又违背了君命，最后，钼麑撞槐自杀来表现自己既没有失信君王，又没有陷害忠良。
早朝前，正襟危坐的赵宣子，也正是这样的一种恭敬态度才使杀手放弃刺杀赵宣子。当一个人仪容端庄，就会赢得他人的尊敬。

衣物放置要整洁，勿杂乱

［原文］

置冠服　有定位　勿乱顿　致污秽

★ 解读

原文的意思是：脱下来的衣、帽、鞋袜都要放置在固定的位置上，不可随便乱丢，避免造成脏乱，要用的时候又要找半天。

俗话说："从大处着眼，小处着手，养成良好的生活习惯，是成功的一半。"往往生活中的点滴，就可以折射出一个人真正的修养和品德。只有从小就养成一种干净、整洁的生活作风，且拥有一颗恭敬、谨慎之心。这样，一个人通往成功的道路才会更进一步。

所谓"爱人者人恒爱之，爱物者物恒爱之"，这就是说，一个懂得尊重他人的人，那么他人也会长久地尊重、爱戴你；一个懂得珍惜物品的人，那么任何物品都会延长其寿命对待你。因此，只有真正有修养之人，才会把这种无生命的物体变成有生命的物体来看待，珍惜其价值。那么一个懂得生活品质的有道之士，是不会忽略这些细微之处的。

古圣贤们，在日常生活中，也往往追求那种物我归一的境界，使任何物品都有序地摆放，假使出现了差错，就会觉得有所失礼，是一种不雅的行为。进而想方设法地加以改之。

齐桓公有一次喝醉酒，找不到自己的帽子，感觉这是一件极其耻辱的事，于是，三天没有上朝。后来，管仲知道此事后，对齐桓公说："这不能成为一国之君的耻辱，您为什么不能依靠自己好的政策，来雪洗当时的耻辱呢？"齐桓公明白了管仲的意思，于是开仓放粮，赈济那些贫苦百姓，并且核查罪案，把那些罪轻之人都释放了，罪重之人则减轻刑罚，过了三天之后，百姓都在歌颂齐桓公说："国君啊，你难道就不能再在丢一次帽子吗！"

而现在，很多人的习惯确实是很糟，物品随处丢放，没有固定的位置。缺乏应有的正知正见，所以我们要有正知正见，即便在穿衣戴帽这种生活琐事上，也要严谨自持，改变以往的陋习。所谓"小事不察，大事不明"，过去不知今已知，改过即是圣贤；千万不要错拿了"大行不顾细节"或"难得糊涂"当做自己的挡箭牌。

齐桓公酒醉寻帽

一个人如果自身存有一些恶习在旁人的指点下，加以改过，培养良好的习惯，那时必定会受到他人的尊重。

穿着要有度，持家要有道

［原文］

衣贵洁　不贵华　上循分　下称家

★ 解读

原文的意思是：衣服贵在整洁干净，而不在于华丽漂亮。在见长辈的时候，穿的衣服必须要符合自己的身份，平时在家的时候，穿的衣服也要符合自己的家境情况，这才是持家之道。

孔子言："士志于道，而耻恶衣恶食者，未足与议也。"这句说是说：一个有心于追求自然、社会、生命与人生的真理的士子，一个有志于追求事业成就的人士，却以粗衣蔬食的俭朴生活为耻辱，是不值得与之讨论真理的。人本不因生活的清俭，而去改变现在的生活，去追求不切实际的物质需求。一个人斤斤计较个人的吃穿等卑琐细事，绝对是个缺乏远大志向的小角色，根本不足以讨论什么道、什么真理、什么事业成就的问题。这样的人，没有真正的智慧，更不可能创建光辉的成就，这就是所谓的"礼不下庶人"。

古人，有志向者，大都有节俭的美德。不讲求物质这种外在的价值，更注重内在修养、品德的提高。贤者也有贫富贵贱不同的命运，但，贤士们即使再显贵，也不会骄奢侈浪费，故意显摆自己的富足；再清寒，也不会绉衣脏帽上殿堂。他们一衣一履，都切合自己的身份，配合不同的场合，因为这是一种礼仪，一种修养的体现。所谓"贫家净扫地，贫女净梳头；景色虽不艳丽，气度自然可观"，这才叫穷得有气节！

汉朝的鲍宣十分好学，但是家境清贫，他的老师很赞赏他贫贱不移的气节，不但把女儿桓少君嫁给他，还赠送了婢仆和丰盛的财物作为嫁妆。新婚第二天，桓少君一身锦衣绣服、珠光宝气地打扮停当，却发觉鲍宣板着脸不理她。桓少君终究是有教养的淑女，不但不敢发脾气，还虚心下气地请教他，自己是否犯了过错？鲍宣便说："少君生在奢富的家庭，习惯了漂亮的装扮，可是我们鲍家很穷苦，你这种打扮实在不得体！"桓少君就说："家父因为先生您的道德，才教我来侍奉您的起居；既然鲍家的规矩这样，我当然会遵从。"鲍宣这才欢喜起来。于是桓少君马上遣回所有的婢仆嫁妆，换上了短衣布裙，和鲍宣两人，牵了鹿车，载着简单的行李，回到乡间的鲍家。拜见婆婆后，桓少君取了水桶，就去打水做饭。

鹿车归里

桓少君是有教养的淑女，面对鲍宣的不悦神色，可虚心请教，认识自己的错位，虚心改正。穿衣着装要符合自己的身份，且勿追求华贵，超越自己的能力所承受的范围。

桓少君嫁于鲍宣，遵从了简朴的生活，放弃了奢华的小姐生活。这也是在表明：环境在变，我们也要跟随着变动，但必须是与之相符，不可为了自己的虚荣心，而做一些超越自身经济条件的事情，必须要懂得节制。

以后桓少君也真的能谨修妇女的美德，做个称职的鲍家媳妇，乡里的人都十分赞叹她。

然而，许多人，本就贫寒，却在外人面前装出一副华贵的“尊荣”，殊不知已成为别人的笑柄，犹如“东施效颦”。诸如嬉皮妄做洒脱状，假道学故示寒酸，莫说不是圣人，连市井俗人狂者也称不上；只能说他们是社会的“剩人”罢了！至于打肿脸充胖子，尽在衣着上费钱费工夫，甚至等而下之，硬在衣着上作怪的“闲人”和“嫌人”呢，实在也犯不着去对他们侧目而视，因为他们都是心灵空虚的可怜人，没有自知之明。

郑国有个叫穆起的人，他家里很穷，偶然得到一件皮裘，于是，穆起一年四季不论什么天气都穿着它。一天，郑国大夫子产从他家门前经过，看见他穿着皮裘，热得满头大汗，就对穆起说：“大热天的，你怎么还穿着一件这么厚的衣服？”然而，穆起答非所问，一边擦汗一边说，他的衣服是从千年难得一见的白狐身上扒下的！又是请郑国最好的裁缝做的！子产叹了口气，说，穆起这个人，为了一件衣服，也不管那衣服是不是符合自己的身份和季节变换，真是愚人啊！

现今的社会里，处处可以看到很多衣着入时，追求时尚的人群，可不知自己的衣着不伦不类，有种哗众取宠的感觉；他们不管自己的身份年龄是否合适，只知盲目追求时尚，追求个性，追求光鲜，这可说是丑不自知！甚至更有胜者，被物欲所迷，过分讲求衣着的华贵，花费往往超出自己经济的承载水平；且不论他个人的品位高低，这终究不是好现象。君不见，多少男子为入不敷出铤而走险，终至家破人亡？多少女子为奢华无度沦落烟花，终至身败名裂？世间如桓少君之人，真是凤毛麟角，少之又少了！人往往忽视了事物的本来面貌，忽视了自己的人生价值，把无谓的时间、金钱浪费在虚无的东西之上，久而久之，就有可能误入歧途，那时追悔已是枉然！

郑人不更衣

穆起这个人，为了一件衣服，也不管那衣服是不是符合自己的身份和季节而穿着。也是在说明，穿衣要符合自己的身份、地位，这样才会衣着得体，也能从中体现一个人的修养。

小链接

礼不下庶人，这句话出自春秋时期的《礼记·曲礼上》中的“礼不下庶人，刑不上大夫”。自秦汉以来，对这句话的解释多是“庶人没有资格受礼遇”。把“下”作“下到”解，也就是鄙视之意。这种解释，是犯了望文生义的错误，不仅与原话的本意相违背，而且与历史事实也不合。“礼”虽说是当时的社会规范，主要是规范统治阶级的，但庶民也有庶民的“礼”，一样需要遵守。其实“礼不下庶人，刑不上大夫”这句话是与后世的“王子犯法与庶民同罪”、“法律面前，人人平等”是一脉相承的。

结合孔子的本意，可解释为“礼仪并不排斥庶人，而刑法并不尊崇大夫”，就是虽然“礼”对德行要求很高，并不要求人人遵守，但有志的庶人一样可以重修养，“习礼仪”，把自己培养成为君子。这样，符合历史事实，也符合公认的文明标准。

饮食勿拣择，食之要有度

［原文］

对饮食　勿拣择　食适可　勿过则

★ 解读

原文的意思是：日常饮食要注意营养均衡，不可挑挑拣拣，也要适可而止，不可多余平时的饭量，以免增加身体的负担，危害健康。

老子说："圣人为腹不为目。"饮食是为了填饱肚子，而不是为了满足口目。古贤们，不去追求物质上的享受，粗茶淡饭与山珍海味，在他们看来只是充饥的食物，没有什么可区分的。孔子也说："君子食无求饱，居无求安，敏于事而慎于言，就有道而正焉，可谓好学也已矣。"君子顾不上追求饮食的满足，顾不上追求生活的安逸，而对于学问之事和国家之事能够敏锐地观察和细微地思考，谨慎地发表言论，还能够向品德高尚、学识渊博的老师求教，从而不断修正和提高自己的修养，这样的人可以称得上是好学的了。这也是说，好学者只注重自身品德、修养的提高，而对饮食没有太多的挑剔。

那种追求饮食的挑剔，挑肥拣瘦，饮食无度，不但有失形象，有碍观瞻，亦是贪婪之源，俗语有云："人心不足蛇吞象。"一个心有贪念之人，他的胃口也会越来越叼，欲望也会逐步膨胀，为了满足自己的私欲，早已把"忠孝节义"这些基本的为人准则，抛到九霄云外去了，更不用谈什么廉耻心了，终会导致自身的伤身送命，沉沦苦海。如今，为了满足贪欲之人而不惜铤而走险，走上犯罪的不归路，最终身败名裂，锒铛入狱之人数不胜数。

所以父母不如趁早好好教育孩子要有正知正见，小则个人后福无尽，中则家庭平安，大则社会安定，国家太平。而教育子女，首要戒贪；消除贪念，增强节约意识。古人说："食者天也；色者性也。"又说："民以食为天。"可见饮食本是众生最原始的欲望，所以说，贪食正是贪财贪色之源；岂能以为饮食是小事，而不去理会！

唐代郑浣，一直以勤俭朴素自居，在他出任河南尹的时候，一天，他的叔伯兄弟的孙子来找他。这个孙子在家务农，没有见过世面，也不懂礼节，穿的衣服也很破旧，郑浣的儿子和仆人都嘲笑他粗俗。只有郑浣可怜他。一家人在一起吃饭，吃的东西中有蒸饼，可他的孙子，却将饼皮拔掉，只吃里面的馅，当时郑浣很

人心不足蛇吞象

一个心有贪念之人，他的胃口也会越来越叼，欲望也会逐步膨胀，为了满足自己的私欲，早已把“忠孝节义”这些基本的为人准则，抛到九霄云外去了，更不用谈什么廉耻心了，终会导致自身的伤身送命，沉沦苦海。

郑浣以俭素自居

郑浣：“食物本是充饥，何必挑挑拣拣，你这样奢侈浪费轻浮的行径都快超过那些纨绔子弟了，假如这样长久下去，你就会变成一个贪图富贵之人，有失做人的本质。”

饮食上挑肥拣瘦的人，必然在其他方面也是贪慕虚荣之人。

生气，说道："饼皮与陷有什么区别吗？他们不过是用来充饥的食物，你怎么会只吃陷却把皮扔掉了呢！你怎么会有这样轻浮狡诈的坏毛病，并且如此的奢侈浪费。你应该保持淳朴的风俗习惯，我可怜你在家乡务农，穿着破旧的衣服，可是你一点都不懂种庄稼的辛劳。没想到你轻浮的行径都快超过那些纨绔子弟了，假如这样长久下去，你就会变成一个贪图富贵之人，有失做人的本质。"说完后，郑浣捡起扔掉的饼皮，并吃了它们，随后就离开了。第二天，郑浣就将这个孙子送回了家乡。

人们常说："民以食为天。"现在，随着生活水平的不断提高，人们满足了最初的温饱问题后，就在追求更高层次上的享受，天上飞的，水里游的，地上跑的，什么东西都会去尝试。满足自己的虚荣心。可曾想到"血肉淋漓味足珍，一般痛苦怨难伸，设身处地扪心想，谁肯将刀割自身"。我们在享受所谓的山珍海味时，可曾想到我们也然是一个屠户，在残害另一个生命。

嵇康是魏晋时期的文学家、思想家，他一生崇尚老庄学说，生活上清静无为，特别注意养生。他曾经写过一篇文章叫《养生论》。在这篇文章中，嵇康讲述了人要有正确的生活态度，注意养生，应该时常多食一些素食，少食荤菜。因为素食含有人生长发育、健康成长所必需的所有营养成分，而荤菜中过多的是不利于人吸收的且宜囤积的脂肪，影响健康，因此，只有做到这些，才可以达到健康长寿的目的。他在书中还特别提到在饮食上要有节制，如果饮食不节制就会生百病。这些养生常识对我们今天的保健养生仍具有借鉴意义。

随着时代的进步，人们对饮食的追求，越来越高，注重营养的合理膳食，追求精细的食物，往往就是这些过于精细的食物，使人无端生出一些所谓的"文明病"。如癌症、糖尿病等等，这些病症都是因为营养过剩与营养失衡所造成的，因此，在饮食中要注意那些过分加工和太精致的食品，而五谷杂粮本就是最好的食物，要做到"食可止，勿过则"。

食物的挑剔

古贤们吃饭只是为了填饱肚子，不计较食物的好坏；然而，平庸之人，吃饭总是择其精，厌其俭，满足了饮食的需求之后，又在妄想拥有更多。

嵇康与《养生论》

嵇康，字叔夜。"竹林七贤"的领袖人物。三国时魏末文学家，思想家与音乐家，魏晋玄学的代表人物之一，他一生崇尚老庄学说，生活上清静无为，特别注意养生。

《养生论》，是我国魏晋时期的一篇养生学名著。该篇一直被后世广为传诵，曾经在养生学界产生过巨大的影响。嵇康在这篇文章中，讲述了人要有正确的生活态度，注意养生，只有做到这些，才可以达到健康长寿的目的。他在书中还特别提到在饮食上要有节制，如果饮食不节制就会生百病。

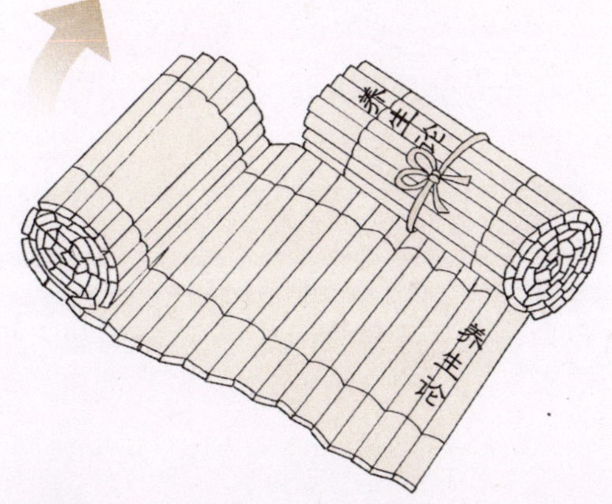

年少勿饮酒，酒醉丑态出

［原文］

年方少　勿饮酒　饮酒醉　最为丑

★ 解读

原文的意思是：青年人，千万不要饮酒，如果喝醉了，则会疯言疯语，丑态毕露，也容易惹出是非。

古人第一次发现了酒时，认为酒是一种神奇的食物，应该用来祭祀祖宗或先人。因此，就作为一种祭祀上的祭品。论语中说道："惟酒无量，不及乱。沽酒市脯不食。"酒对于人来说是没有固定的量的。可以不加限量，只要没有到达"乱"的程度，就可以饮用。然而从市场上随意地买酒买肉，在既不敬先人也不祭神明的情况下，随心所欲地不按传统规矩饮酒吃肉，是违反礼节的，是不应该为之的。

酒，起初是作为一种健康的饮品，少量饮酒可以通经静脉，促进血液循环。过多的饮酒，不仅伤及身体，影响健康，有时，还会产生不必要的事端。我们看各个朝代的酒杯，往往酒杯旁都有两个耳，高高的耳，古人在拿起斟酒的话，如大口就会触碰到脸颊，有失礼节，因而都是小口轻斟。所以，古人喝酒只是为了促进血液循环，增强体质，而不是为了饮酒作乐。

实则人人都晓得，饮酒过量，就有可能出现酒后无德、酒后乱性！人在这种不清醒的状态下，会说错话、办错事，往往做出很多丧失理智的事情，造成不可收拾的后果，所以从小就不要饮酒。这个酒在现在也包括所有让我们沉迷的东西、不好的习惯。例如抽烟、上网、赌博等等。

所以，我们从小孩子在家里，不应该让其饮酒。因为喝酒很容易上瘾，上瘾之后要戒除就很难。一旦有酒癖，就会时时想着喝酒，喝醉之后又疯言疯语，丑态百出，不仅有损自己的健康问题，还会失礼于他人，使得自己的道德有所缺失。

这个酒可谓是穿肠毒药，所以孩子从小绝对不能染上喝酒的习惯。而且喝酒不只伤自己的身体，还会造成别人生命财产的危险。现在，很多交通事故的发生都是由于过量的饮酒所致，在酒精的催化下，意识不是很清醒的情况下，就敢于为之，犯下难以磨灭的错误，追悔已晚。

饮酒的后果

酒，可以说是一种健康的饮品，少量的饮酒可以疏通筋络，活血化瘀，促进血液循环。

一个人饮酒过量，意识不清醒，丧失理智，就会丑态百出，出现酒后无德、酒后乱性的失礼行为。

酒既是良药佳品，也可是穿肠毒药，一个人能够清醒地认识，正确地看待“酒”这种有利有弊的事物，就不会出现违反礼数与道德标准的失礼行为。

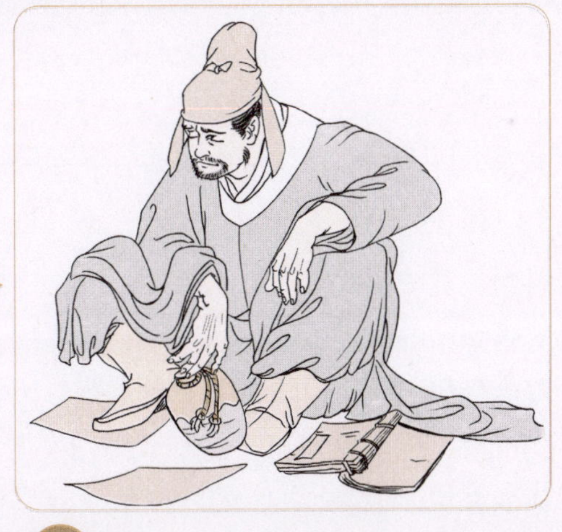

立行如松风，施礼面要敬

［原文］

步从容　立端正　揖深圆　拜恭敬

★ 解读

原文的意思是：走路时步伐必须不紧不慢从容大方，站立时必须做到端庄直立，作揖行礼时必须要把身子躬起来，在叩头跪拜时必须表现得恭恭敬敬。

上文也是在教导人站有站姿，坐有坐姿。古时，有一个很好的比喻：立如松，行如风，坐如钟，卧如弓。其实这样的习惯就是最自然地道法，对身体的正常发展也是最好。我们若能站得像松树一样挺拔，坐得像一口大钟那样四平八稳，自然英姿飒爽，气宇轩昂。可是很多人不论坐着、站着，都喜欢懒散地东倚西靠，或者弯腰驼背；躺着时，又是四脚朝天写"大"字，以为这样才是舒服。其实，莫说这样的姿态丑陋而没精神，久了，脊柱都还会变形。不正确的姿势，不但难看，而且会导致百病丛生。

更何况一个人的外在行为表现反映出了他的素质与修养水平。走路沉着稳重，站立端正大方，说明他具有沉稳、正直、不慌乱、不毛躁的性格；行礼作揖时恭敬、谦和，显示出他是从内心深处尊重对方，使受礼者感到被尊敬，产生好感，很容易形成融洽和谐的气氛，所以不能轻视这些简单的日常行为。《了凡四训》里面讲："大都吉凶之兆，萌乎心而动乎四体。其过于厚者常获福，过于薄者常近祸。"这是在告诉我们一个人的吉凶祸福，通过一个人身体四肢的礼节、行为就可以预测他的将来如何。如果一个人的行为非常恭敬、厚道，那么他必将获得福报；如果一个人的行为是轻薄、傲慢、懒散，那么这种人必定会惹祸上身的。

古人以"玉树临风"来描绘身量修伟英挺，举止温文有礼的人，真是再贴切不过了！一个人若走起路来不疾不徐，行礼进退又自然合度，那就犹如清风徐来，举手投足间，自见清凉意态。欲显儒雅自在之风！

稽绍是魏晋之际"竹林七贤"之一嵇康的儿子。西晋建立后，稽绍被朝廷征召到京都洛阳做官。有人见了他后，对"竹林七贤"之一的王戎说，我昨天在集市来来往往的人群中，见到了稽绍，看见他气质风度不同凡俗，就像是一只鹤站在鸡群当中一样。王戎说，稽绍确实是一位品格高尚、气宇非凡的青年才俊。一次，几位大臣聚集在一起讨论国事，有一人提议，请稽绍为众人弹奏一曲，展现一下他的音乐才华。可稽绍否决了。稽绍说道，诸位都是朝廷的重臣，肩负辅佐君王，

如何成为一个受人尊重的人

一个人坐有坐相，站有站相，且在作揖行礼中，也是一副恭敬有礼的态度，且在从小接受礼仪的教育，在言行举止中，时时体现出君子的风度，必定会得到别人的尊敬与喜欢。

身体四肢预知吉凶福祸

这句话在告诉我们一个人的吉凶祸福，通过一个人身体四肢的礼节、行为就可以预测他的将来如何。如果一个人的行为非常恭敬、厚道，那么他必将获得福报；如果一个人的行为是轻薄、傲慢、懒散，那么这种人必定会惹祸上身的。

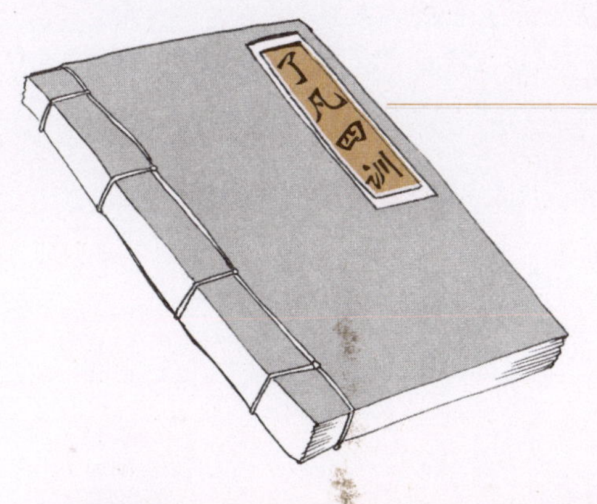

大都吉凶之兆，萌乎心而动乎四体。其过于厚者常获福，过于薄者常近祸。

小链接

《了凡四训》是种德立命、修身治世类的教育书籍。作者为明代袁黄。文章虽然篇幅短小，但是寓理内涵深刻，兼容儒释道三家思想，尽现真善美中华文化，平实而无虚华，深奥而不迷信。所以数百年来历久不衰，为各界人士欣然传诵，时至今日，仍然是脍炙人口、滋润身心的杰作。

报效国家的重任。我们的一举一动都是世人的榜样。而现在,我们都是身着朝服,且在商讨国家大事,怎可在这样庄重的场合,像歌姬一样当众弹唱呢?如果今天是身着便装,在家里闲聊时,那理当不敢推辞,愿为大家助兴一番,何乐而不为呢!如若现在,就会失礼了。

从这则简单的典故中我们不难看出,一个品德高尚之人,他的言行举止都是遵循着一定的礼法的,没有半点逾越之举,是世人学习的典范。

在古代,作揖是一种十分讲究的礼节。由于以前的衣服,往往都是身着长袍,而袖子很长,所以打躬作揖很难,但必须要圆,不能挤在胸口。因为,"圆"代表圆融,代表一种恭敬。现今,人际交往中,不再讲这样的礼节,而是以打招呼代替。打招呼我们也要发自内心,不要皮笑肉不笑,要发自内心跟对方打招呼,从内心展示出你的和颜笑容,一定会让对方感受你尊敬他,跟他作礼,别人也会以礼相待。

我们经常会听到一些长辈在教育晚辈:人,坐要有坐相,站也要有站相,走路也要有走路的样子。但是我们看看今天的社会,这种教育已经逐渐流失掉了。我们也看到有人走在路上,横冲直撞,或是头低得很低,没有目视前方,像是在地上寻找神秘宝藏似的,或是头仰得很高,显示自己的高傲,不可一世。走路的神态,我们也可以感受出来,有的人走路的时候不经意,嘻嘻哈哈;有人站的时候也是很难看,坐的姿势也不好看,也不端庄。这样没有礼节性的仪表,则会反映出你是一个没有涵养的人。这样,在以后的待人接物中,就会出现一些失礼的行为,给他人留下不好的印象。

因此,步伐从容与稳健,站立端正,是对自身的尊重,也是对他人的尊重。作揖行礼的标准,也就是对他人和自己的尊敬。

嵇绍的言行

竹林七贤的王戎

一个品德高尚之人，他的言行举止都是遵循着一定的礼法的，没有半点逾越之举，是世人学习的典范。

第四辑

谨言篇

站勿歪斜，坐勿抖动

［原文］

勿践阈　勿跛倚　勿箕踞　勿摇髀

★ 解读

原文的意思是：进门时脚不要踩在门槛上，在家站立时身体不可站得歪歪斜斜的，坐的时候不可以伸出两腿，腿更不可以抖动，这些都是很轻浮、傲慢的举动，有失君子风范。

“阈”，在古代，是指门槛的意思，门槛体现了主人的尊严和身份，在民间则称门槛是主人的脖子或脊背，忌讳用脚去踩踏。踩门槛是一种不端庄的失礼行为。《礼记》中说：“大夫士出入君门不践阈。”意思是：做臣子的在进出君主的门户时，应该从门中央所竖的一根短木旁侧身而过，不要用脚踩门槛。这也是体现了古代礼仪制度中，臣子对君王的尊重。“跛”，就是两只脚不同时站立，而是一只脚站着，另一只脚斜倚靠者，身体歪向一边。古人很重视自己的姿势，在年幼时，如出现不良的姿势，不好的习惯，父母都会及时地加以纠正，使其改过。因这样本身就是一种失礼的行为，假使没有及时地改过，形成一种习惯，那在以后与人交往时，就会受到别人的轻视，得不到别人的重视，丧失了机会，荒废一生。因此，必须在萌芽期，加以剔除。

原文前两句是强调站姿，而后两句则是体现一个人的坐姿。

“箕踞”与“摇髀”，箕踞，就是在坐的过程中，两条腿张开，像过去的畚箕一样。因畚箕是一种张开的有弧度的工具，若坐姿，像畚箕，就给人一种不雅、轻浮的举动。所以，两条腿不能坐得像畚箕一样，开开的，很难看。而摇髀就是坐在椅子上面，把两只脚翘起来，然后大腿一直抖动。这种看似细小的动作，不会有太大的影响。但长久养成一种习惯，对自己来讲，则会影响到自己的声誉。而在行仪方面，也得不到别人的敬重。

《礼记·曲礼》中说道：“立毋跛，坐勿箕。”也是在说：站着不要像瘸腿一样斜着胯，坐着不要像簸箕一样张开腿。古代的礼仪，时时显现一个人的修养，影响着一个人今后的发展。

孔子老年时，眷恋故情，有一回去看望自己童年一起长大的朋友原壤，原壤却懒散地叉开双腿，好像承接垃圾的畚箕似的，蹲坐在家门口等着孔子。而原壤

立毋跛，坐勿箕

古代，门槛象征了主人的尊严与身份，假如在进入他人家门时，踩门槛而后跨进，这是一种失礼的行为，等于践踏主人的尊严。

一个人的品德如何，尽在日常生活中的点滴处可以发现。坐着时，双腿叉开，还不住地抖动，这样会给他人一种亲浮、傲慢的印象，丧失了他人对你的尊敬。是一种失礼的举动。

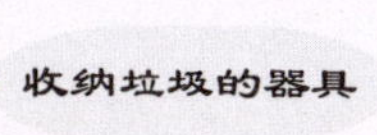

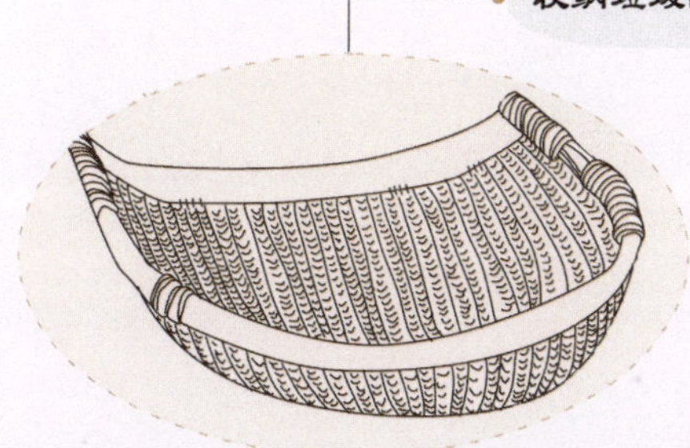

叉开双腿坐着，犹如收纳垃圾的簸箕一样，这是一种不雅、轻浮的表现。是一种失礼行为。

从小就四六不明，不懂得孝敬父母，无所事事，致使母亲死了也不懂得好好安葬，还是孔子帮他购置棺木，安葬其母，原壤看到孔子修长白皙的手指，却想入非非，忘记了母丧，大唱小调，这样的人，没有人愿意搭理他，致使一生都没有什么作为。而后，孔子看到原壤那副德性生气地用手杖敲击原壤的脚胫，骂道："小时，不知孝顺父母，友爱兄弟；大了，也没什么值得人称说的作为；到老还是这么副贼德性。你活这么久干什么呀？你！简直就是个老不修！"

像孔子这样有情有义的人，都忍不住要骂人骂得这么难听，可见箕踞而坐，是说箕踞而坐有多么的失礼、难看。

俗话说："男抖穷，女抖贱。"做父母的看到子女有这些不好的举动要特别注意，一定要从小予以纠正，不然等到习惯养成，长大以后就会有很大的负面影响，别人看你一副轻浮的样子，一定得不到别人的喜欢和尊重。所谓"教儿教女先教己"，做父母的更应该首先以身作则，去除这些坏毛病。

现实生活中，很多人都有这样一个坏的习惯：站着的时候，总是喜欢依靠在一个其他的物体上，感觉上是很舒服，可往往忽视了就是这样一个简单的动作，就会让人觉得你很轻浮，一副无精神的慵懒样子，缺乏修养，也就不会把重任交付于你；还有就是人们在坐的时候，也是不由自主地把一条腿搭在另一条腿上，还不停地晃。这样做，一是有可能是与你谈话之人，使你紧张，二是你本就养成了一种坏的毛病。自己感觉没有什么关系，实不知，已经给他人留下了坏的印象。

现代人生活节奏快，工作压力大，导致一些各种各样的职业病。往往希望借助药物来解决，可是药越吃越多，却没有显著的起效，造成心理与身体上的痛苦与烦恼。后来研究报告证明了：现在人一切毛病源于不健康的脊椎骨上；而不健康的脊椎骨，又源于不正确的躺卧坐立，以及不正常的活动。于是乎，脚底按摩或指压等物理治疗就大行其道，脊骨神经科医生也十分吃香。可是许多人发现，效果不是没有，症状总是时好时坏，不能根治；那就是因为自己没有从根本下手，把不正确的姿势改正过来之故。所以，行住坐卧的姿势若不正确，不但没有威仪，也损害健康。

原壤丑态

孔子骂道：“你啊！你！小时不知孝顺父母，友爱兄弟；大了，也没什么值得人称说的作为；到老还是这么副贼德性。你活得这么久干什么呀？你！简直就是个老不修！”

孔子这样有情有义的人，都忍不住要骂人骂得这么难听，可见箕踞而坐是多么的失礼与难看。因此，在待人接物上，有不正当、不合礼数的举动时，要懂得及时改过，且应时时提醒自己不要犯类似的错误，以古为鉴。

执帘轻轻；行走慢慢

［原文］

缓揭帘　勿有声　宽转弯　勿触棱

★ 解读

原文的意思是：进入房间时，不论揭帘子、开门的动作都要轻一点、慢一些，避免发出声响。在室内行走或转弯时，应小心不要撞到物品的棱角，以免受伤。

古时候的房屋建筑，它往往每一间房屋之间不是用门间隔就是用一道帘。所以古人在教育自己的子女时，从细微处，从掀帘子的时候，要轻轻地小声，不可以很大声，不可以一拨，后面如果有人刚好走进去，就有可能打到后面的人。这也是在进一步说明，我们在日常生活中，时时都要谨慎小心，要多为他人着想。做任何事情动作要细腻，不可以很粗鲁。细腻的动作就从揭帘做起。并不是只有这个帘子重要，其实还包括很多事情，譬如说搬理物品，整理家务等细小的事情，我们都不可以很大声。如果很大声，就会导致动作很大，则表示一个人的行为非常的粗鄙，野蛮，不用心，不专心。所以，此处只是借助揭帘这个点，加以扩大到其他方面，在做任何事，都要想想他人的立场，量行而做。

一个人的动作、行为，不但反映出他的个性特征，也反映了他的道德水平与教育水准。一切诸如开门关门，进出转弯，取物执事等等的行为动作。

在开关门时，轻轻手扶门把手开关门，可显现一个谨慎而负责之人；用力开门，不管门后是否有人，或随后的关门声很响，可显现一个有胆有识，却不计后果之人，但往往也是缺乏责任感，只考虑自己忽略他人感受之人；开门与关门都很谨慎，可显现一个认真负责，但有时过于谨慎，聪明反被聪明误之人。看似一个简单的动作，却真的可以观察一个人的个性和品行，从而衡量出他将来的成就。也许有人认为有点言过其实，实则不然，成大事者都是从细节处着手。

同样的，在穿越房屋或经过转弯处时，不是碰倒那个，就是撞翻这个，甚至损伤自己，总显现出一个莽撞不慎重之人；而小心翼翼地紧贴着桌椅墙壁走，毫无空间于自己，则显现出一个过分拘执之人。只有做到了“缓”与“宽”，正是展现君子自然自在，不卑不亢的潇洒风度。正如《礼记》上有这样一句话：“曲礼曰，毋不敬。”就是我们做任何事情，都要用恭敬心去做，专心去做，不能心不在焉地去做任何事情，那样肯定做不好，且会摔得四脚朝天。

韩琦的心胸

宽厚待人是一种美德，是设身处地为别人着想的表现；宽厚的人能与他人建立宽松、和谐、亲密的关系。

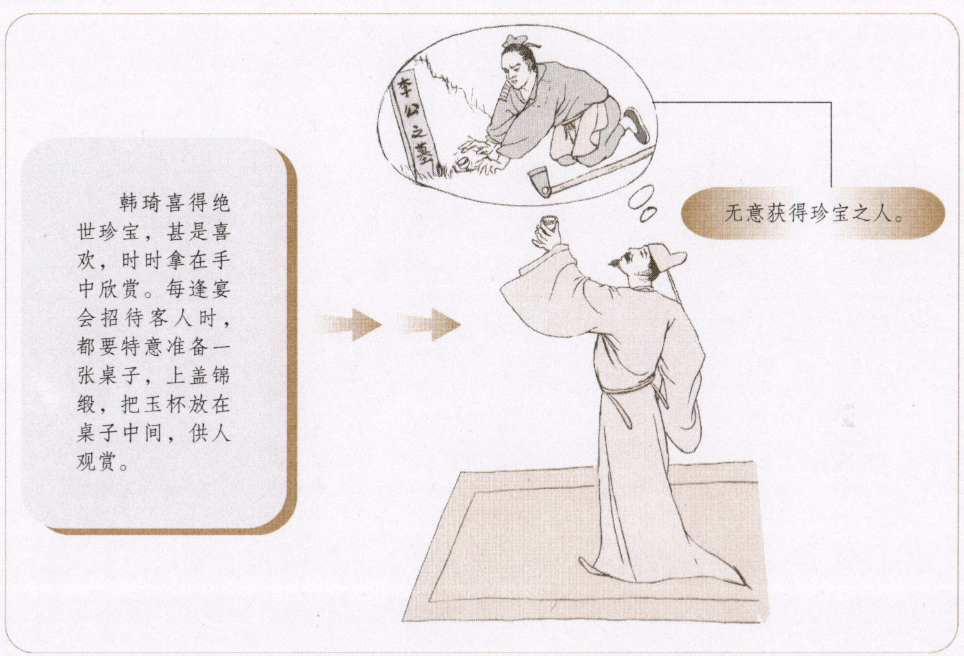

宋代名臣韩琦，在镇守大名府时，有人献上两只玉杯，说道："这是一个种田之人在破坟冢中找到的，杯子的内外都没有瑕疵，可谓是绝世之宝。"于是，韩琦用白金重谢了献杯之人，并对玉杯喜爱有加。只要在召开宴会招待客人时，他都要特别摆放一张桌子，上盖锦缎，把玉杯放在上面。一天，在招待管理水运的官吏时，本打算用这两支杯子装酒。一位侍卒由于不小心竟然撞到了桌子，致使两只玉杯掉落摔碎了。客人都很吃惊，侍卒也吓得脸色苍白，跪在地上等候惩罚。但韩琦脸色却毫无变化，笑着对客人说："任何物品的毁坏，都是有时机的。"回过头对侍卒说："你不是故意而为的，失误所致，没有什么过错！"这样，客人对韩琦的宽厚的德行与度量佩服得五体投地。

韩琦的这种宽厚的德行也是通过日常生活历练而成的，人们不是常说：实践出真知！这是在日常小事中，多注意自己的行为，替他人着想，久之，就会有好的德行。

这是告诉我们，做任何事情动作都要细腻、轻柔，不可以很粗鲁、慌忙，要缓缓地做，平常心对待，不能够急躁，急于求成往往容易坏事。特别是大事当前，更要心里安定，这样考虑问题就能够周详，做事就容易成功。

苏嘉是西汉著名大臣苏武的哥哥，曾经负责给皇帝驾车。有一次皇帝外出，苏嘉给皇帝驾车，从都城长安来到郊外的行宫。当皇帝正要下车时，苏嘉因为不小心，一下子把车辕撞到了门前的柱子上。车辕折断了，皇上也受到了惊吓。结果，苏嘉因为自己的过失被判为大不敬的罪责，苏嘉心中十分懊恼，没有办法解决，只好以自杀的方式来谢罪。

由上我们可以看到，做任何事情都应该小心谨慎，看起来一件小事如果处理不好，有时也会酿成大祸。

所以我们要处处提醒自己，在做任何事情时，都要小心谨慎，所作所为都要考虑到他人的感受，正是在日常生活这些小事上，可锻炼出我们的大气质。

苏嘉折辕

一个人在做任何事情时，都要小心谨慎、心平气和，切忌鲁莽浮躁，否则，看似一件简单的小事，如果处理不当，就有可能招致杀身之祸。因而，在日常作息中，要小心谨慎，切忌鲁莽冲动。

苏嘉因一时的大意，在皇上正要下车时，不小心把车辕折断了，惊吓了皇上，被治以大不敬之罪，之后，苏嘉没有办法解决只好以死谢罪。

器，手执谨慎；室，入内请示

［原文］

执虚器　如执盈　入虚室　如有人

★ 解读

原文的意思是：拿东西时要注意，即使是拿着空的器具，也要像里面装满东西一样慎重，小心谨慎以防跌倒或打破。进入无人的房间，也要像有人在一样，不可以随便。

《礼记·曲礼》："凡执主器，执轻如不克，重慎之也。"意思是：尊者之器，不论轻重，其臣执之，唯宜重慎，器虽轻小，而执之恒如实重，如不胜之容也。当我们执持器物时，不管东西盈虚轻重，总以两手端捧在胸前为佳；这样，不仅是一种对人的礼貌，也能培养好"慎始慎终"的良好习惯，更可以训练出目不斜视，专心一意行事的态度。至于进入空屋或独处虚室之时，还能如同有人在旁，行为举止没有一丝一毫的随便和放逸，这更是自我锤炼之所在。古圣人十分强调"诚意正心"的内修工夫，认为应该从"慎独"着手，曾子说一个人即使是独处时，也应该严谨自持，就像有"十目所视，十手所指"一样；这是描述君子秉心正气，端正不阿的独特品格。

《中庸》提到人要有"慎独"的态度。一个人处世做人的态度，绝对不会因为事物的轻重，或没有人看到而有所疏忽、有所怠慢。

张齐贤在做江南转运使时，一天，在家举行家宴，一仆人趁屋里没人就顺手偷了几件银器藏于怀中，却没想到被张齐贤在门帘后看见了，但是当时他没有过问追究。晚年，他在任宰相时，他家很多仆人都做了官，只有那位仆人没有官职俸禄。仆人很是不解，乘无人时，跪在张齐贤面前说："我侍候大人时间最长，在我之后的人都已经做官了，为什么大人独独遗忘了我呢？"于是哭泣不停。张齐贤同情他，说道："我本来不想说，假如我说了你一定会怨恨我的，不知你是否还记得，我在江南做转运使时，一次家宴时，你偷银器的事，这件事我在心中已经藏了三十多年，没有告诉任何人，即便是你自己也不知道，现在我位居宰相，任免官员，应该激励贤良之才，斥退贪官污吏，怎可推荐一个小偷做官呢？现在，看在你侍候我多年的分上，这有三十万钱，你拿走离开这里，自己选择一个地方生活吧。因为我既然揭发了这件事，我想你必然有愧于我，无法留下了。"仆人听

张齐贤激浊扬清

张齐贤位居宰相期间，任免官员，都是激励贤良之才，斥退贪官污吏。

张齐贤的一个仆人，在屋中无人情况下，偷盗主人的银器，可谓是一种缺失修养，道德败坏之人的可耻行径。告诫我们今人，即使在进入无人的屋内，也要保持一种谨慎的态度，不是自己的财物绝不占为己有。

第四辑 谨言篇

后十分震惊，追悔已晚，只好离开了。

这则典故正是在教育我们，在做任何事时，都要想清楚他的后果。在事情没来的时候，对待自己要谨慎，防范过失的发生，在事情发生时，要有一颗豁然大度的心，正确对待此事。崇高的品德、真实的道德学问，都是从执器、入室中学来的，我们要教导子女在没人看到的地方更要懂得尊敬别人、谨慎自己的内心，不要随便碰别人的东西，不要起偷盗之心及不应该起的贪念，因为这些都是很不尊重别人的态度，所以“慎独”非常重要。

正如孔子教孙这则典故：孔子的孙子子思，在小的时候心浮气躁。有一次，他得到一个特别漂亮的小木碗，高兴地见人就拿出来炫耀，别人看见，也只是笑呵呵地说道：“很好很好。”这一切都被孔子看在眼中。晚上吃饭时，子思端着自己的小木碗一边吃饭，一边玩耍，还不停地蹦来蹦去，且吃完饭，把小木碗反过来倒看碗底。孔子训诫道：“周礼中说，拿着没有盛东西的器皿，也要像盛着东西一样小心，你怎么如此轻浮？”子思听到孔子的训斥，立刻放下手中的木碗，恭敬地站起承认错误。

现今人往往把传统文化抛诸脑后，在做任何小事时，也是没有谨慎的心态，毛毛躁躁地，产生这种情况，其实就是现今人们的意念不诚所致；意念不诚，也就是人有自私心和名利心。人如没有自私心，就不会产生私欲的执著？若没有名利心，就不会想着算计于人的执著？就因为生出这两种罪恶的执著，于是乎各种钩心斗角的是非争端都跟着萌发了！所以才说，这是一切罪恶之源。

历史的典故，也是在告诫现在的世人，改掉自己身上的陋习。向圣贤们看齐。

慎独之道

"慎"就是小心谨慎、随时戒备;"独"就是独处,独自行事。"慎独"作为修养方法,一种处世做人的态度。就是强调在没有外在监督的情况下始终不渝地、更加小心地坚持自己的道德信念,自觉按道德要求行事,不能有所疏忽、有所怠慢。

慎　独

"慎独"一词出于《礼记·中庸》:"天命之谓性,率性之谓道,修道之谓教。道也者,不可须臾离也,可离非道也。是故君子戒慎乎其所不睹,恐惧乎其所不闻。莫见乎隐,莫显乎微。故君子慎其独也。"

孔子教孙

伟大的教育家孔子运用周礼中的盛接物品的器皿的礼仪,教育自己的子孙,让其改掉自己轻浮的行为,懂得礼仪的重要性,学会做人。

事多勿慌乱，事难勿退缩

［原文］

事勿忙　忙多错　勿畏难　勿轻略

★ 解读

原文的意思是：做事不要急急忙忙、慌慌张张，因为忙中容易出错，不要畏惧困难而犹豫退缩，也不可以草率行事，随便应付了事。

古人时常告诫我们：欲速则不达。往往在做一件事时，只注重了追求速度，却忽略了它的价值，导致没有达到预期的效果，或者是根本没有完成。因此，我们做任何事，假使预先有了一个翔实的计划，如何去一步一步地实施都有框架，对于每个时间段进行什么脑中都有安排；如此，谋定而后动，即使计划赶不上变化，中间有什么突发事件，也不至于慌了手脚，忙中出错。《大学》里面也曾讲："物有本末，事有终始。知所先后，则近道矣。"此话之意：每样东西都有根本有枝末，每件事情都有开始有终结。明白了这本末始终的道理，就接近事物发展的规律了。也是告诉我们在待人接物上，要看清楚事情的轻重缓急，要懂得处理事情的先后顺序，哪些事应该马上去做，哪些事可以暂时缓一下晚点做，哪些事并不必要去做。所以即使出现临时情况，也可从容不迫。因此，真正能够懂得事情的轻重缓急、先后顺序，那么这就是一个成功的人。

所以说那些性躁心粗，凭冲动，意气用事的人，总是寡德多败，一事无成；沉稳干练，心平气和的人，自然得道多助，百福云集。做人做事是这样，求学修身也是如此，总要以平常心对待，按部就班，才能真正有得于心，成就是急不来的。

《列子·汤问》中记载着这样一则典故：

飞卫是古代的一位神射手。有一个叫纪昌的人，很想学习射箭，于是就向飞卫请教射箭的技巧。飞卫告诉他说："你应该先学习注视目标不眨眼，然后才能学习射箭。"于是，纪昌回到家中，仰面躺在妻子的织布机下面，睁大眼睛注视着梭子穿来穿去。这样重复的动作，纪昌练习了两年。之后，即使有人用锥子刺他的眼睛，他都不眨一下。他把自己训练的成绩告诉了飞卫。可飞卫却说："这样还是不行，你还得锻炼眼力才行。你要能够把一个很小的东西看得很大，把一个细微的东西看得很清楚，到那个时候，你再来找我。"

纪昌回家后，便用一根牛尾毛拴上一只虱子挂在窗口，每天都面向南边目

纪昌练箭

纪昌不畏艰难，终于取得成功。这则典故，告诫我们今天的人，无论在做任何一件事情，都要保持一颗平常心，谨慎小心地做事，不要存有心浮气躁，目空一切的心态，自认为无所不能，缺乏耐心，忙中出错，遇到困难就知退缩，不敢前进的胆小心态。

学习射箭，先得学习注视目标，纪昌三年，天天紧盯着妻子织布机上的梭子穿来穿去训练自己的注意力，最后，即使有人拿锥子的尖刺刺他的眼睛，他也不会眨一下。

学习射箭，在练习完注视目标后，纪昌又用了三年练习把一微小的事物看得很大且看得很清楚。最后，纪昌练习把虱子看得像一个车轮那么大，再看稍大的东西，就像一座小山一样。

纪昌用六年的时间练习射箭的技巧，三年练习注意力的集中，三年练习观察事物的变化，最终，一箭刺穿目标。

不转睛地望着虱子。这样过了一百天，就把虱子渐渐地看得大了起来，三年后，纪昌已经可以把虱子看得像车轮一样大了，再看稍大一点的东西，则如小山一样。于是，纪昌就用燕山出产的牛角做成弓，用北方出产的蓬竹做成的箭杆射那吊在窗前的虱子，箭穿虱子的中心，而吊着的牛尾毛却完好无损。这样，纪昌就把自己的成绩告诉了飞卫。飞卫高兴地说："你已经掌握了射箭的妙处，经过你艰苦的学习，终于成功了。

一则简单的故事，却蕴涵着无穷的智慧：任何一件事情都是要经过艰苦的努力才能成功的。不是单单凭借自己一时的冲动、一时的意气用事就可以达到目的的。人们往往也在说：心急吃不了热豆腐。也是一样的道理。只有持一颗平常心，凡事不要心浮气躁，总想在最短的时间内取得最大的收益，这样是形不成正比关系的。

正如日本有个剑道名家，看着自己的儿子总是无所事事，毫无成才的能力。于是，其父就赶他出门，脱离了父子关系。这样，年轻人深受打击，立志决定发愤图强学习一流的剑术，就不辞艰辛深入山林求拜当时的名剑手武藏学习剑术。可是武藏也认为他不能有所成就。年轻人不死心，坚持地问："假使我努力学习，那么我需要多久才能成为一代剑士？"武藏微微颔首："可能十年左右！"年轻人又问："家父年岁已高，我一定要早点学成。假使我加倍努力学习，那么我需要多久才能学成？"武藏摇摇头："那得要三十年啰！"年轻人着急地又问："我不惜任何劳苦，一定要在最短的时间内学成。"武藏不禁大笑："你有这种心态，那恐怕要花七十年才能学成了！"

这个小故事，也是在提醒人们时刻要保持一种平常心，所谓平常心，也就是一个人在日常生活中，不要心中总是刻意地造作；也就是一颗不畏艰险，不怕输的心。这样持续进行一件事，只要努力，下足够的功夫，那么自然水到渠成了。然而急功近利是不能有所成就的。

所以，对于今天的人们来说，时常可以见到很多人自认为自己什么都会，没有什么可以难倒自己的，让他们去做一些简单的事情，往往一脸的不屑，自认为没有挑战性，故而不想做。结果，时间慢慢流逝，最后一事无成，反而埋怨社会的不公，一副怀才不遇，缺乏伯乐的样子。殊不知"三百六十行，行行出状元"，只是今人太眼高手低，目空一切，而在困难面前，却是一副畏缩不前的俗人品性。

一个剑士的妄想

通过年轻人与武藏的对话，我们明白了一个道理：一个人假使只有急功近利之心，凭借自己一时的意气用事，就想成就一番事业，那是不可能达到的。只有一步一个脚印，稳扎稳打才会成功。

① **年轻人**：“我想学习一流剑术，且我会努力刻苦学习，不知需要多久？”

② **武藏**：“可能十年左右。”

① **年轻人**：“家父年事已高，我定要早日学成，那需要多久？”

② **武藏**：“那就得三十年。”

① **年轻人**：“我不惜任何劳苦，一定要在最短的时间内学成，那会要多久？”

② **武藏**：“你的这种心态，那恐怕得需要七十年方能学成。”

中国古训时常教导我们要懂得孝悌心，不做有失孝道的事情，使得父母伤心。而这名剑士正是做了使父母伤心失望的事情，才会被赶出门，我们切莫如此，不然追悔晚矣。

父亲：你只知道游手好闲，不务正业，如今更是不甚，将来也必定毫无作为，你还是离开，不要再认我为父了，我没有这样的儿子，你现在就走吧。

儿子：被父亲赶出家门，终知自己以往是何其的不孝，最终决定前往深山中学习剑术，成为一名一流的剑士。

污秽之地勿近，邪恶之事勿做

［原文］

斗闹场　绝勿近　邪僻事　绝勿问

★ 解读

原文的意思是：凡是容易发生争吵打斗的不良场所、是非之地，要勇于拒绝，不要接近，以免受到不良影响。一些邪恶下流，荒诞不经的言语、事情也要谢绝，不听、不看，不要好奇地去追问，以免污染了善良的心智。

俗语有云："近朱者赤，近墨者黑。"环境和交往，对一个人的一生的影响尤为重要！假使经常与一些身上沾染不良习气的人相处，出入一些是非之地，也就是置身于一个"假、丑、恶"的生活环境中，自然无形中受到了或多或少的影响，久而久之，自己也会沾染上坏的习气，成为近墨者黑，就如同掉进一个大染缸，浑身都被五颜六色的东西所包围，丧失了纯洁的本性，成为道德败坏之人，就有可能走上罪恶的深渊。如果你接触美好的事物或品德高尚的人，就有可能由于耳濡目染而不知不觉中受到陶冶，不自觉地接受真善美的世界观，从而成为一个优秀之人。

因此在孩子还处在童真无邪的时候，父母就要教育他们远离不良场所、是非之地，躲避那些身上存有不良恶习的人。因为年幼的孩子不但好奇心强，模仿得也较快，在接触到新事物时，很容易被吸引，若是涉足是非之地，轻者遭池鱼之殃，重者恐怕就会同流合污，再也无法全身而退了，从而走上罪恶的道路，毁了大好前程。

孔子也说："无友不如己者。"也是在激励人要时常和有才能的人来往，自己也会受到激励，学习到东西，躲避不良、坏的习气。中国有句古话："人之初，性本善，性相近，习相远。"这也表明了周围环境对自己的习染不可不谨慎的道理。

古时，孟母三迁的典故中孟母正是为孟轲创造了一个良好的生活环境，才造就了一代圣人——孟子。

孟轲的母亲很懂得人的学问是如何得来的，所以时常教育孟子。起初，孟家住在一片坟地附近，常常会看到上坟扫墓的人跪拜祭奠，哭哭啼啼的样子。幼年的孟子觉得非常有趣，就时常与小伙伴一起在家门口用土垒起"小坟墓"哭拜起来。孟母发现以后大吃一惊：小孩子的模仿天性很强，如果孩子的聪明才智只用

近朱者赤，近墨者黑

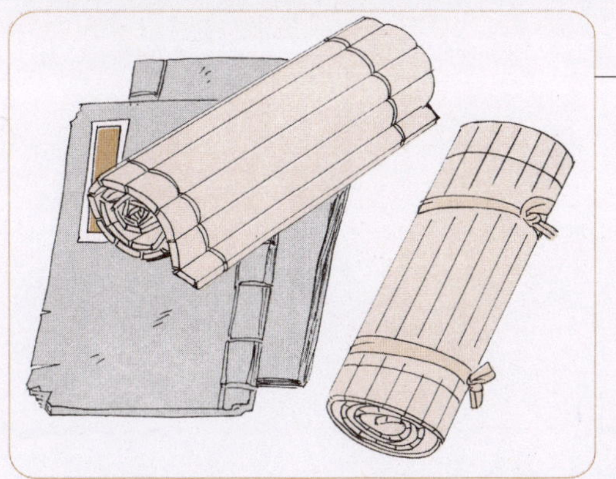

一个人如果长期和那些品德高尚之人相处，并且经常出入一些良好的场所，接触一些真善美的事物（圣人的智慧典籍），这样，即使他的行为一般，但时间久了之后，在潜移默化的作用下，这个人也会成为一个高尚之人。

一个人如果整天与那些言行举止很是卑劣之人共处，时常出入一些不良场所，接触一些假丑恶的事物，过不了多久，这个人，在以后待人接物上，就会和那些人一样。

孟母三迁

孩子在幼时，不但好奇心强，模仿力快，在接触到新事物时，很容易被吸引，若是涉足是非之地，轻者遭池鱼之殃，重者恐怕就会同流合污，再也无法全身而退了，从而走上罪恶的道路，毁了大好前程。

孟轲的母亲自幼对孟轲的生活和学习上的细节十分重视，通过“渐化”的方式培养孟轲的好习惯，改掉身上的坏习惯。为了孟轲能够成才，孟母先把家从一个公墓附近迁到一个集镇上，又从一个集镇迁到一个学校旁，才使孟轲改掉了以往的坏习惯，开始学习。

在对坟墓的膜拜上，长大了能有什么出息？孩子年幼无知，大人却该知道为孩子选择一个良好的环境。于是，孟母带着孟子搬到了一个热闹的镇子。集市上商铺林立，车水马龙，到处都是买卖商品的热闹场面，使得孟子很是兴奋。时间一久，孟子就与小伙伴一起学着商人们做起生意的样子。孟母见状，又决定搬！

有了上两次的教训，第三次孟母把家搬到了一所学堂边。这里，孟轲天天看到的是正襟危坐的先生和彬彬有礼的学童，听到的是诲人不倦的教导和琅琅书声。这时，孟子开始变得守秩序、懂礼貌、喜欢读书。但是在上学时，孟子还是很贪玩，孟母知道后，拿起剪刀就剪短了织机上的线，对孟子说："你荒废学业，就像我割断织机上的线，布就织不成了一样，不好好学习，以后就只有成为供人使唤的人。"从此，孟轲便拜孔子孙子的学生为师，勤奋学习，终于成为了著名的儒学宗师。

所以环境非常重要。在教育子女的时候，我们也要注意周围居住环境，是不是很接近那些娱乐、不良场所。环境不好，很容易令人污染而自己没有察觉。有道是"与善人居，如入芝兰之室，久而不闻其香；与恶人居，如入鲍鱼之肆，久而不闻其臭"。意思是：和道德高尚的人生活在一起，就像进入充满兰花香气的屋子，时间一长，自己本身因为熏陶也会充满香气，于是就闻不到兰花的香味了；和素质低劣的人生活在一起，就像进了卖鲍鱼的市场，时间一长，连自己都变臭了，也就不觉得鲍鱼是臭的了。说明环境可以改变一个人。所以环境对一个人，可以说非常有影响力，我们不可以轻视它。

相较于现在，我们在处事、待人上，应提高警惕，争取多接触一些真善美的事物，多熏陶自己，增强自身的修养，注意防微杜渐，坚决摒弃假丑恶的东西。假如要从根源来解决，必然要从小就建立正确的道德观教育，把德行的根基扎好，自然而然他就不会去接触不好的朋友，不会去接触混乱的环境。所以教育确实要在孩子还没有养成、还没有沾染上"墨"的时候就要即刻加以传授正确的道德观。

善人居，如芝兰，闻其香；恶人居，如鱼肆，闻其臭

与善人居，如入芝兰之室，久而不闻其香；与恶人居，如入鲍鱼之肆，久而不闻其臭。

和道德高尚的人生活在一起，就像进入充满兰花香气的屋子，时间一长，自己本身因为熏陶也会充满香气，于是就闻不到兰花的香味了；

和素质低劣的人生活在一起，就像进了卖鱼的市场，时间一长，连自己都变臭了，也就感觉不到鱼的腥臭。

入门先询问，入厅声要扬

［原文］

将入门　问孰存　将上堂　声必扬

★ 解读

原文的意思是：将要进门之前，应先问里面谁在，不要冒冒失失就跑进去。进入客厅之前，应先提高声音，让屋内的人知道有人进来了。

这也是一种日用中的礼节问题。在进入任何人的房间，首先，要敲门询问里面是否有人在，这也是对主人的一种尊重。假使我们贸然闯入，而室内的人正在说一些不想他人听到的话，做一些不想他人知道的事情，这样没经允许就进入，会造成彼此的尴尬，也是一种失礼的行为，如若家中无人，正好主人丢失了东西，那时你就会百口莫辩，“跳进黄河也洗不清”。所以，人一生要很注重自己的名节、信誉，不要因为自己的不谨慎、疏忽大意而招惹没必要的麻烦。

在《礼记》中说道：“将适合，求毋固。将上堂，声必扬。户外有二履，言闻则入，言不闻则不入。”意思是说：在将要进人与人的家门时，看见房门紧闭，则要先询问一下，在进入厅堂时，要提高自己的声音，使得屋内的人能够听见有人来了。如果屋外面有鞋子，讯问后，听到回答让进时再进，没有言语回答则不要擅自闯入。这也是进一步阐释了进门的礼仪。

《韩诗外传》中记载了这样一则典故：

一日，孟子外出归来，没有敲门就进入屋内，看见他的妻子在屋里休息，箕踞而坐。孟子看到妻子的行为，就跑去告知他的母亲说，他的妻子很没有礼貌，请允许他把她休了。孟母详细问明原因后说：“《礼》不是在说：‘要入门时，先要问谁在里面；要上堂时，一定要高声说话；要进屋时，眼睛应该往下看。’这样才能使人在没有防备时，不至于失礼于他人，弄得彼此都很尴尬。今天这样的情况，应是你没有礼貌，私自进入屋内，不事先询问屋内是否有人。”孟子很是惭愧，因而，不敢再提休妻之事。

即使孟子这样的大圣人，也险些犯下大错。何况我们只是一般性的人？所以我们在日常生活当中，一定要养成习惯，不管你到什么样的房间，都要先敲门；进入房中，也应该高声，提醒主人有客造访。

孟子休妻

孟子这等贤士，尚且险些因为自己的不慎而酿成家庭悲剧，何况是我们一般的人？因此，我们要时时以古为鉴，在进人任何场所时，都必须敲门询问。

小链接

孟子（前372年—前289年）。战国时期鲁国人（今山东邹城人），汉族。名轲，字子舆。孟子是中国古代著名思想家、教育家，战国时期儒家代表人物。著有《孟子》一书。继承并发扬了孔子的思想，成为仅次于孔子的一代儒家宗师，有"亚圣"之称，与孔子合称为"孔孟"。《孟子》一书是孟子的言论汇编，由孟子及其弟子共同编写而成，是一部记录了孟子的语言、政治观点和政治行动的儒家经典著作。

主询问，客必答

［原文］

人问谁　对以名　吾与我　不分明

★ 解读

原文的意思是：如果别人在问你是谁时，就要将自己的姓名告知对方，假如只回答“我！我”，不便使对方分辨你究竟是谁？

假使人们去别人家拜访，敲门过后，屋内人询问：“是何人？”如果只回答“是我”，这种回答就等于是没说。“我”只是一个代称，没有姓名的“我”，使对方有可能根本搞不清楚你究竟是谁，而我们则以为对方一定记得我们或者能辨认出我们的声音。结果，事与愿违，反而弄得双方都很尴尬，这样就很失礼。只要这些细微之处，你都能时时替对方着想，就会给他人留下很好的印象，成为别人眼中的懂礼之人。

在古代，除了尊长呼晚辈用名外，名通常在自称时才使用，这样才能显示一种自谦的态度。古代下属拜见上属，大臣朝见皇上都要把自己的姓名报上。如果是普通人之间的询问，循礼的回答则是：“鄙姓某，贱名某，草字某”。反之，称呼他人时，则只用表字，或别号和其他代号，这体现了对对方的尊重。如李白自称时“白”，是为自称“贱名”；但当别人称他时，则用“太白”、“青莲”等字号。当长辈直呼晚辈、门生、属下之名时，尊卑长幼的区别就会体现出来；同辈之间直呼其名，则有轻贱之意，至于子女对父母的直呼名，也是一种无礼的表现。

古代大臣去拜见皇上，或下级拜见上级的时候，都要自己叫着自己的名字，这样国君或上级就清楚是谁来了，不会出现双方的失礼之举。只有很有威望或者与皇帝关系密切的人入朝求见，才可以在拜见时不称自己的名字，只称其官职，这是帝王们给予大臣的一种特殊礼遇。汉朝丞相萧何就享有这一待遇。

对于今天的人，无论是晚辈对长辈，下属对上属，很多人往往是直呼其名，言外之意是本着缩小差距，减少生疏感；实则不然，这样缺少应有的礼仪称呼，犹树之无皮，与山林野兽无异？时代虽变，但礼不可缺废。

赞拜不明

虽时代已变，但礼不可丢。对于今天的人，无论是晚辈对长辈，下属对上属，很多人往往是直呼其名，言外之意是本着缩小差距，减少生疏感；实则不然，这样缺少应有的礼仪称呼，犹如树之无皮，与山林野兽无异。

萧何，早年任秦沛县狱吏，秦末辅佐刘邦起义。在刘邦灭项羽，建立汉代，起着功不可没的重要作用。随后刘邦称帝，拜为丞相，辅佐刘邦治理天下。是一位卓越的政治家。谥号为“文中侯”。

在古代，臣子拜见君王，下级拜见上级，都要在上奏的奏折中写自己的名字。即使朝见时，也要说明自己的名姓，这样，别人才会知道是谁来了。只有帝王给予特殊的礼遇之人才可以在朝会上、或与皇帝论事中，或上奏议时，可以不自称名；朝拜帝王时，皇帝本人与赞礼的人不直呼其姓名，只称官职。

用人物须明求，反之，即为偷

［原文］

用人物　须明求　倘不问　即为偷

★ 解读

原文的意思是：借用别人的物品，一定要事先讲明，请求允许。如果没有事先征求同意，擅自取用就是偷窃的行为。

古之明训：“自守要廉洁，予人要慷慨。慷慨仁慈者，施恩不望报，与人不追悔。”这句话的意思是：一个人在独自生活时，要本着廉洁的作风；在他人借用物品时，要本着慷慨大方的作风；慷慨仁爱之人，把恩惠施加了他人，断无望他报答的私心，把财物授了人，断无转念懊悔的吝心。但是，慷慨也是有所界限的，也是以廉洁为根本的，所借之物，自己本没有，切不可从他人处取之，借花献佛。而廉洁也是以慷慨为尺度的，假若本就廉洁却十分吝惜，那么与尖酸吝啬之人无异，因此，廉洁与慷慨是相互辅助的，缺一不可。

在人与人之间的“借”与“施”中要做到“一芥不以与人，一芥不以取诸人”。凡是不属于自己的东西，即使只是一枚细小的芥菜子，都不敢苟且随便取来占为己有。那么如何做到“借”与“施”的平衡关系，减少心中苟且随便取之的恶习？实则就是在借用他人物时，讲“清楚明白”就行了！在借的时候，一定要事先说明，请求他人的许可，切不可擅自取用，不可顺手牵羊，如同小偷一样，都要说得明明白白，切勿以恶小而为之，以善小而不为。

清代沈起凤的《谐铎》中记载着这样一则典故：清初有个南昌人，其父在京做国子监助教。一天，他路过延寿寺街，看见一年轻人在购书时，掉落一文钱，便用脚暗暗踩住这枚钱，之后占为己有。后来在选官时得到了常熟县知县的职位。当秀才收拾行装准备赴任时，时任江苏巡抚的汤潜庵却传令下去，通知此人不必赴任，因为他的名字已经被列入检举弹劾的公文中去了。秀才不解，后来才知道，原来他曾经拾获一文钱之时，刚好被汤潜庵看见。汤公说：“一钱如命，侥幸当上了地方官，岂不要伸手到人家的口袋里去偷盗，成为乌纱帽下的窃贼吗？”此人羞愧难当，只好辞官离去。

还未赴任就被弹劾丢官，的确是一件出人意料的事情。它告诫我们今天的人，要十分注意自己日常的道德修养，即使是十分细小的行为不检点，也会造成不良的影响。现代社会充满诱惑，这些诱惑比起一枚钱来不知大多少倍，对每一个人都是一场考验，应时时谨慎小心处事。

一文丢官

一年轻人在购书时，不慎掉落一文钱，而他身旁之人却悄悄踩在脚下，等年轻人走后，自己捡起，占为己有。

以古为鉴，在借用他人物品、或者捡到东西时，不是自己的东西，切要征得他人的同意，或归还失主。不可擅自取用，占为己有，假使那样，就和小偷没有什么分别。

告诫我们今天的人，要十分注意自己日常的道德修养，即使是十分细小的行为不检点，也会造成不良的影响。现代社会充满诱惑，这些诱惑比起一枚钱来不知大多少倍，对每一个人都是一场考验，应时时谨慎小心处事。

秀才："我因什么事情而遭弹劾？"

汤公："是贪污！"

秀才申辩："我尚未赴任，哪来赃款？"

汤公："你是否记得当年书铺的事情，你尚且爱那一钱如命，侥幸当上了地方官，岂不要伸手到人家的口袋里去偷盗，成为乌纱帽下的窃贼吗？"

17

好借好还，再借不难

［原文］

借人物　及时还　后有急　借不难

★ 解读

原文的意思是：借来的物品，要准时归还。以后若有急用，再借就不会很难。

谚云：“好借好还，再借不难。”也是在进一步阐释，在借人物时，心中要时刻谨记着归还，这样，即使在危难时、急需时，他人也会马上借用给你。这本身也是一种诚实守信的原则。

“济人当如及时雨，还物须似花信风。”所谓及时雨，就是万物在生命垂危之时，一场甘霖而降，草木就不致枯死，济人就如雪中送炭，及时解救了他人的危难，施物虽小而福德却大。所谓花信风，就是言出如山，诚实守信，归还有期，就像农夫耕种，何时播种、何时施肥、何时收获，一点都不耽误。我们在待人接物上，亦当如是！

明朝时候，有个叫宋濂的人，家里很穷，根本买不起书。宋濂为了学习知识，常常借书读。许多富有的人家藏书很多，但是都不愿意借给他。有一次，宋濂又到一富人家借书看，这家人不愿意借给他，所以借的时候讲明十天之内要归还，可是十天根本就读不完那本书。到了第十天早晨，天下着大雪，那家人以为宋濂不会来还书了，可是宋濂却冒着大雪把书送回来了。主人很感动，他告诉宋濂以后可以随时来借书看，并且不再给他限定借书时间了。

正是因为宋濂本着守信用的原则，所以别人就会信任他。像本来不愿意借书给宋濂的富人，因为宋濂将书按规定的时间内归还，所以都乐意随时借书给他。同样的道理，我们在借用他人物品时一定要明说，不可以随意拿来；在使用完以后就要及时归还。

于现今的人而言，很多人往往是在拿走了他人物的时候，才在事后想起告知对方；要么是借走之后，不懂得归还，在生活中的细节处没有谨慎对待，以至于失信于人，丢失他人的信任，以至于他人不愿再给予你任何帮助。因而，人与人交往，理应从细微处下手，把握住生活中的细枝末节，这样，才会走向成功。

济人当如及时雨，还物须似花信风。

及时雨与花信风都是引申之意：及时雨，就是一个人应在他人有困难时，及时伸出援手，犹如人们常说的雪中送炭一般，让朋友感受到你的温情；而花信风，则是指一个人在做任何事时，都要坚持言而有信、绝不食言的做事之风。这样的处世之道，必然会得人尊重、得人信任。

及时雨：就是在干旱时节，万物即将枯萎之时，忽天上降下甘霖滋润大地，使万物恢复生机；

花信风：就是花都会在固定的时节开放，从来都不会错失时节。

宋濂还书

宋濂自幼喜欢读书，但家境贫寒，无钱够买书籍，只能向藏书多的富人借。一日，他向一富人借书，富人让其十日之内归还。可天有不测风云，没想到十日后这天下起了大雪，宋濂还是不畏艰险，遵守承诺，准时把书归还给富人，因此得到了富人的信任，可以时常前往借书。

正是宋濂的这种守信，得到了他人的信任，也应验了那句谚语："好借好还，再借不难。"

第五辑

守信篇

5

此章主讲『人无信而不立』的为人处世原则，因此，开门见山就点名主旨：凡出言，信为先；诈与妄，奚可焉。诚信待人，是做人的最起码准则，《守信篇》正是教诲世人守信的良言。

此章主讲『人无信而不立』的为人处世原则，因此，开门见山就点名主旨：凡出言，信为先；诈与妄，奚可焉。诚信待人，是做人的最起码准则，《守信篇》正是教诲世人守信的良言。

本辑图版目录

与人言，信为先；骗为无

［原文］

凡出言　信为先　诈与妄　奚可焉

★ 解读

原文的意思是：开口说话，诚信为先，答应他人的事情，一定要遵守承诺，没有能力做到的事不能随便答应，至于欺骗或花言巧语，更不能使用！

“信”作为一个会意字，左边是个“亻”字旁，右边是个“言”字旁。所以意思就是一个人在待人处事中必须守信，要言而有信，这样，人与人间才能以诚相待。中国古贤们常以“仁义礼智信”为五常，作为人奉行于日常生活中的不变真理。孔子也说：“人而无信，不知其可也。大车无輗，小车无軏，其何以行之哉！”就是人不讲信用，什么都办不成。也好比大车上没有輗，小车上没有軏，那车怎么能行走呢？这正也说明了孔子对“信”的重视：人无信而不立。

《论语》中记：弟子问孔子如何治国，孔子说要做到三点：要“足食”，有足够的粮食；“足兵”，有足够的军队；“足信”，得到百姓足够的信任。弟子问，如果不得已必须去掉一项，去哪一项？孔子回答：“去兵。”弟子又问，如果还必须去掉一项，去哪一项？孔子说：“去食，民无信不立。”可见，在孔子看来，得到百姓的信任比什么都重要。治国如此，其他事何尝不是如此。如果得不到别人的信任，什么事都办不成，无论大事小事都是如此。

信任又是相互的。要得到别人的信任，首先就要自己讲信用。《论语》中多处讲到这一思想。如“吾日三省吾身：为人谋而不忠乎？与朋友交而不信乎？传不习乎？”就是把忠信作为修养的基本内容，要求每天检查反省，是不是做到了忠信。孔子又说，为政要做到恭、宽、信、敏、惠。这样，国家才会长治久安，人民才能安居乐业。

孔子解释“信”时说：“信则人任也。”人生活在社会群体中，与人相处，得到别人的信任十分重要。只有得到人们的信任，办事才能成功；只有自己讲信用，才能得到人们的信任。也就是说，只有人人讲信用，建立起人与人之间的互信，社会生活才能正常地运行、发展。

古代人对言语的态度都是一诺千金、一言九鼎、言出必行。

春秋时期的延陵季子——季礼，是吴国国君的公子。一次，季礼出使晋国时

信的含义

一个人在待人处事中必须守信,要言而有信,这样,人与人间才能以诚相待。只有得到人们的信任,办事才能成功;只有自已讲信用,才能得到人们的信任。

治国三要

弟子问孔子:“如何治国?”

弟子又问:“如果不得已必须去掉一项,去哪一项?”

弟子又问:“如果还必须去掉一项,去哪一项?”

孔子回答:“治国有其三:一要‘足食’,有足够的粮食;二要‘足兵’,有足够的军队;三要‘足信’,得到百姓足够的信任。”

孔子回答:“去兵。”

孔子说:“去食,民无信不立。”

可见,在孔子看来,得到百姓的信任比什么都重要,这也是一个国家长治久安的保证,治国如此,其他事何尝不是如此呢?

第五辑 守信篇

经过徐国，前去拜会徐君，徐君在见到季礼时，就被他腰间的一把闪着祥光的佩剑深深地吸引。季礼的这柄剑铸造得很有气魄，典丽而又不失庄重。只有像延陵季子这等有气质之人才可佩带。因此，徐君虽喜欢但不好意思表达出来，只是目光奕奕，不住地朝它观望。季礼虽心知肚明，但因为有出使晋国的重任，就没有把宝剑献给徐君，但是他内心已暗暗想道：等他出使完晋国，返还时，一定把这把佩剑赠送与徐君。季子在晋国完成了出使任务返还，可是徐君却已经死在楚国。季礼来到徐君的墓旁，把剑挂在了徐君墓前的树上。随从人员阻止他说："这是吴国的宝物，不是用来做赠礼的，再说徐君已经过世，您将这把剑挂在这里，有什么用呢？"而延陵季子说："我不是送给他的。前些日子我经过这里，徐国国君观赏我的宝剑，嘴上没有说什么，但是他的神色透露出想要这把宝剑；我因为有出使晋国的重任，就没有献给他。虽是这样，在我心里却早已答应给他了。如今他死了，就不再把宝剑进献给他，这是欺骗我自己的良心。因为爱惜宝剑就使自己的良心虚伪，廉洁的人是不这样的。"后来，徐国人赞美延陵季子，歌唱他说："延陵季子兮不忘故，脱千金之剑兮带丘墓。"

如今的现代人，都是十分的世俗，总是抱着一种"害人之心不可有，防人之心不可无"的处世态度，因此，都是"逢人便说三分话，不可全掏一片心"。这其实只是一种过于世故的说辞而已。与人相处时，经常性地谎话连篇，殊不知说谎如同吸食鸦片，是会成瘾的，戒之难矣！

假如我们不守信，时时找寻一些借口，为自己的不守信、撒谎做掩饰，这样时间久了习惯成自然。但谎言总是会被戳穿的，到那时你的名声则会越来越坏，众人也会疏远你，使你丢失了做人的本真。当然天有不测风云，人有旦夕祸福。很有可能你确实很想守信，刚好生命当中出现一些状况让你无法实现诺言，这时我们就要坦诚布公，当他真正了解了情况、了解到你的诚意后，则必然会谅解你。但是如果你继续掩盖，最后无法自圆其说时，他人就会越来越愤怒，到时候就很难收拾了。所以，与别人的信诺绝不可以拖延，越拖越难解决，一定要把握"诚信"这把戒尺，时刻警戒自己的言行。

季礼挂剑

季礼是一个讲求诚信与道义的人，即使徐国国君去世，也不愿违背自己的初衷，违背自己的信诺，赠剑于徐君。古代人的信不只在言语上，连一个念头他都不愿违背，不愿违背别人也不愿违背自己的良心。

随从说："这是吴国的宝物，不是用来做赠礼的，再说徐君已经过世，您将这把剑挂在这里，有什么用呢？"

季礼说："前些日子我经过这里，徐国国君观赏我的宝剑，眼中流露出喜爱，那时我心中已许诺于他。如今他已死，假使现在失信不献宝剑给他这是欺骗我自己的良心。廉洁的人是不这样的。"

大言受鄙

大话和诺言说的多了，就会让人感到厌恶，久而久之，人们就会选择疏远你。

常夸海口，常遭拒之。

自吹自擂，听之而巨。

言，少而精，达其意则矣

［原文］

话说多　不如少　惟其是　勿佞巧

★ 解读

原文的意思是：话多不如话少，话少不如话好。因言多必失。说话要恰到好处，该说的就说，不该说的绝对不说，立身处世应该谨言慎行，谈话内容要实事求是，不要花言巧语，好听却靠不住。

所谓“词，达而已矣”，是指说话表明其意就可以了，切莫多言，否则，言多必失。太多话往往是惹祸的根源，所谓“病从口入，祸从口出”。话确实不可以滔滔不绝。因为滔滔不绝，人很多话还没有思考清楚就说出口，结果造成不必要的麻烦。正如人们常说的：说出去的话，就如泼出去的水，是收不回的。夫子曾说：“三思而后行，三思而后言。”所以言语也要谨慎，才能减少不必要的麻烦。

然而，有时人多口杂，很多话经不同的人传来传去，添油加醋，到最后就变质了，因此，我们最好少说人的是非。花言巧语、不切实际的言语坚决不说，因“舌动是非生”，即使本无心搬弄是非，是非却由他人的口耳相传，而在空气中沉沉浮浮泛滥，成为恶语流言，造成他人的伤害，甚至引发悲剧。

正如《英雄记》记载：曹操与刘备曾说了一些机密的话，但刘备却把它泄露给了袁绍，袁绍就知道了曹操有夺取国家政权的图谋。曹操知道后，后悔得自己咬自己的舌头，直致咬破流出血来，以自己的失言告诫后世。

俗语有云：“是非只为多开口，烦恼皆因强出头。”人与人接触会有是非产生，就是因为话多，所以待人处事要少言、慎行。在讲话之前，我们对自己要讲的话有一定的把握，所说的言语才不会引起他人的误解，并且对所说的话能够负责，这样才能在别人心中建立起一种诚信感，加深他人对你的好感，近而建立良好的人际关系。在《易经》里面有提到“吉人之辞寡，躁人之辞众”。多数在说有智慧的人寡言少语，只说重点的言语，废话，闲言不说，而多言语的人必定是少智慧且性情急躁之人。因为一个人在滔滔不绝地、没完没了地讲不停时，则表明他的心很不安，很急躁，没有安全感。假使一个人时时处在这样一种心境中就很容易说错话、办错事，得罪于人。这往往是心没有主宰，才会一而再、再而三地犯错，所以人们常说“心静自然凉”，心静下来，就使思维清晰，可以清楚地去观察、去

病从口入，祸从口出

一个人假使生病大多数情况是由于自己不当的饮食所致，正如人们常说的“病从口入”。

一些人聚集在一起就喜欢议论他人的是非，殊不知世上没有不透风的墙，总会传到他人耳中，招致不必要的麻烦，给自己招惹上祸患。

刘备失信

一个人总是把他人与自己的谈话内容在没有征得他人同意的情况下，就告诉其他人，这是一种失信的表现，不善于与之交朋友。

曹操在知道自己的机密被刘备泄露以后，十分痛恨自己，没有认识到刘备的本质，错信于人。

刘备把曹操说与他的机密话，告知了袁绍，使得袁绍知道了曹操的野心：夺取国家政权的图谋。

体会,就不会很容易出错。

春秋战国时期,韩国国君韩昭侯平时说话不太注意,往往在无意间就将一些重大的机密事情泄露了出去,使得大臣们本来周密的计划不能实施。大臣们很伤脑筋,却不好直言上书韩昭侯。有一位叫堂溪公的聪明人,便自告奋勇到韩昭侯寝宫,对韩昭侯说:"假如这里有一只玉做的酒壶,价值千金,但没有底,它能盛水吗?"韩昭侯说:"当然不能盛水。"堂溪公又说:"一只瓦罐,很不值钱,但它不漏,你看它能盛酒吗?"韩昭侯说:"可以。"这样,堂溪公把握时机因势利导,接着说:"一个瓦罐,虽不值几文钱,却可以用来盛酒;而一个玉做的酒壶,尽管十分贵重,却因它无底,连水都不能装。人也是如此,作为一个地位尊贵的国君,如果经常泄露臣子们商讨的有关国家机密的话,就好像那只没有底的玉器。即使是再有才干的人如果他的机密总是泄露出去,那他的计谋也就不能很好地实施。因此他的才干与谋略就不能好地施展。"

一番话说得韩昭侯恍然大悟,他连连点头说道:"你说的话真对,你说的话真对。"自此以后,凡是采取重要措施,大臣们在一起密谋策划的事情,韩昭侯都小心保密,慎之又慎,连晚上睡觉都是独自一人,生怕自己晚上在睡梦中说梦话把计划和策略泄露给别人听见,以至于误了国家大事。

尤其今日工商业社会,竞争激烈,人人生活忙碌,时间贵如金钱,时间就是生命,浪费时间就等于浪费生命。彼此间说话简单明了,才不会耽误彼此的时间。然而,现在很多人都被利益冲昏了头脑,抱着一副"笑面虎"的嘴脸,说话口是心非,言不由衷!时常用一些假话、甜言蜜语搪塞他人。

机事不成则害成

堂溪公借用一个瓦罐和玉杯作比喻，告诫韩昭侯谨慎其口，假使时时滔滔不绝地对他人讲任何事情，就有可能说错话，导致他人的误解，给自己招惹祸端，正如人们常说的“祸从口出”，往往说话，表达清其意则可，切勿多言。

堂溪公说：“假如这里有一只玉做的酒壶，价值千金，但没有底，它能盛水吗？”

韩昭侯说：“当然不能盛水。”

堂溪公又说：“一只瓦罐，很不值钱，但它不漏，你看它能盛酒吗？”

韩昭侯说：“可以。”

心静自然凉

只要消除烦躁不安的情绪，心静下来，就会使思维清晰，只有这样的心境，才可以清楚地去观察事物，体会他人的言语，这样，任何事都不会伤及自身。

巧言勿轻信，市井气勿沾染

［原文］

奸巧语　秽污词　市井气　切戒之

★ 解读

原文的意思是：奸诈取巧的语言，下流肮脏的话，以及街头无赖粗俗的口气，都要避免不去沾染。如果已经被污染，沾染了一些不好习气，就要下定决心切实戒除掉。

“奸巧语”与“秽污词”，都是一些不真实、不好、粗鲁的言语。这些都是会有损一个人的形象，应当彻底地摒弃它。假使我们本就行得正，坐得端，但还是会听到一些关于我们的流言闲语。其实这些流言大部分都是有人刻意破坏，玷污我们的名誉，只要我们不去理会，流言就会不攻自破。

在与人交谈时，尽量戒除一些不良的、污秽的言语，言谈中假如能够做到文雅，谈吐得当，无形中就提升了一个人的气质与修养。反之，与人交谈时，总是冷嘲热讽、恶语相向，这样反而导致谈话双方轻者言语争吵，重者相互动手，酿成不好的后果。不仅有损他人的身体健康，也会使自己的名誉受损。

《增广贤文》上有云：“好话一句暖人心，恶语伤人六月寒。”一句好听的善言会使人感觉温暖，而不好的言语会使人感到寒心。也就是“利刀割体痕易合，恶语伤人恨难消”。就是被刀子、利器所伤，伤痕很容易就愈合了，但恶意的言语重伤他人，则往往让他人一生都觉得很痛苦，心中长存阴霾。所以这种恨会怀恨在心，往往他也会伺机报复，酿成悲剧。

因此，奸诈取巧、下流肮脏的话以及市井粗俗的习气，最好远离这些糟粕的东西，才得以培养良好的修养。当人们的内心充满了对圣贤人的憧憬、向往，立志要成圣成贤的时候，我们的言语、行为自然就会效仿圣贤人的存心。不说“奸巧语，秽污词，市井气”的劣质言辞，遇到事情就能克制心中的怒火，把情况化险为夷！进一步留意自己的每句言语，做到句句都不失信于人，这样，我们在立生处事这人生大课堂中，就完成了一大半，也向圣贤靠近了一大步。

好话一句暖人心，恶语伤人六月寒

健康的语言是文雅朴实、优美动听的，它起到促进团结、激励人奋进、改善人与人之间关系的积极作用。粗野污秽的语言是令人讨厌的，它会破坏团结、败坏社会风气、腐蚀人们灵魂。

两种话语	
好话一句暖人心	恶语伤人六月寒
好话，与人为善的话	坏话，伤害人的话
哪怕只说了一句，都能暖人心窝，就像严寒之中送来了温暖。	哪怕也只说了一句，都能令人心寒，就像六月天里下起雪。

《增广贤文》

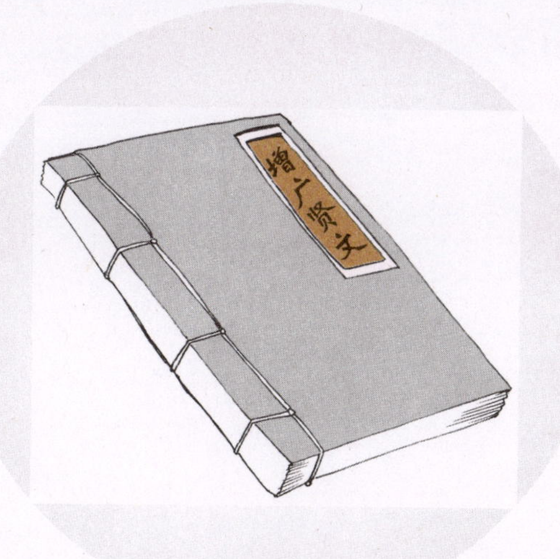

小链接

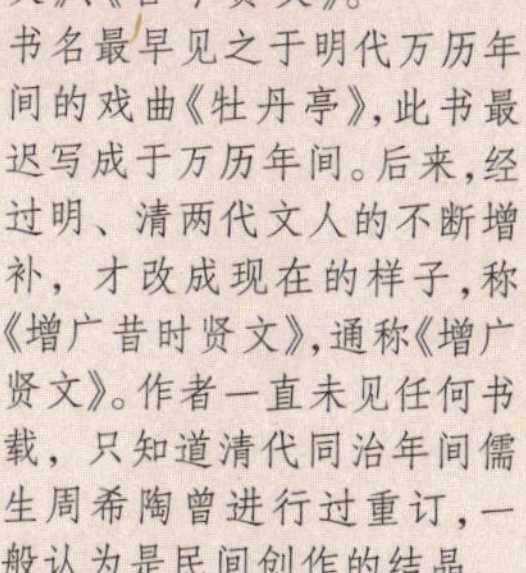

《增广贤文》为中国古代儿童启蒙书目。又名《昔时贤文》、《古今贤文》。书名最早见之于明代万历年间的戏曲《牡丹亭》，此书最迟写成于万历年间。后来，经过明、清两代文人的不断增补，才改成现在的样子，称《增广昔时贤文》，通称《增广贤文》。作者一直未见任何书载，只知道清代同治年间儒生周希陶曾进行过重订，一般认为是民间创作的结晶。

事未见勿轻言，事未真勿轻传

［原文］

见未真　勿轻言　知未的　勿轻传

★ 解读

原文的意思是：任何事情在没有看到真相之前，不要轻易发表意见，对事情了解得不够清楚明白时，不可以任意传播，以免造成不良后果。

《战国策·魏策二》中记载着这样一则典故：

魏国和赵国订立了友好盟约。为了使盟约更有其效，两国之间决定互有人质作保。因此，魏王就把太子送到赵国的都城邯郸去作人质。为了太子的安全，魏王还派大臣庞恭陪同太子前往。但庞恭却担心魏王不会一直相信自己。于是临行之前，他向魏王提出了一个问题，他说，如果有一个人说在熙熙攘攘的大街上看见一只老虎，大王相信不相信。魏王回答，当然不信，老虎怎么会跑到大街上来。庞恭接着再问，如果有两个人一齐对大王说大街上来了一只老虎，那大王相信不相信呢。魏王回答，如果有两个人都这么说，他就有些半信半疑了。庞恭又说，如果有三个人一齐对大王说大街上来了一只老虎，大王相信不相信。魏王回答，既然这么多人都说看见了老虎，肯定确有其事，所以我不能不信。听魏王这样回答，庞恭深有感触地说，故不出我所料，事实上，人虎相怕，各占几分，具体而言，人怕虎还是虎怕人这要根据具体的力量而论的。一只老虎是绝不会跑到闹市之中的，这是人人皆知的事情。只是因三人说虎即肯定有虎。邯郸离魏国的都城大梁，比王宫离闹市远得多，而且背后议论他的人可能还不止三个。魏王听懂了庞恭的意思，就点点头说，庞恭的心思他知道了，让庞恭只管放心去吧！庞恭陪同魏王的儿子到了邯郸。但不幸的是，庞恭走后不多久，果然有很多人对魏王说起了庞恭的坏话，而且，就像听到三个人说大街上有虎就相信有虎那样，魏王确实相信了一些大臣的话。于是，当庞恭从邯郸回到魏国时，魏王再也不愿接见他。

故事说明，人们往往就是会被流言所迷惑，失去了判断是否的能力，成为了流言的傀儡。所谓“谣言止于智者”，圣贤们碰到一些是是非非的事情，绝对不会跟着传，因为智者的心在道上，对于那些风吹草动、流言飞语，通通都能够置之不理，所以，我们也要远离流言，向至圣先师们学习，一定要坚持“眼见为实，耳听为虚”的原则面对谣言。

古人有“一言以兴邦，一言以丧邦”的讲法，可见言语谨慎的要紧。就好像往池塘里丢石头，你丢了，扑通一下，一个小小的漩涡，慢慢就扩散到整个池塘。所以人与人之间，我们在言语方面，一定要特别谨慎小心，以免惹祸上身。

三人成虎

事非宜勿轻诺，如轻诺进退难

［原文］

事非宜　勿轻诺　苟轻诺　进退错

★ 解读

原文的意思是：不合义理的事，不要轻易答应，如果轻易允诺，会造成做也不是，不做也不好，使自己进退两难。

在佛教中有一句话说，"慈悲多祸害，方便出下流"，有时我们出于自己的慈悲心，去帮助了他人，但没有弄明白事情的始末，这样就可能生出祸端；再则我们与人方便了，可别人却没有当做一回事，看成随便，反而没有起到好的效果，导致给他更进一步造作罪孽。因此，我们在帮助别人做事的时候，在答应之前，要弄清楚事情的始末，不要先答应最后又后悔，那已经来不及了，假使自己没有能力办到，就要委婉地拒绝，讲得对方觉得你不是很严峻地拒绝他，使之不好下台。所以，许诺与拒绝也是一门人生必修的课程。

当我们还没有看到事实真相，只是听别人片面之词，绝对不可以到处与人讲。这是一个很重要谨慎的处世态度。假如你没有确定，它可能是谣言，就传出去，这样，无形中自己就成了一名帮凶。所以古代对于言语很谨慎，因为往往乱之所生，言语就好像那个阶梯一样，一句一句谗言慢慢就制造了动乱。

所以古代就有提到对于谗言要谨慎的一段诗："君听臣当诛，父听子当诀；夫妻听之离，兄弟听之别；朋友听之疏，骨肉听之绝；堂堂八尺躯，莫听三寸舌；舌上有龙泉，杀之不见血。"所以我们对谗言要很谨慎，要注意。一个有修养的人，是不会说长道短的！

曾子是孔子的学生，他为人诚实，说话算数，即使对孩子也是同样。一天，曾子去赶集，他的孩子非要跟着去玩，曾子的老婆就哄自己的孩子说："留在家里，等你父亲回来，就杀猪给你吃。"孩子同意了。曾子赶集回来之后，立马动手杀猪。曾子的妻子见曾子真的要杀猪，就说："自己在哄孩子，不要当真。"可曾子认为，父母如果不做重诺守信的榜样，将来孩子也许就会变成一个轻诺寡信的小人。曾子最终坚持把猪杀了。

曾子通过自己的行动，教育孩子一定要做守信用的人。

而与今天相比，现在许多人往往忽视了诺言的宝贵，却表现得过于轻忽，很少考量他人是否可靠，所办之事是否正当，就轻易许诺，结果等自己想清楚之后，又开始后悔，做也不是，不做也不是，使自己进退为难，搞得双方处于尴尬的境地。所以我们在许诺于人时，还要用理智去判断才行。

曾子杀猪

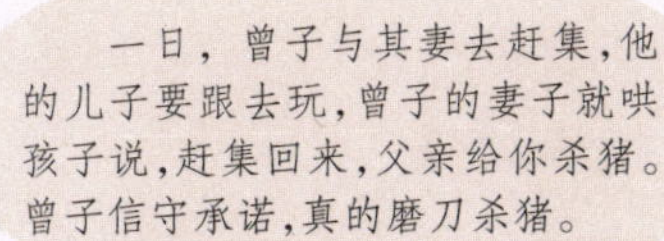

假使一个人没有给孩子做出重诺守信的好榜样，将来孩子也许就会变成一个轻诺寡信的小人。

警戒诗：《听谗戒》

此诗也是在告诫人们对谗言要很谨慎，要注意。一个有修养的人，是不会说长道短，搬弄他人是非的！

君听臣当诛，父听子当诀。
夫妻听之离，兄弟听之剔。
朋友听之疏，骨肉听之绝。
堂堂八尺躯，莫听三寸舌。
舌上有龙泉，杀之不见血。

言必清，勿模糊；言必缓，勿急疾

[原文]

凡道字　重且舒　勿急疾　勿模糊

★ 解读

原文的意思是：在与人讲话时要口齿清晰，咬字应该清楚，慢慢讲，不要太快，更不要模糊不清。

换句话说，人与人在讲话时，吐字要清楚有力，缓缓道来，要讲得很舒畅、放松。讲话不可以太急，每个字都要说得清清楚楚、不模糊，并且要择重点的内容先说，切忌废话连篇，没有一句重点，浪费他人的时间，这样也可使听的人听得清楚明白、心里舒服，避免让人会错意而造成没必要的误会。如果别人讲话太快，吐字又不是很清晰，使听的人似懂非懂，还不小心漏掉了一部分，这样就可能在办某件事情时导致差之毫厘，失之千里。所以，我们不论在说什么话时，都要把握一个要领：口齿清晰，吐字清楚，语速适中，先重点少废话。

西晋的裴楷是中国历史上有名的美男子，当时号称玉人。他不但模样长得好，而且博学多才，对《老子》、《易经》等玄学著作深有研究。他那个时代没有科举制度，做官全靠时人的评价和推荐。裴楷得到权臣钟会一句著名的评语："裴楷清通"，所以青云直上，官运亨通，政治上很有作为。但裴楷最出色的才华还是在嘴上。他的嗓音浑厚洪亮，发音标准清晰，而且极善于控制语言的抑扬顿挫，说起话来铿锵悦耳，像奏乐一般。皇帝和朝臣们都赏识他这一特长，经常让他当众宣读各种奏件。裴楷长身玉立，光彩照人，把一段段枯燥乏味的律令、诏书、奏章、文告念得声情并茂。全场的人都忘了疲倦，忘了正在召开的严肃的御前会议，一个个聚精会神，看着裴楷的容貌，听着裴楷的声音，好像在欣赏专门的文艺演出。

从裴楷的故事中我们可以看到：一个人在与人交谈时，口齿清晰、吐字清楚、谈吐得当，会使听者如沐春风，倍感亲切。所以，对于我们今天的人来说，在与人交谈、或交代他人事情时，最好也是遵循一些言语的礼仪，改掉一些坏的习惯。

他的嗓音浑厚洪亮，发音标准清晰，而且极善于控制语言的抑扬顿挫，说起话来铿锵悦耳，像奏乐一般。尤其是把一段段枯燥乏味的律令、诏书、奏章、文告念得声情并茂。导致所听之人感觉到的是优美的声音，好像在欣赏专门的文艺演出。

一个人在与人交谈时，口齿清晰、吐字清楚、谈吐得当，会使听者如沐春风，倍感亲切，这样，反而会增进彼此间的友情。所以，在与人交谈、或交代他人事情时，最好遵循一些言语的礼仪，改掉一些坏的习惯。

人人都喜欢听优美的音乐，那么假使，人与人交往时的声音犹如悦耳的音乐，那么，这样不仅会增进彼此之间的感情不说，还会提高他人对你的好感，这是有利无害之举。

事不关己，莫要多言

［原文］

彼说长　此说短　不关己　莫闲管

★ 解读

原文的意思是：遇到他人来说是非，听听就算了，要有智慧判断，不要受影响，不要介入是非，事不关己不必多管。

中国有句俗语：说人是非者，便是是非人。其意也是表明，在背后说人是非，其行径无异于暗箭伤人，是挑拨是非的人。

古往今来，人们最烦恼的莫过于被闲言碎语是是非非所缠绕。不过，关键还在于自己的修养，自己对是非抱什么态度，是不是自己有时也会卷了进去还没发觉。“以短攻短”、“以顽济顽”，也是人们常犯的错误，也可以说是人性的一大弱点。

一般人在说人是非时，多少都会加上自己的批评。而当这种攻击他人的耳语辗转经人转述，到最后就会变得更加面目全非了！更为重要的是，任何人都不希望自己的短处被人拿去到处宣扬，成为别人茶余饭后的谈资。只是，生活中总会有人就是不懂得将心比心，完全不顾及别人的感受，甚至还得意于自己的消息灵通，不能做到“各人自扫门前雪，休管他人瓦上霜”的态度，不关自己的是非，就不要主动往上凑。

而那些喜欢道人是非者，往往也会自食恶果，会因此遭受别人的轻视与提防，进而变成别人排挤的对象。古德说：“莫说他人短与长，说来说去自遭殃，若能闭口深藏舌，便是修行第一方。”劝导我们不说是非长短，要修养自己的厚德，才是做人的第一要则。

如此，做人理当本着隐恶扬善的态度，不要妄议他人长短。而学会“制怒”，首要的是提高自己的道德修养，做到任何时候都不恶语相向，有此休养，心胸自然豁达，情绪自然开朗。

现实生活中，每个人都有自己的一些习惯，有些习惯不一定为别人所接受，一个善于处世的人，应该本着尊重别人个性习惯的原则去适应化解，而不是讨厌；不能接受别人的人说明自己也有许多不好的习惯，应学会由人及己的方法。

总之，做人最好还是应该厚道些，可以多赞扬别人的长处，至于人家的缺点，就不必大肆宣扬了。

说人是非者，便是是非人

做人要厚道，既然不喜欢他人评说自己，害怕他人说自己的坏话，自己又为什么要在别人面前搬弄是非，说人闲话呢？所以，孔子说“己所不欲，勿施于人”，我们可以多赞扬他人的长处，不可大肆宣扬他人的短处。

流言的传播之害

任何人都不希望自己的短处被人拿去到处宣扬，成为闲聊时的话题。只是，生活中总是有一些爱说人闲话的是非人，不懂得将心比心，完全不顾及他人的感受，更有甚至，自认为自己消息灵通，自鸣得意。

一般人在揭发他人的短处时，总是喜欢加上自己的评判，这样就会使本来的东西发生变化，失去了原来的模样，最后经过众人之口，面目全非。

扬长避短，精益求精

［原文］

见人善　即思齐　纵去远　以渐跻
见人恶　即内省　有则改　无加警

★ 解读

原文的意思是：看见他人的优点或善行义举，要立刻想到学习看齐，纵然目前能力相差很多，也要下定决心，逐渐赶上。看见别人的缺点或不良的行为，要反躬自省，检讨自己是否也有这些缺失，有则改之，无则加勉。

古人云："尺有所短，寸有所长。""金无足赤，人无完人。"我们在看待事物或与他人相处，如果都能多看别人的长处，少揭他人的短处，这样不但和自己相处的人愉悦欢喜，而且最大的受益者就是自己。因为每个人在某个方面肯定都会有比我们做得好、做得出色的地方，如果我们能带着谦卑的心去寻找他人的闪光点，那么即使和有很多缺点的人相处，也能从他人身上受益。就是所谓的"见贤思齐焉，见不贤而内省也"。与此相反，如果我们带着傲慢的心，仗恃自己有那么一点学识，用评判和挑衅的眼光来看待周遭的人与物，那么即使是圣贤的教诲，我们也能找到一些"疏漏"和"失误"，最终也无法受益，站在原地踏步不前。

人生百态犹如一面镜子，见人缺点易，不责人缺点难。人的优点与缺点在镜中会表露无遗，无处遁形，但智者可以借之反思警戒，而愚者却入中看戏而沉迷不悟！重要的是自己有无反省的功夫。假使一个人能够处处做到自己的本分，他就不会把时间浪费在指责别人的过失上。如果把别人的缺点、过失放在心上，则会无心看到他人的优点。

鲁国的孔子苦苦钻研"礼"的学问，但耗时耗力却一无所获，为此，他感到十分苦恼。当他听说老子经过多年苦心探索钻研，知识渊博，并著有《道德经》，已经求得天道的消息后，就决定拜访老子。

老子看见孔子，便热情地问道："你来了，我听说，你现在已经成了北方的贤者，可不知你是否已经懂得了天道？"

孔子回答说："还不曾弄懂天道。"

老子又问："那么，你是如何去探求天道的呢？"

孔子回答说："钻研'礼、仁义'，以制度名数来寻求的。到如今已有整整五年

“尺有所短，寸有所长”与“金无足赤，人无完人”

“尺有所短，寸有所长”出处战国时期楚国屈原的《卜居》：“夫尺有所短，寸有所长，物有所不足。智有所不明，数有所不逮，神有所不通。”

世界上的人都是有缺点的，因而，我们在与人交谈时，应多发现他人的长处，多赞扬他人的长处，少揭他人的短处，并且能够取长补短，反省自己的短处，择其善者而从之，其不善者而改之。这样，彼此都会增长减短，共同进步。

“金无足赤，人无完人”出处宋戴复古《寄兴》：“黄金无足色，白璧有微瑕。求人不求备，妾愿老君家。”

的时间了,可是还没有得到。"

老子又问:"你又怎样继续去寻求呢?"

孔子回答说:"我是从阴阳的变化中来寻求,已有十二年了,可仍然没有得到。"

老子说:"是啊。阴阳之道是眼睛不可看到,耳朵不可听到,言语不可表达,是通常的智慧所不能把握的。因此,所谓得道,只能是体道,如果试图向认识有形、有声之物一样去认识道,用耳朵听,那是听不到的,用眼睛去看是看不到的,用言语去表达,也是没有合适的言辞能够表述清楚的。"

老子稍微停了一下,看了看孔子,又继续说:"寻求道,关键在于内心的感悟。心中没有感悟就不能保留住道;心中自悟到道,还需和外界的环境相印证。因此,可以说,得道之人是无为的,是简朴而满足的,是不以施舍者自居,也无所耗费的。自己正的人才能正人,如果自己内心不能正确领悟大道,心灵活动便不通畅。"

临别时,老子对孔子说:"富贵的人用钱财送人,有学问的人用言辞送人,我不算有学问的人,但还是送给你几句话吧。"老子停了一会又说:"孔丘啊,你要恢复的周礼已失去生命力了。你时来运转时就驾着车去做官,生不逢时时就像蓬草一般地随风旋转。要知道善于经商的人总是将货物藏起来,好像什么也没有;有高尚道德的人容貌谦虚得像个笨人。抛弃你的娇气和过高的欲望吧!这些东西对你没有什么好处。"

老子的一席话,对孔子触动很大,他对自己的学生说:"鸟,我知道它们善飞;鱼,我知道它们善游;兽,我知道它们善于奔走。对于鸟,可以用箭射它;对于鱼,可以用网捕捉;对于兽,可以用陷阱擒获。至于天上的龙,我不知道龙的形状,也不知道它是怎样乘着风飞上天的。我今天看见了老子,就像见到了龙一样啊!"

"孔子问礼"的典故,则表明伟大的圣人,在看见他人比自己优秀的一面时,会不远万里前去请教,而作为今天的凡夫俗子,更加应该去效仿古人,看见他人的优点,及时地加以学习,使之变为自己的优点;而在看到他人的缺点,也应该马上引以为鉴,反观其身,有之则改过,使其优点的口袋越来越鼓,缺点的口袋越来越瘪。

老子与《道德经》

主要指我国古代伟大的哲学家和思想家、道家学派创始人老子，其被唐皇武后封为太上老君，世界文化名人，世界百位历史名人之一，传世有《道德经》（又称《老子》），是老子思想的结晶。

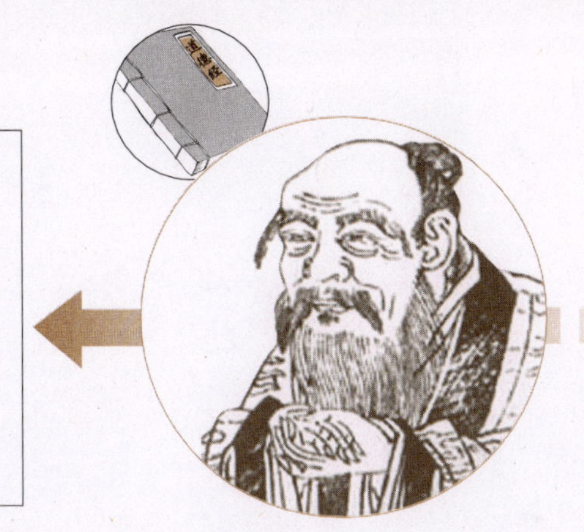

作品思想体系是朴素的辩证法，认为事物是相互依存的不可独立的，主张无为而治，其学说对中国哲学发展具有深刻影响。在道教中老子被尊为道祖。

孔子问礼

孔子说："自己用五年时间钻研'礼、仁义'，以制度名数来寻求的，可是不得，后又用十二年时间从阴阳的变化中来寻求道，终没有结果。"

老子说："寻求道，关键在于内心的感悟。心中没有感悟就不能保留住道；心中自悟到道，还需和外界的环境相印证。因此，可以说，得道之人是无为的，是简朴而满足的，是不以施舍者自居，也无所耗费的。自己正的人才能正人，如果自己内心不能正确领悟大道，心灵活动便不通畅。"

9

德才兼备，勤以自勉

［原文］

唯德学　唯才艺　不如人　当自砺

★ 解读

原文的意思是：每一个人都应当重视自己的品德、学问和才能、技艺的培养，如果感觉到有不如人的地方，应当自我勉励、奋发图强，赶上他人。

《中庸》中讲："好学近乎智，力行近乎仁，知耻近乎勇。"一个人真能对德学才艺努力地学习，牢记于心，这才是近乎智慧；而后付诸实践当中，把孔夫子的"温、良、恭、俭、让"的品性体现出来，把"孝、悌、忠、信、礼、义、廉、耻"落实到日常生活当中，对父母、长辈行孝，对祖国尽忠，这才是近乎仁，所以真正的仁，不仅要有好的品德与学识，还要有力行！且在力行中能够察觉到自己的过失，这可谓是知耻，知耻后勇猛改过，这才是近乎勇，这样必定可以向着圣贤迈进，这就是孔老夫子所说的，人一生求学所追求的三件法宝：智、仁、勇。

中国有句成语为"德才兼备"。"德"在前，"才"在后。这也是说一个人有德比有才要重要。正如林散之先生所说："有德有才会爱才，无德有才会嫉才，有德无才会用才，无德又无才会毁才。"所以一个人最起码必须要有德才可以，因为有德行的人，懂得包容，会欣赏他人的才华。而无德却有才华，那必然会嫉妒他人的才华；假如连才都没有，那必定就会毁才。

正如春秋战国时期的李斯，他就是一个有才无德之人，所以当他看到有才华的人心中就会充满妒忌，当时他的师弟韩非子就是一个有德有才之人，却被李斯陷害致死。由于李斯的心胸狭窄，建议秦始皇焚书坑儒，把历代很多圣贤的教诲都统统烧掉了，还陷害了许多读书人。犯下了难以磨灭的罪孽。导致最后李斯也没有什么好的收场，他和他的孩子都受到了腰斩东市的酷刑。这就是所谓的无德有才会嫉才的后果。

由上可见，"德"的重要性。"德"才是一个人一生事业的根基，是万福的根基，根基打不稳很危险。正如建房，根基不稳，建起来的房，经各种自然因素的影响必定会塌陷，这样的情况、实例多得不胜枚举。所以一个人的罪孽都是盛时所造，等到他飞黄腾达，没有德行就会干出很多错误的事情。

因此，人最可宝贵的资产是高尚的品德。

品德与才学的关系

一个人只有才学而没有品德的人，做事只会逞能，争强好胜，嫉妒他人的才华，自以为是，处处陷害算计他人，引起事端，而德才兼备之人，既有良好的品德，又有高深的学识，懂得宽容，欣赏他人的才华，变他人的知识为己用。

李斯之死

秦代著名政治家，但也是一个有才无德之人。

李斯是秦代政治家，在秦王统一六国的事业中起了重大的作用，秦统一天下后，被任命为宰相，后因秦始皇欣赏韩非子之才，而陷害韩非致死，后在秦王死后，与赵高合谋，伪造遗诏，立胡亥为秦二世，陷害扶苏自杀，最后，因赵高所嫉，被陷害，腰斩而死，且祸害三族。

衣破饭简勿自卑

［原文］

若衣服　若饮食　不如人　勿生戚

★ 解读

原文的意思是：至于外表穿着不如他人漂亮，或者饮食不如他人丰盛，则不必放在心上，更没有必要忧虑自卑。

《论语》中讲道："士志于道，而耻恶衣恶食者，未足与议也。"真正的有志于道的人，他们的快乐不是在追求外在的衣食住行上，而是在从圣贤的书中汲取到知识的快乐之力，落实圣贤的道理在自己的生活中。那种"学而时习之，不亦说乎"的快乐，是追求身外之物的人所不能体会到的。

假使我们看重的是物质的享受，那么我们过惯了奢华的生活，一时满足不了自己的欲望，就会不择手段地去追求，最后走入歧途。所谓"欲是深渊、欲不可纵"。假使任由自己的欲望无限地膨胀、扩大下去，这种外在的魔障，会阻碍我们的本性本善的开启，就会带给我们很大的痛苦，使人堕落于物质的迷宫中，迷失了自我。当想回头时已是相当的困难。因为"由俭入奢易，由奢入俭难"。所以，对于物质上的享受，我们应该结合自身的情况而定，绝对不要去追求、去享受。我们要常常提醒自己回归本性，那么自然而然对于衣物、饮食之类的物质欲望就会降低，只追求品德的自身修养。正如富贵不是可以夸耀的资本，贫寒也不是耻辱，人活着关键在于他的德行和学识。

唐朝的大诗人白居易，曾写了这样的话："勿慕富与贵，勿忧贫与贱；自问道何如，贵贱安足云？"这与"君子谋道不谋食，君子忧道不忧贫"是一样的道理，都是教人以讲德修道为人生第一要务，没必要为了衣物、饮食这些身为之物去劳心伤神。俗话说："山珍海味，不过日食三餐；华屋广厦，不过寝时数尺。"这也只是过眼云烟，没有必要汲汲营营去追寻。何况只是为了口腹的满足而去恣杀牲禽，这也是古贤们所不赞同的。正如孔子说自己的弟子颜回："居陋巷，一箪食、一瓢饮，人不堪其忧，回也不改其乐。"颜回正是不惧贫瘠，只重得道的典范。

相较于现在，社会到处宣扬浮夸的习气，崇尚物质的享受。再说，物质的欲望是没有止境的，人唯有降低自己的欲望，他的生活才会更为舒适、更为快乐。真正的快乐绝不是建立在物质生活上的，而是内心的平静。

白居易论道

唐朝大诗人白居易说："勿慕富与贵，勿忧贫与贱；自问道何如，贵贱安足云？"这与"君子谋道不谋食，君子忧道不忧贫"是一样的道理，都是教人以讲德修道为人生第一要务，富贵不是可以夸耀的资本，贫寒也不是耻辱，人活着关键在于他的德行和学识。没必要为了衣物、饮食这些身外之物去劳心伤神。

小链接

崔子玉《座右铭》，余窃慕之，虽未能尽行，常书屋壁。然其间似有未尽者，因续为座右铭云：

勿慕贵与富，勿忧贱与贫。自问道何如，贵贱安足云。闻毁勿戚戚，闻誉勿欣欣。自顾行何如，毁誉安足论。无以意傲物，以远辱于人。无以色求事，以自重其身。游与邪分歧，居与正为邻。于中有取舍，此外无疏亲。修外以及内，静养和与真。养内不遗外，动率义与仁。千里始足下，高山起微尘。吾道亦如此，行之贵日新。不敢规他人，聊自书诸绅。终身且自勖，身殁贻后昆。后昆苟反是，非我之子孙。

颜回重修道，忽衣食

孔子说："居陋巷，一箪食、一瓢饮，人不堪其忧，回也不改其乐。"颜回正是不惧贫瘠，只重得道的典范。

真正的有志于道的人，他们的快乐不是在追求外在的衣食住行上，而是在从圣贤的书中汲取到知识的快乐之力，落实圣贤的道理在自己的生活中。

闻声相应，同气相求

［原文］

闻过怒　闻誉乐　损友来　益友却

闻誉恐　闻过欣　直谅士　渐相亲

★ 解读

原文的意思是：如果一个人听到别人说自己的缺失就生气，听到别人称赞自己就欢喜，那么坏朋友就会来接近你，真正的良朋益友反而逐渐疏远退却了。反之，如果听到他人的称赞，不但没有得意忘形，反而会自省，唯恐做得不够好，继续努力；当别人批评自己的缺失时，不但不生气，还能欢喜接受，那么正直诚信的人，就会渐渐喜欢和我们亲近了。

在人的一生中，除了父母、妻儿之外，朋友可谓是重要的。因此，朋友也被纳为五伦之一。朋友，他在我们人生的历程中，扮演着相当重要的角色，也有着举足轻重的地位。当我们在失意、烦恼时，寻找倾诉对象的最佳人选往往都是朋友，而不是父母，也不会是长辈。但不是所有的朋友都对你持有一颗诚心，选择朋友也是要特别的小心。

孔子说："有益的朋友有三种，有害的朋友也有三种。结交正直的朋友，诚信的朋友，知识广博的朋友，是有益的。结交谄媚逢迎的人，结交表面奉承而背后诽谤人的人，结交善于花言巧语的人，是有害的。"正是：益者三友，损者三友。友直，友谅，友多闻，益矣；友便辟，友善柔，友便佞，损矣。

这正是益友与损友的差别。如何衡量一个人是益友还是损友？就要看你的心量。你有广博的心量，你就会广结善友；你没有那样的心量，所有的好朋友都会远离而去，损友，他就会接近于你，这就是所说的"狐朋狗友"。因为你只想听你爱听的，喜欢他人奉承你，讨厌他人的真知灼见，那么损友就会用虚伪的话来欺骗你，甜言蜜语讨好你。最后，当你潦倒时，这些所谓的朋友却避而远之，都销声匿迹了，根本不会理会，或者帮助你。

所以，对于肯告诉我们过失的人，要抱着感恩的心，一定要感激他，不要气他。因人往往只看到了自己的优点，却看不到自己的过失。这就需要善友的时时提醒，才能尽快改过。人这一生中，除了父母、师长以外，还能有几个可以真心批评、指正我们的人呢？真心批评、指正我们的人，那真的是我们的良师益友，正如

人生五伦

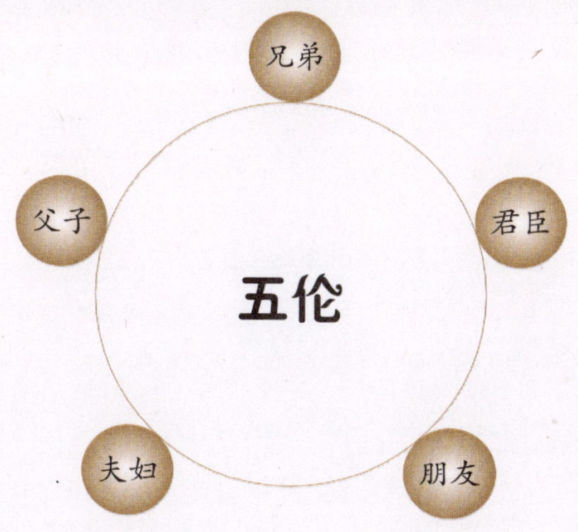

五伦的形成是有先后次序的,五伦之始,第一伦,就是夫妇。有了夫妇,才有父子。孩子一多,就又有了兄弟。孩子长大了,进入社会工作,就有了长官与部属。这最后一伦,也是最大的一伦,就是朋友了。

朋友,他在我们人生的历程中,扮演着相当重要的角色,也有着举足轻重的地位。当我们在失意、烦恼时,寻找倾诉对象的最佳人选往往都是朋友,而不是父母,也不会是长辈。但不是所有的朋友都对你持有一颗诚心,选择朋友也是要特别的小心。

朋友之别

人生总是有许多朋友围绕在身边,如何区分善友与损友,关键在于自己的心量:拥有广博的心量,就会广结善友;心量狭窄,只会遭来损友。

朋友之别	
益友有益	损友有害
正直的朋友	谄媚逢迎的人
诚信的朋友	表面奉承而背后诽谤人的人
知识广博的朋友	善于花言巧语的人

古人所说“人生得一知己须尽欢”。没有他们的批评、指正，我们还真的看不到自己的问题所在，所以感恩都来不及，怎么可以闻过之后发怒呢？曾子说：“君子以文会友，以友辅仁。”真正的朋友是以道义为准绳的，而不是以功利为纽带的市井之交。

三国时代诸葛亮的《前出师表》是一篇感人至深的文章，在中国历史上、文学史上，都有其不容忽视的地位。这篇《出师表》，完成于诸葛亮病死军中的前七年。刘备去世后，诸葛亮继续辅佐其子后主刘禅，经过五年的整治，内政已定，诸葛亮觉得可以亲自率兵出征了；临行，终究是放心不下后主，就上了这篇疏。“出师表”通篇重点，都是在勉励后主“不宜妄自菲薄，引喻失义，以塞忠谏之路”。并引历史为证，告诫后主：先汉之所以兴隆，是因为“亲贤臣，远小人”；后汉之所以倾颓，是因为“亲小人，远贤臣”。最后，他又一再殷殷盼望后主“亦宜自谋，以谘诹善道，察纳雅言”。这些都是希望后主不要看轻自己，就随随便便地听信一些奸臣的谗言，陷害忠良，丢失民心，以至于再没有臣子敢于进言；唯有自己多多考察，来访寻谋求好的道理，明察接纳忠臣们正当的劝告，才能得贤人拥护，光大祖业。句句出自肺腑，言之谆谆，可惜后主终究是个“扶不起的阿斗”。诸葛亮死后，他就忘了告诫，尽和一班弄臣谀臣鬼混，终致亡国。

这就是“人以群分，物以类聚。同声相应，同气相求”的真实写照。

想了解一个人，可以从他的父母、长辈、朋友中来观察；想了解一个君王，可以从他委派的使者来观察；想了解一块土地的性质，可以从生长的草木来观察。所以跟好人在一起，像走入种植兰花的花房一样，久了就感觉不到香气；与不好的人相处，就像跑到鱼市场一样，久了也就感觉不到腥臭。这是因为人处在无形中慢慢已受其感染，于是乎对周遭的环境不知不觉了！跟红颜料放在一起的东西会染红，跟黑漆摆在一起的东西会变黑，所以君子对身边相处的人，一定会慎重地加以选择。尤其懂得自己是个怎样的人，存有什么样的品性，就会招致、习染怎么样的朋友。

现在，很多人总是对给他指出缺点错误的人很是反感，时常在人背后指责他人；而得到他人称赞时，就飘飘然，不知东西南北。一个真正有所作为的人，必定是一个有大的涵养和度量、善于听取别人劝谏、欢喜改过的人。

扶不起的阿斗

诸葛亮在刘备死后，尽心竭力地辅佐后主刘禅，并以一篇《出师表》，言辞恳切劝诫后主亲贤臣，远小人。不要丢失民心，但是，刘禅却在诸葛亮死后，就忘记了告诫，终日与一些弄臣谀臣鬼混，最终导致灭国。

鞠躬尽瘁死而后已的诸葛亮

诸葛亮，被刘备三顾茅庐请出山，辅佐刘备争夺天下，付出了全部心血，在之后又辅佐刘禅，一生可谓是鞠躬尽瘁死而后已。他的《前出师表》与《出师表》都是感人至深的文章。在中国历史上、文学史上，都有其不容忽视的地位。

无心过则为错，有心过则为罪

［原文］

无心非　名为错　有心非　名为恶

★ 解读

原文的意思是：如果无意之中做了坏事，这称为错，若是明知故犯，有意犯错为非作歹便是罪恶。

“无心非，名为错”，这就是所谓的“不知者无罪”。当别人犯错，而不是有心的，只是在无意中做了坏事，我们绝对可以包容且宽恕，使之改过。而“有心非，名为恶”，这就是所谓的“明知故犯”。明明知道这是错事不可以做，但还是一意孤行照做，我们绝对不可以姑息养奸，纵容包庇，任意为之。

人们往往对“错”、“恶”、“罪”三者没有明确的认识，都认为是一样的，不好的事情就一定是过错或罪恶。实则不然，虽然三者都是犯了过错，但错得不一样。如何不一样呢？其不同就在于人的“用心”。无意无心造成的过错，只是造错的业，而无犯戒的恶；有意有心造成的过错，既有造恶的业，又有犯戒的恶；最后不管最初犯错是有心或是无心，而错了，却怕人知道，一而再，再而三地加以掩饰，蒙蔽了心志，这就是比“错”和“恶”更深一步的“罪”，在恶的基础上，加恶，就是罪上加罪，罪不可赦，最终是“天网恢恢，疏而不漏”，终难逃脱恶报。这就是“最初的用心”的细微差别，进而演变成不同的结果，正是“失之毫厘，谬以千里”。人怎能不谨慎行之呢！

《史记·周本纪》中记载这样一则典故：周厉王是我国古代著名的暴君，专横跋扈、实施暴政，百姓怨声载道。召穆公对周厉王说：“百姓忍受不了大王暴虐的政令，都在议论纷纷。”周厉王十分恼火，为了堵住百姓的嘴，就派了很多巫人去监督那些大臣和百姓。如果有人指责他，就下令杀了那人。之后，百姓都不敢再说话了，在道路上相遇，只能用眼睛互相看看，代替要发泄的怨言。周厉王很高兴，告诉召穆公说：“我能制止别人的指责，大家都不敢说了！”召穆公说：“这只是一种阻碍。堵住百姓的口比防止河水更厉害。河水堵塞而冲破河堤，受到伤害的人一定很多；百姓也是如此。所以治理河道的人要疏通它，让它畅通，治理百姓的人要开导他们，让他们说话。百姓有嘴就如同大地有山川一样，财物从这里出来的；好像土地有高原、洼地、平原，百姓衣食的资源都从这里出来的。由于百

周厉王止谤

缺失民心的君王，并定会被百姓推翻，正如泛滥的洪水不知疏通，只知道堵截，最后，必定是，洪水冲毁堤坝，危害更大。

召穆公：“百姓忍受不了大王暴虐的政令，都在议论纷纷。”

周厉王为了堵住百姓的口，就命巫人监视百姓，谁指责周厉王，就会被杀害。

落荒而逃的周厉王

一个人假使有了过错，反而不知改过，而是一而再，再而三地加以掩饰，这样，小过不改并定会酿成大的罪责，承受法律的制裁。

姓发表言论，国家政事的好和坏才能体现出来。百姓认为好的就加以实行，百姓认为不好的就加以防范，这才能使百姓的财用衣食大大增加。那些百姓心中担忧这些问题而从口中说出来，他们考虑成熟就自然从口中说出来，怎么能堵得住呢？如果堵住了他们的口，能有几个人赞助你呢？"过了没多久，百姓都忍受不了他的暴政，联合起来围攻王宫，卫士也早已对周厉王忍无可忍，和百姓一起把周厉王抓起来，并把他放逐到彘地。

周厉王知道自己犯了错，还不去改过，反而是想堵住百姓的嘴，那才叫作恶。作恶的人最终落得放逐的悲惨下场。

因此，老子说："造命者天，立命者我；力行善事，广积阴德，何福不可求哉？善事阴功，皆由心造，常存此心，功德无量。"一个人的用心是何等的重要，决定着你以后将是什么样的人生，不要因小错而不改，小善而不积。"行善如春园之草，不见其长，日有所增；行恶如磨刀之石，不见其损，日有所亏。"所以祸福都在不知不觉中移动增减，没有智慧的人，或品德被毁的人，是不容易觉察得到自己的行为是善还是恶的！因而，我们要体会到"时时观心"的重要性，一有偏颇马上修正，这样就不会"无心非"了。唐朝的六祖慧能大师说道："一切福田，不离方寸；从心而觅，感无不通。"

所以每一个人的一生福祸都是有心而动的，我们反思一下，这一生中的过失与过错。如果无心所犯的，如果有人告诉我们，我们应该存着感激之心，及时地改正自己错误的言语、错误的思想。如果你有心去做，故意去为非作歹，那就是愚蠢至极。这是有意造恶，其结果便是灾难肯定会降临到你的头上。有道是"举头三尺有神明"，不可有意作恶，招惹祸端，因此一个人心地要纯善，假使没有纯善，我们则也要向善人学习。即使我们今天知道自己有过失，你能改正过来，可以说这是好的一面，有上进的一方。

今天，我们随处可以看到一些标语：请勿吸烟、请勿吐痰……但还是有一些人视而不见，我行我素，无人管制，这就是所谓的"过而不改，是谓过矣"，长此以往，就会养成一种坏的习惯，得意忘形，反而会酿成大的过失。小错不断，大错将犯。因此，人只有把"进德修业"当做人生第一大事时，就会时时警觉自己每时每刻的念头，是否有所偏差，加以改之，选择对的去做，消除错念，才不会一错再错，陷入恶的深渊，无法自拔。

园中草与磨刀石

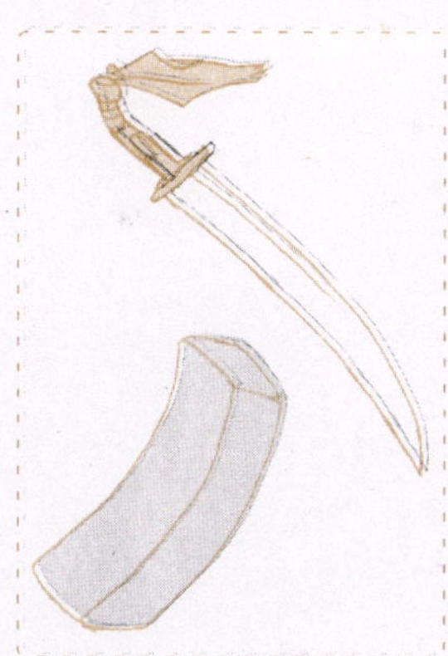

行善如春园之草，不见其长，日有所增；行恶如磨刀之石，不见其损，日有所亏。所以祸福都在不知不觉中移动增减，没有智慧的人，或品德被毁的人，是不容易觉察得到自己的行为是善还是恶的！因而，我们要体会到"时时观心"的重要性，一有偏颇马上修正，这样就不会"无心非"了。唐朝的六祖慧能大师说道："一切福田，不离方寸；从心而觅，感无不通。"

错、恶、罪的区分

错、恶、罪三者之间虽然都是犯了过失，但错得却是不一样，不一样重要是在于人的"用心"，如何看待过错。

错、恶、罪的区分	
错	无意无心造成的过错，只是造错的业。
恶	有意有心造成的过错，既有造恶的业，又有犯戒的恶。
罪	不管是有心或是无心，而是既知错，反而不改错上加错，罪上加罪。

知错能改，善莫大焉

［原文］

过能改　归于无　倘掩饰　增一辜

★ 解读

原文的意思是：知错能改，是勇者的行为，错误自然慢慢地减少消失，如果为了面子，死不认错，反而加以掩饰，那就是错上加错了。

《左传》说："人谁无过，过而能改，善莫大焉。"从古至今，要找寻一个身上毫无过错之人，就如水中捞月，雾里看花，根本不存在。就连古贤们都不例外。而要找一个一生都在行恶之人也是不可能的，因人皆有善恶。而对于人的一些恶性，自己懂得改过，一生则会"德逐增，恶逐减"，就如乌云散尽，必定是雨过天晴；反之，"恶逐增，德逐减"，就如一块沾有墨迹的白布，越是用力洗除，越是会造成污迹的扩散，变成一块白不白，黑不黑的布，失去了白布的本来面目。

也就是说，"人非圣贤，孰能无过"。即使是古贤们也是会犯过错的，但人切不可拿这句话当做自己的挡箭牌，掩饰自己的过失。《格言联璧》中有一联：青天白日之节义，自暗室屋漏中培来；旋乾转坤之经纶，自临深履薄处得力。这也是告诫世人，凡是谨言慎行，即使是独处无人之室，也要像在大庭广众之下，表里如一，绝不矫揉造作，即使身处逆境、困境中，也是如此。

《论语·子张》中子贡曾说："君子之过，如日月之食焉，过也，人皆见之；更也，人皆仰之。"这里的"日月之食"就是今天人们时常谈论的"日食"与"月食"。以现在的科学我们知道这只是一种自然天象，然而在古代，由于人们的愚昧落后，崇尚神仙巫术的思想，却被人们认为是一种不好的、不祥的征兆。人们就会求神占卜，而等到日月恢复了光明时，人的心才会平静下来，认为不祥之兆已过。这里是用日月的光明与黑暗，来象征君子的道德品行。他们的一言一行，都是众人所憧憬的；日食与月食则是比喻君子的德行受到了坏事物的沾染，但是君子却没有加以掩饰，而是尽快地加以努力改过，使自己重新迎接光明。这样的君子会得到人们更好的仰慕，人们会更加敬佩于他的品性。

《史记·廉颇蔺相如列传》讲述了一个这样的故事：春秋战国时期，廉颇是赵国的名将，而蔺相如凭借"完璧归赵"与"渑池会"两件事为赵国立下功劳，赵王封蔺相如为上卿，位在廉颇之上。这样，气坏了廉颇。他想：我为赵国拼命打仗，

水中捞月，雾里看花

从古到今，要找寻一个人身上毫无缺点，就如水中捞月，雾里看花，根本不存在。但是懂得犯错改过之人，一生必定是“德逐增，过逐减”，反之，一个人明知有过，反而加以掩饰，错上加错，一生必定是“过逐增，德逐减”，正是知错能改，善莫大焉；错上加错，法网难逃。

君子之过，如日月之食

用日月的光明与黑暗，来象征君子的道德品行。他们的一言一行，都是众人所憧憬的；日食与月食则是比喻君子的德行受到了坏事物的沾染，但是君子却没有加以掩饰，而是尽快地加以努力改过，使自己重新迎接光明。这样的君子会得到人们更好的仰慕，人们会更加敬佩于他的品性。

在古代，由于人们的愚昧落后，崇尚神仙巫术的思想，却被人们认为是一种不好的、不祥的征兆。人们就会求神占卜，而等到日月恢复了光明时，人的心才会平静下来，认为不祥之兆已过。

功劳难道不如蔺相如吗？蔺相如光凭一张嘴，有什么了不起的本领，地位倒比我还高！他越想越不服气，怒气冲冲地说：“我要是碰着蔺相如，要当面给他点儿难堪，看他能把我怎么样！”廉颇的这些话传到了蔺相如耳朵里。蔺相如立刻吩咐他手下的人，叫他们以后碰着廉颇手下的人，千万要让着点儿，不要和他们争吵。他自己坐车出门，只要听说廉颇打前面来了，就叫马车夫把车子赶到小巷子里，等廉颇过去了再走。蔺相如的手下人很是不解，问蔺相如说：“您的地位比廉将军高，他骂您，您反而躲着他，让着他，他越发不把您放在眼里啦！这么下去，我们可受不了。”蔺相如解释说：“自己连秦王都不怕，怎么会怕廉将军呢？只是现在秦国一直不敢攻打赵国，就是因为武有廉将军，文有自己。我二人好比两只老虎，两虎相争，必然有所损伤。这样，秦国就会乘虚而入。”蔺相如手下的人听了这一番话，非常感动，以后看见廉颇手下的人，都小心谨慎，总是让着他们。

蔺相如的这番话，后来传到了廉颇的耳朵里。廉颇惭愧极了。他脱掉一只袖子，露着肩膀，背了一根荆条，直奔蔺相如家，负荆请罪。自此以后，蔺相如和廉颇从此成了很要好的朋友。这两个人一文一武，同心协力为国家办事，秦国因此更不敢欺侮赵国了。

所以当我们已经清楚自己犯的过失时，绝对不能再掩饰。因为，掩饰错误，那就是错上加错，罪上加罪。中国有句古训：“善欲人见，不是真善；恶恐人知，便是大恶。”我们做人若能心胸宽广，做事光明磊落，不在乎他人的诋毁，不在乎自己的名利得失，多听取别人的真知灼见，做一个顶天立地的堂堂男子汉，这样，活得才有意义，人生才会精彩，切忌误因一时的光彩而妄自尊大，而令自己遭人唾弃！

负荆请罪

当廉颇听到蔺相如是为了赵国利益而避免两人之间起争斗后，十分羞愧，于是光着上身，绑上荆条，到蔺相如府上请罪。

蔺相如凭借“完璧归赵”与渑池会“两件事为赵国立下功劳，赵王封蔺相如为上卿，位在廉颇之上，使得廉颇心里不服，想找机会给蔺相如难堪，可蔺相如一直总是刻意躲避，以免发生冲突，影响赵国的安危。

《格言联璧》

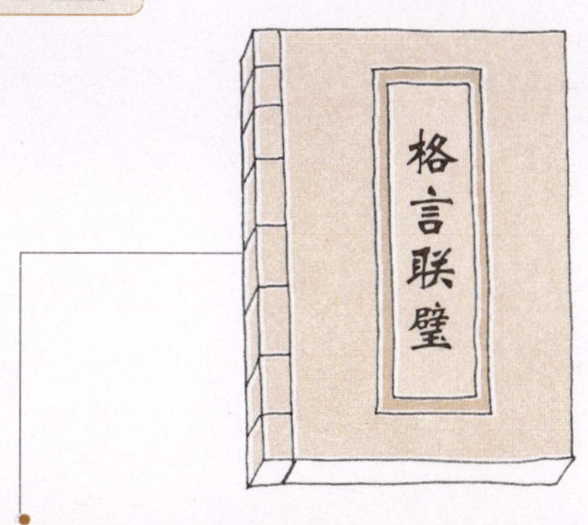

青天白日之节义，自暗室屋漏中培来；旋乾转坤之经纶，自临深履薄处得力。

《格言联璧》一书，按儒家大学、中庸之道，以“诚意”、“正心”、“格物”、“致知”、“修身”、“齐家”、“治国”、“平天下”等主要内容为框架，收集有关这些内容的至理格言。此书的用意在于用圣贤先哲的至理格言来鞭策启迪童蒙，从小懂得做人的道理，树立远大的人生志向，努力进取。

此句的用意也是告诫人们凡是谨言慎行，即使是独处无人之室，也要像在大庭广众之下，表里如一，绝不矫揉造作，即使身处逆境、困境中，也是如此。

第六辑

仁爱篇

6

『仁』作为华夏五千年文化中的传统道德观念，它的核心思想则是：爱人，以及博爱世间万物。这样人人心中存有仁爱之心，这个社会就会出现大同世界。孔子言：『己所不欲，勿施于人。』《弟子规》中的仁爱篇无疑是这种仁爱哲学的最好体现。

本辑图版目录

“仁”作为华夏五千年文化中的传统道德观念，它的核心思想则是：爱人，以及博爱世间万物。这样人人心中存有仁爱之心，这个社会就会出现大同世界。孔子言：“己所不欲，勿施于人。”《弟子规》中的仁爱篇无疑是这种仁爱哲学的最好体现。

人本同宗，彼此相惜

［原文］

凡是人　皆须爱　天同覆　地同载

★ 解读

原文的意思是：只要是人，则是同类，不论他的肤色、种族、信仰，皆须相亲相爱。因为我们都是天地所生万物滋长的，应该不分你我，互助合作，这样才能维持这个共生共荣的生命共同体。

中国上古神话中说，天地本为一体，混沌一片，经过了一万八千年的孕育，人类的始祖盘古，依靠自己的力量开天辟地，创造了天地、日月星辰、山川河流、飞禽走兽、花鸟鱼虫，造就了一个世界。之后，女娲造人，诞生了人类。虽说，现在人们已知人是由猿进化而来，打破了一些传说，但是，我们可以肯定人本是同宗。所以，我们既是同宗，又生活在同一个世界，同一个天地之间，就应该要休戚与共。

天为父，地为母，每个人都是大地的子女，都是大地滋养我们。我们都是依靠自然的赏赐而生存。因此，人存在于天地间，人人彼此都应当视同手足，彼此相亲相爱、互助合作，施恩不结怨，仁爱待人，处世自然，这样烦恼与怨恨就没有了，也就没有了争斗。

古人往往都要追求“人尽其责，物尽其用”。人人各尽其业，万物各安其所，世界大同，永久和平。这样，万物才会生生不息，就不会像现在出现物种灭绝的现象。

古贤们，往往就是保持着一种仁爱之心，博爱之心。不仅宽以待人，而且对万物也是十分爱惜。

“秦西巴纵鹿”就是一个很好的体现：鲁国国君孟孙一次进山打猎，抓到一只小鹿，于是让秦西巴先带回去，准备杀了吃。结果秦西巴走在路上，一只母鹿一直跟随着他，并且啼叫。秦西巴不忍心，于是把小鹿放了，还给了它的母亲。孟孙君回来后，找那只打来的小鹿。秦西巴说：“路上母鹿一直跟在后面啼叫，我实在不忍心，就私自把小鹿放了，让它跟母鹿走了。”孟孙君很生气，把秦西巴逐出了鲁国。过了一年，又把他请了回来，并且做自己儿子的老师。他人不解，于是问孟孙君：“秦西巴曾获罪于您，现在您却让他做自己儿子的老师，这是为什么呢？”孟孙君说：“秦西巴连一只小鹿都不忍心伤害，何况是对人呢！”

正如孟孙所言，秦西巴连一只小鹿都不忍心伤害，心存怜悯之心。这样的人，才会得到人的敬重。对于今天的人们来说，就应当在人际交往中，待人仁爱，处事公正。进而扩大到自然界，爱惜一切动物，爱惜一切植物。

秦西巴纵鹿

秦西巴本是遵循孟孙君的命令带小鹿回去，给孟孙君吃，可后来看见紧随其后的母鹿一路啼叫，心有不忍，就违背了君王的命令，放了小鹿，甘愿回去受罚。

秦西巴怀有一颗仁爱之心，心生怜悯之心，连一只小鹿都不忍心伤害，不愿伤害动物的母子之情，更加不会有害人之心，因而，先前不被重用，最终有成才的一天。

博爱之心

万物合一，分不清自己身在自然中还是自然中有我，万物与自己都是有生命、有灵性的，而一个具有博爱之心的人，则宇宙、万物尽在我心中。会以四海为家，视天下人为家人，彼此相亲相爱，仁爱待人，处世自然，施恩不加怨。

人所重者，是德高，非貌美

［原文］

行高者　名自高　人所重　非貌高

★ 解读

原文的意思是：德行高尚者，名望自然高超。大家所敬重的是他的德行，不是外表容貌。

这里主要阐释的是：一个人为什么受到他人的尊敬？这就是因为他的品德足以服众，人们在看到他的言行举止之后，不由自主地从内心敬仰、尊敬他。这样一个人的品德之风，被人们口耳相传，经过时间的流逝，历史的评断，令人怀念的还是那些品德高尚，替人着想的人。如孔子及其弟子们，虽然一生颠沛流离，可是一直追求品格的完美，为利益天下苍生而周游列国，整理圣贤学问传之后世，至今仍被世人奉为万世师表。

孔子曾说，“君子之德风，小人之德草，草上之风，必偃。”这里的“君子”与“小人”分别是指品德高尚之人与平民百姓。可谓是品德高尚者的道德好比风，平民百姓的言行好像草，风吹在草上，草一定顺着风的方向倒。所有这些平民老百姓都会受到教化，都会跟着学习、跟着效法。因此当然最重要的，这有德行的人一定要有真实的道德学问。

古往今来，圣明的君主，或是侠气仁义的英雄豪杰等，在他们的生活中时时充满着仁爱、谦恭的一面。仁爱、谦恭，便是得人心的根基；圣贤的书籍，其实都只是教我们如何得人心、善用人心罢了！君主的功业，英雄豪杰的成功，也是因德行的高洁，获得人心所致；反之，失败，亡国，也是因为失去了人心，失去了人们的信任。人心所看重和敬畏的非夸大的言辞，堂皇的外表，或厚重的权势，而是真实的德行。

一个人只要有好的修养，好的涵养，好的品德，他的声誉、威望自然就会得到提高，自然就会得到众人不加外力的发自内心的敬仰，可是这种敬仰之情不是你的权势所能左右的。因权势所能左右的只是一个人的外在的虚假的情感，而不能左右内在的真挚情感的流露。再者，就是一个人能够得到众人的敬重，也并不在他的外表容貌上是否长得出众。因外貌只是可以麻痹人的感官，却影响不了人的内心。就好比颜回赞叹其老师孔子，“仰之弥高，钻之弥坚”。孔子的品

以貌取人

澹台灭明，长相丑陋，孔子认为他没多大才能。起初，并不看重他，可随后发现澹台灭明品德高尚、学风端正，成为孔子器重的得意门生。

宰予思想活跃，好学深思，善于提问，是孔门弟子中唯一一个敢正面对孔子学说提出异议的人。被孔子许为其“言语”科的高才生，但宰予昼寝，又被孔子骂作“朽木”和“粪土之墙”。

相马以舆，相士以居。

孔子：“俚语云：‘相马以舆，相士以居。’弗可废欤！以容取人，则失之子羽；以辞取人，则失之宰予。”观察马的优劣，要看他的驾车技能；考察一个人的贤愚，要看他平时的言行举止。因为假使以容貌取人，则会在子羽那样的人那儿出错；若以言辞取人，则会在宰予那样的人那儿出错。

德、修养都是很高，在弟子眼中，都会不由生起敬畏之情。因此，一个人要想得到他人的敬重，就必须要有好的品德，他人就会从内心敬畏你，以德服众，非以权服众，非以貌服众。

俗话说："人不可貌相，海水不可斗量。"孔子的众多弟子中，宰予的口才可谓一流，能说会道，利口善辩。他开始给孔子的印象很不错，但后来本性渐渐流露，太过恣才任性，太过自大，既无仁德又十分懒惰，大白天不读书听讲，只知躺在床上睡觉。为此，孔子骂宰予"朽木不可雕"。孔子的另一个弟子澹台灭明（字子羽）则是相貌丑恶，初见孔子时，孔子认为他资质低下，不会成才。但子羽从师学习后，致力于修身实践，处事光明正大，不走邪路，后来孔子慢慢发现子羽是个谨守法度，行不由径的侠义君子。

因此孔子才感叹说："俚语云：'相马以舆，相士以居。'弗可废欤！以容取人，则失之子羽；以辞取人，则失之宰予。"这句话的意思是说，不要废弃了俚语的教训。观察马的优劣，要看他的驾车技能；考察一个人的贤愚，要看他平时的言行举止。假若以容貌取人，则会在子羽那样的人那儿出错；若以言辞取人，则会在宰予那样的人那儿出错。澹台子羽有着君子般的容貌风度，可是他的品性却比不上他的外貌；宰予有着既富文采又很典雅的言辞，可是他的智慧却不及他的口才。

所以看人不能从他外在的言行，武断地给予第一印象。事实上，像宰予这样聪明有才华，却又志大行疏的，或者像子羽这样其貌不扬，却沉潜有才的人，在我们生活的周围也是很多的，只不过我们很容易犯以貌取人，以言辞取人的毛病，而错失了人才或高估了人才。

正如中庸之道所说：如果我们貌不惊人，长相平庸，就应该加强自身的内在修养，提高自己的品行。这样在和平年代则可以大行于国家民族，在战争年代也可以自保于乡野。如果我们有幸生得一表人才，玉树临风，更加应当充实自己，不要中看不中用，只是一个绣花枕头，或者一味地逞口舌之快，招惹不必要的祸端。

颜回赞孔子

颜回赞叹其老师孔子，“仰之弥高，钻之弥坚”。孔子的品德、修养都是很高，在弟子眼中，就会不由生起敬畏之情。因此，一个人要想得到他人的敬重，就必须要有好的品德，他人就会从内心敬畏你，以德服众，非以权服众，非以貌服众。

君子之德风，小人之德草

一个人的品德之风，被人们口耳相传，经过时间的流逝，历史的评断，令人怀念的还是那些品德高尚，替人着想的人。

风如圣贤的教诲，万物如平民百姓，在圣贤教诲下，吸收良好的品德，提高自身的修养，效仿圣贤。

人所服者，是能强，非言大

[原文]

才大者 望自大 人所服 非言大

★ 解读

原文的意思是：有广博才学的人，处理事情的能力卓越，声望自然不凡，然而人们之所以欣赏佩服，是他的处事能力，而不是自我吹捧的能力。

“才”也是指有真才实学，而不是表面的、虚假的、不实的学问。并且这个学是要建立在德的基础之上。这样有德有才之人，在日常的待人处世中，他的学识会让人觉悟、让人受益匪浅，那时人们自然会敬重、佩服他。

这里也是在告诫我们：人要好学，做一个有德有才之人，切莫做有德无才，或是有才无德之人。这样不仅有损你自己的形象与声誉，还会危害社会。所以，真正的人才标准是“德才兼备”。且必须是德前才后。要想做一个有才有德之人，并不是说说那么容易。而要秉着“若要工夫深，铁杵磨成绣花针”的决心才可以作为才德兼备之人。也不是天上掉馅饼或是守株待兔的事情。绝对是有恒心才能成功，人所欣赏的也是广博的才学，高洁的德行，不是自我吹嘘的本领。

正如“伯乐相马”的故事：伯乐是我国古代著名的相马师。有一天，伯乐听说北方来了一匹好马，就急忙赶到马市。买马的人看见伯乐，立马热情地迎上去说，这里有一匹好马，你看它身材壮硕，毛发油亮，叫声洪亮动听。伯乐却说，那可不一定。指着不远处一匹埋头吃草的瘦骨嶙峋的马说：“这才是一匹好马！”买马人不信。认为伯乐是在开玩笑。可伯乐接着说：“相马与相人一样，真正的千里马，是胸有成竹，气势非凡，是不会自吹自擂、嘶叫不休的！”于是伯乐让两匹马赛跑，果不其然，瘦马果然日行千里。

这则故事告诉我们：没有真才实学的人，即使外表如何的华丽，言语如何的自我吹嘘，都不能受到别人的尊重。

相较于现在，很多人自认为自己很有才学，就喜欢在他人面前吹嘘，称赞自己取得过什么什么的成就，实不知人们是十分反感这种自以为是的、虚伪的人，有德有才之人才是他人所敬仰之人，也是众望所归。

铁杵磨针

一个德才兼备之人，并不是靠着天上掉馅饼的机会成就的，必须秉着坚持不懈的毅力，刻苦钻研学问，提高自身的修养，也就是只有秉着“铁杵磨成绣花针”的功夫才可以成就一番事业。

伯乐相马

相马和相人一样，真正的千里马，胸有成竹，气势非凡，是不会自吹自擂、嘶叫不休的，而没有真才实学的人即使外表再华丽，言语再如何自我吹嘘，都不能得到人们的尊重。

伯乐相传为秦穆公时的人，姓孙名阳，善相马。古代春秋战国时期人。

秘技藏私，妒才忌能

［原文］

己有能　勿自私　人所能　勿轻訾

★ 解读

原文的意思是：当你有能力可以服务众人的时候，不要自私自利，只考虑到自己，舍不得付出。对于他人的才华，应当学习欣赏赞叹，而不是批评、嫉妒、毁谤。

古往今来，社会中存在着一种不良风气。一些人对于请教自己学识之人，抱着一种"秘技藏私"的心理，而对于比自己有才学之人，抱着一种"妒忌"的心理。这种坏的风气，则是因为自己在某方面的学识技能十分出众，他人前来请教时，只是教授一些简单的、肤浅的东西，而高深的内容却不肯传授，生怕他人学成之后，超过自己，总是给自己留一手，没有全盘传授。这样，就导致很多优秀的学识与技艺得以失传，造成一种人类文化的缺失。而还有一种人自视甚高，看不起不如自己的人，而妒忌比自己优秀的人，想方设法找寻一些方法，运用一些手段诬陷他人，满足自己的嫉妒心理。这样做的结果一定是自己身败名裂，自食恶果。

李斯和韩非子是同学，他们学的都是法家理论，都主张严刑峻法以治民。两人的差别在：李斯出身于楚国平民，是实践家；韩非子出身于韩国宗室，是理论家。韩非子写下了《五蠹》等一系列著作，阐述他的理论主张。当时秦王读了之后，极为欣赏，向韩国发兵，索要韩非子。韩非子遂入秦国。但还没见到秦王，他的同学李斯就开始陷害他。李斯嫉妒韩非子的才华比自己高，怕被秦王重用，自己坐冷板凳。于是李斯在秦王面前进谗言说："韩非子，是韩国贵族子弟。现在大王要吞并各国，韩非子到头来还是要帮助韩国而不帮助秦国，这是人之常情啊！如今大王不任用他，在秦国留的时间长了，再放他回去，这是给自己留下祸根。不如给他加个罪名，依法处死。"秦王听后觉得有理，下令囚禁了韩非子。李斯派人给韩非子送去了毒药，叫他自杀。韩非子欲见秦王申诉不得，在狱中愤而自尽。后来秦王后悔了，派人去赦免他，可惜韩非子已经死了。后来李斯被赵高诬陷，同样没有机会申冤，被腰斩而死。

常言道："天道好还"，"因果报应"，一个人种什么因，得什么果。一个真正有德有才之人，根本不会因为妒忌而使自己的德行、才华受损，他们考虑的往往是他人，是社会国家的整体利益，绝不忌讳把自己的所有技艺传授给大众，而对于他人的才华，也是在赞叹之余懂得欣赏、学习他人的长处，补给自己的短处。

嫉妒之祸

韩非子的学说，深受秦王的喜欢，但遭到李斯的妒忌，李斯怕秦王重用韩非子，使自己的地位不保，于是在韩非子出使秦国时，李斯挑唆秦王，扣押韩非子，并用毒药毒死了他。造成韩非子冤死。

因果报应，种什么因得什么果。李斯陷害自己的同门师兄弟致死，最后自己却被赵高陷害，落得个腰斩东市的下场。

一个心存嫉妒之心的人，看到比自己学识、技艺高的人，就会心生妒忌，想方设法地运用手段迫害他人，把他人的痛苦建立在自己的快乐之上。这样的结果必定是自己身败名裂，或者更严重的情况，就是自己自食恶果。

嫌贫爱富，喜新厌旧

［原文］

勿谄富　勿骄贫　勿厌故　勿喜新

★ 解读

原文的意思是：不要去讨好巴结、曲意逢迎富有的人，也不要在穷人面前骄横无礼，或者轻视他们。不要喜新厌旧，对于老朋友要珍惜，不要贪恋新朋友或新事物，厌弃老朋友，丢弃旧事物。

谚语有云："锦上添花时常有，雪中送炭古来稀"。一些凡夫俗子们都会持有一种"喜新厌旧"的心态，不仅对于物品上，对人也是如此。讨好巴结，曲意奉承有钱有势之人，轻视、厌弃穷苦人。更有甚者，为了攀附权贵，趋炎附势，不惜把他人踩在脚下，往上攀爬。看见他人倒霉，不仅不帮忙，反而落井下石。这样说来令人心寒。殊不知人的境遇不可能总是一成不变，而是"十年河东，十年河西"。总是有所变化的。

在《朱子治家格言》里面有一句话说道："见富贵而生谄容者，最可耻；见贫穷而作骄态者，贱莫甚。"自身贫穷，见到有钱有势的人就露出一副点头哈腰、奉承拍马的卑贱神态，这种向人讨好的人，是最可耻的；而富贵的人如果遇到贫穷的人，就露出一副不可一世，傲视对方的神情，这种人的人格就是最低贱的。

《论语·学而》中："子贡曰：'贫而无谄，富而无骄，何如？'子曰：'可也。未若贫而乐，富而好礼者也。'"虽然贫穷也不谄媚，虽然富有也不骄傲，这样的人，在孔子看来，可以算是还行，只是应该更上一层楼，贫穷仍能乐道，富贵仍然好礼！可见古代圣贤们对于贫穷与富有没有偏颇的看法：贫穷时，没有怨天尤人，而是安贫乐道，可以乐得做君子；富贵时，没有骄奢淫逸，而是谦恭有礼，不会因有钱而一百八十度地转变对人的态度，也懂得接济一些穷苦的人。因此，我们不管身处富有还是贫穷时，都应该心安理得地去生活。

东汉时期，宋弘做司空的时候，正值光武帝刘秀的姐姐湖阳公主的丈夫刚刚去世，光武帝就和湖阳公主谈论朝里的臣子，试探她的意思。湖阳公主说："宋公有很威严的容貌和很有道德的品行，在众位臣子里没有一个赶得上他的。"光武帝听了，就去对宋弘说："俗语说，做了官，好把贫贱时候的朋友换过了；有了钱，好把穷苦时候的妻子换过了，人情上不都是这个样子吗？"宋弘说："臣闻'贫

锦上添花时常有，雪中送炭古来稀

锦上添花，是你在最风光得意的时候，许多的人都来恭维你，朝拜你。是你高坐在高堂之上，所谓的朋友在对你大呼‘万寿无疆’。此举可以让你威风的时候更威风，风光的时候更风光。锦上添花之人，犹如在你胜利嘉奖之时，为你点响鞭炮的人。当你得意时，你的朋友会很多，多得你有时自己都分不清在哪里见过他，什么时候认识他的。

当你排除万难，穿过险峰，越过险阻时，那些给你送来花环，拿着美酒佳肴前来祝贺的人，你要当心，他们只是锦上添花的人，他们给你的友谊并非真诚可靠。真正的朋友间，需要的是雪中送炭，而不是锦上添花！

雪中送炭，是你在寒冷的时候，孤独无援的情况下，一个人给你送来一盆火炭。哪怕是小小的一盆火炭，让你取取暖，也有让你熬过严寒活下去的可能。

雪中送炭，是你在穷途末路之际，你最真诚的朋友为你伸出的援助之手，把你拉出火坑，带你走出困境。是你在最需要、最渴望别人帮助的时候，有人来帮助你，这个人，就是雪中送炭之人。也犹如你即将渴死在沙漠中，别人给你一口救命甘泉一样。

古人云：富在深山有远亲，穷在闹市无人问。也是世态炎凉与锦上添花相对比的写照。人生在世，没有一帆风顺的，总会有许许多多的艰难与困苦。当你遇到断崖险阻时，你需要的是帮助你架桥搭梯，雪中送炭的人。在这时帮助你的人，才是你真正的朋友。

贱之交不可忘，糟糠之妻不下堂。”这就是说，凡是贫贱时候交的朋友，是不可以遗忘的，同过甘苦吃着糟糠的妻子，是不可以离异的。光武帝听后，很赞赏他，于是，就取消了给湖阳公主招宋弘为婿的打算，劝说湖阳公主放弃宋弘，另招他人。

宋弘的故事告诉我们，对朝夕相处的妻子念念不忘，而不去讨好巴结富有的人。而现在有些人，富有了，当官了，就不尊重夫妻间同患难的艰难岁月，喜新厌旧，同妻子离婚，这种做法，是很损自己阴德的，让自己的祖宗蒙羞，所以我们应该向宋弘学习，夫妻应该既能共苦，更能同甘，建立一个美满幸福和谐的家庭，夫妻相伴白头偕老，为后代子孙树立一个良好的榜样。

古往今来，假使人与人之间的交往是建立在金钱的关系上，这种所谓的情谊可谓是一击而破，十分的易碎。没有什么价值可言，还有就是一种“喜新厌旧”的心态，拥有了新的事物，就觉得旧的物品很是碍眼，也就是人们常说的“旧的不去，新的不来”，这可谓是人的一种通病，但在一些英雄豪杰、至圣先师们身上却没有发生。这是为何？因为他们的身上永远都是把“忠孝仁义”作为自己的人生航标，绝不会贪图一时的满足，阿谀奉承有权势的人。他们把心中的品德看做是人生最大的财富，不是金钱这种外在的事物所能衡量的。永远保持着心中的浩然正气，不为权势、金钱所左右。像文天祥在金钱、权势面前还是信心坚定，丝毫没有动摇自己从容就义的决心，在临死前写下千古名句“人生自古谁无死，留取丹心照汗青”这种不为金钱、权势所诱惑，仍保持一种浩然正气，成为后世学习的榜样，影响着一代又一代人。

所以，这也是在告诫今人，我们生活在世界上，应当心胸坦荡荡，要有气节，要有志气，保持一种素富贵，素贫穷的心态。切勿贪图富贵，攀龙附凤，且懂得珍惜身边的人，不要喜新厌旧。假使你不懂得珍惜，你会轻视别人，同时别人也会瞧不起你。丢失了一份好的友情。这样如果哪一天你落寞了，别人一样的也会瞧不起你。所以人与人之间，我们应该要珍惜。富贵的时候，不忘要多施舍；贫贱的时候，不忘自己要好自为之，要努力自强不息，自然能改造环境，创造好机会。还要珍惜老朋友，毕竟相交多年，最熟悉你的人还是他们，而不是新朋友。

宋弘念旧

凡是贫贱时候交的朋友，是不可以遗忘的，同过甘苦吃着糟糠的妻子，是不可以离异的。

人生自古谁无死，留取丹心照汗青

文天祥是宋末抗元名将，后被元军所俘。元军统帅、丞相以及元始祖再三劝降，文天祥不屈，被囚于一土牢。处境恶劣，而文天祥以羸弱之躯坚持两年。并在狱中写下千古名篇《正气歌》，以表明自己的忠贞。

《正气歌》讲述了历代为正义而奋斗，坚守气节，舍生取义之士十余人的事迹。

文天祥慷慨就义之后，人们才发现，在他的腰带上写着：“孔曰成仁，孟曰取义，惟其义尽，所以仁至。读圣贤书，所学何事？而今而后，庶几无愧。”表现出坚贞不屈的浩然正气。

人所忙勿搅之，人所烦勿扰之

［原文］

人不闲　勿事搅　人不安　勿话扰

★ 解读

原文的意思是：对于正在忙碌的人，不要去打扰他，当别人心情不好，身心欠安的时候，不要闲言闲语干扰他，增加他的烦恼与不安。

古往今来，总是有一些人并非恶人，但是总是招致他人的厌恶，自身也不明白其缘由；有一些人做事自认为是乐于助人、帮助了别人，实不知却造成他人的祸患，没明白其为何好心办了错事？归根究底：就是没有在适当的时间、适当的地方，说适当的话，办适当的事。

所谓“察言观色”，就是在与人交谈时，要注意谈话的时机、场合、他人的状态等诸多因素是否适当。这样，人际关系才会融洽，才不会招人厌恶。反之，若他人正在忙碌，没有时间理会你，你却还在那里喋喋不休、讲个没完，也就是所谓的“对牛弹琴”，他人根本就没有听你在说什么；或者是他人身体抱恙，你却还在那里闲言闲语，实不知这样已经引起他人的厌恶、反感，以至于给他人造成“雪上加霜”的不好后果。可见，这种言谈也是一门艺术，不可掉以轻心，没有节制。应坚持“抓住重点，长话短说，闲话少说”为最基本的准则。

古人常说：仁者宅心仁厚，不忍伤人烦人，故通常寡言；智者观察入微，不会失人失言，故通常慎言。这样，仁者寡言不会招惹祸端，智者慎言不会招来仇怨。只要自我约束，管好自己的口舌，懂得察言观色，那么“祸从口出”的概率就会微乎其微。

三国时期，魏明帝最疼爱的一个女儿死了。魏明帝十分悲痛，决定厚葬她，并且表示自己要亲自去送丧。这时，大臣杨阜劝谏明帝说：“过去，先皇和太后去世时，皇上您都没有去送丧，现在女儿死了却去送丧，这与礼法不合。”杨阜说得有道理，但他却唠唠叨叨地说个不停。当时魏明帝正处在悲痛之时，所以，他不仅没有理会杨阜的意见，还把他赶出了朝堂。杨阜落得这样的下场，完全是因为他说话不看时机的结果。

与现在相比，我们生活的周围也常有这样的人，不管他人是不是在忙，情绪是不是很好，只要抓住说话的机会，就像倒豆子一样，嘴一刻也不停地在说，即使看到他人不好的表情也是毫无察觉，说个没完。以至于他人慢慢地疏远你。所以当我们需要人帮忙的时候，眼睛一定要放亮，仔细观察，对方是不是很忙；很忙的时候，我们就要减少打扰的次数，尽量不去麻烦他人。人不安的时候，我们看到人生病，或者情绪不好的时候，我们应该让他有好好休息的时间，尽量不去打扰他人清修。

对牛弹琴

公明仪对这一只吃草的牛弹琴，牛却无动于衷，继续吃着草，根本不理会弹琴人弹的是什么。

当一个人处在忙碌的时候，你去找他谈话，他人根本无心听取你在说什么，反而会引起他人的厌恶。因此，我们在看见他人忙碌的时候最好不要去打扰他人，要懂得察言观色。

不合时宜的劝说

假使一个人情绪低落、身体不舒服时，我们最好不要找话对他说个没完，增加他人的烦恼和不安，给人造成雪上加霜的不好后果。

魏明帝痛失爱女，悲痛万分，决定厚葬爱女并亲自去送葬。但大臣杨阜喋喋不休说个没完，说："先皇与太后过世，皇上都没有亲自去送葬，现在公主死了，却要亲自去送葬，这样不合礼数。"惹得魏明帝把杨阜赶出朝堂。

人有短勿揭穿，人有私勿张扬

［原文］

人有短 切莫揭 人有私 切莫说

★ 解读

原文的意思是：发现了别人的缺点，千万不要去揭穿，发现了他人的隐私，切忌不要到处张扬。

《太上感应篇》云："不彰人短，不炫己长。遏恶扬善，推多取少。受辱不怨，受宠若惊。施恩不求报，与人不追悔。"也就是说世上没有完人，每个人的身上或多或少都是会有缺点的。发现他人的缺点过失，尽量要婉转地为他加以掩饰，或者在无人的情况下规劝他人改过。假使在很多人面前，揭发他人的短处不说，还到处宣扬，这不仅伤害他人的自尊心，也证明自己的无知和缺德，是用自己的短处来攻击别人的短处。

中国有句古训："说人是非者，便是是非人。"其意也是在说在人背后说人是非，张扬他人隐私，实则无异于暗箭伤人，挑拨是非的可耻小人。是一种很损德行的事情。

古人言："凡一事而关人终身，纵然确见实闻，不可搬上口边；凡一语而伤我厚道，虽然闲谈酒谑，应谨慎不要溜出口。"有时一件简单的事情会影响一个人的一生，即使是自己亲眼所见，也不要拿来到处张扬，并且在闲谈与醉酒之中，也要把好自己的口舌。切忌不可说人是非，招惹不必要的麻烦。

古往今来，人们最烦恼的事情莫过于自己的过失、隐私成为他人闲聊的话题，被流言蜚语所缠绕。过得寝食难安，时时提防他人，丧失了对人的信心。不过，大可不必要，只要自己行得正，坐得端，即使有一些小的过失，成为他人的谈资，也不要放在心上，随着时间的流逝，自然而然这种流言会消失的。何况，那些喜欢到处说人是非的人，往往也会自食恶果，进而遭到别人的排挤。

明代著名文人文征明，天性就不喜欢听取别人的过失。只要一有人想和他说别人的是非长短时，文征明一定会马上巧妙地运用其他话题岔开，使这些人不能说别人的坏话。这样的行为，文征明保持了一生都没有改变。最终成为别人敬重的对象。

因此，己所不欲，勿施于人，做人就应当保持一种隐恶扬善的态度，在发现他人的过失、隐私时，也要守口如瓶，不要四处张扬。

己所不欲，勿施于人

自己正直就会认为他人也正直，自己心不正就会怀疑他人心也不正。所谓推己及人，就必须做到“己所不欲，勿施于人”的程度。

孔子最重视忠恕之道，而时常以诚待人，这样就合乎忠恕之道，所以圣人孔子曾说：“尽己之谓忠，推己及人之谓恕”。

说人是非者，便是是非人

古训：“说人是非者，便是是非人。”其意也是在说明小人终是在人背后说人长短，道人是非，实则无异于暗箭伤人，挑拨是非的奸险之人，有损自己的德行，而君子做人往往都是坦荡荡，从不在人前背后说人是非，张扬他人的隐私。因而，古语有云：“平生不做亏心事，半夜不怕鬼叫门。”

赞人善犹作善，人知之愈更勉

[原文]

道人善　即是善　人知之　愈思勉

★ 解读

原文的意思是：赞美他人的善行就是行善。当对方听到你的称赞之后，必定会更加勉励行善。

在《礼记·中庸》中孔子说："舜其大知也与，舜好问而好察迩言，隐恶而扬善，执其两端，用其于民。其斯以为舜乎。"意思是：孔子说，舜是一个心中藏有大智慧的人。喜欢时常向人请教问题，又善于观察他人的言行，分析他人言行中的话意。隐藏他人的坏处，宣扬他人的好处，在他人过与不及两端的意见中都能掌握，且采纳适中的用于老百姓，这就是舜本人。

谚语说："宽水养鱼终究好，莫因爱恶起风波。"如果鱼要养得好，就必须把它放在宽广的水域中；如果人与人之间要相处得融洽，就不要时时在心中存有爱恶。中国传统观念中的"爱"，往往都是爱之深，责之切。父母疼爱孩子越深，就希望他有好的前途，假使达不到要求，就会被父母责罚。所以，爱越深恨也越深，按理说，人应当宽厚一些为好。"爱人者，人恒爱之；敬人者，人恒敬之。"我们保持一种谦恭的态度称赞他人，他人在得到了赞扬之后，有了前进的动力，就会更加发愤图强，更上一层楼。

蔡邕是东汉时期杰出的文学家，当时，蔡邕在朝野名重一时，常常是宾客盈门。但是，蔡邕从不高傲，非常尊重有才学的人。有一位年轻的才子叫王粲，出身名门望族，才学出众。一天，王粲来到长安，去拜访蔡邕。蔡邕听说王粲来了，马上出门相迎，甚至把鞋子都穿倒了。他把王粲迎进家中，向宾客们进行了介绍，并对王粲大加赞誉。王粲为此深受鼓舞，后来王粲成为著名的文学家，被誉为"建安七子"之一。

因此，我们要懂得欣赏他人的才华，适时地称赞他人，给予他人前进的动力，还有就是，当众人都听到很多善人的行善事迹，随之人人都有了效仿之心，付诸与行动中。这样不仅他人受益，自己的修养也得以提升，你生活的周围环境也会变得越来越和谐。

倒屣相迎

一个人得到了他人的称赞，得到了鼓励，拥有了信心，会更加努力，必将取得可喜的成绩，更上一层楼。

蔡邕很欣赏王粲的才学，听说王粲前来拜访，高兴地出门迎接，以至于情急之下，把鞋穿倒了，这就是有名的“倒屣相迎”的典故。

王粲在众人面前，蔡邕给予自己的称赞很受鼓舞，此后发奋学习，最终成为了“建安七子”之一。

建安七子

建安七子
孔融，长于奏议散文，作品体气高妙。
王粲，诗、赋、散文，号称“兼善”，其作品抒情性强。
刘桢，擅长诗歌，所作气势高峻，格调苍凉。
陈琳，以章表书记闻名当时，在诗歌方面也有一定成就，其风格比较刚劲有力。
阮籍，以章表书记闻名当时，在诗歌方面也有一定成就，其风格比较自然畅达。
徐干，诗、赋皆能，文笔细腻、体气舒缓。
应炀，诗、赋皆能，其作品和谐而多文采。

扬人恶犹作恶，人知之招祸患

［原文］

扬人恶　即是恶　疾之甚　祸且作

★ 解读

原文的意思是：宣扬他人行为上的过失或缺点，就等于是做了一件坏事。如果总是指责批评他人，他人就会憎恨你，就会给自己招来灾祸。

古人讲："口乃福祸之门。"如果时常在背后说别人的过失或缺点，起初可能只是因为一时的私欲，说人是非，贬低他人，提高自己，但久而久之，这就会养成一种坏的习惯。一有闲暇时间，或者与人交谈时，不免就讲起他人的是非、过失来。没有发觉这其实也是在造恶，是一种坏的行为，这样，难免不和很多人结怨，遭来祸患，自食恶果。因此，我们应当"静坐常思己过，闲谈莫论人非"，控制住自己的口舌，不该说的话坚决不说。

《论语·泰伯》中，孔子说："一个失去仁爱之心而只知作恶的人，如果过分厌恶他，使他承受不了，他的情绪就会被激怒而变本加厉，造成更严重的后果。"因此平时谨言慎行，隐恶扬善，这样不仅可以避开祸害，更有助于养成淳厚、仁爱的本性。

许攸少时曾与曹操为友，后来做了袁绍的谋士。在官渡之战的时候，因为献计给袁绍而没有被采纳，同时因自己的子侄犯罪被袁绍所抓，遭袁绍训斥，心中甚为不满，遂投靠了曹操。曹操听闻许攸到来，大喜过望，鞋都没穿就跑出来，拊掌大笑说："许攸，你能来，实在是太好了。"正因当时曹操礼贤下士，许攸在官渡之战中献计给曹操，使得曹操大获全胜，袁绍大败。然而，许攸从此认为自己功不可没，到处口无遮拦，口出狂言，说："正是由于他的计策，才使袁绍大败，不然曹军早被灭了，更何况曹操他有什么才华？"正是许攸的这种狂妄，引得曹军将士的反感，最终被许褚一怒之下杀死。

这就是三国时期，有名的"许攸之死"的典故。正是由于许攸的狂妄，自视功高盖主，好大喜功，招致自食恶果。所以，人与人相处，不要瞧不起人，言语也不要过分刻薄，更加不要在背后说人过失，否则会给自己招惹不必要的麻烦。俗话说"狗急跳墙"，当他人被怨恨冲昏了头脑时，就会寻求报复，造成双方的损失。这样就得不偿失了。

静坐常思己过，闲谈莫论人非

“静坐常思己过”讲的是一个人要严于律己。要经常沉静下来自省自己的过失，进而以是克非、为善去恶。语出《论语·卫灵公》：“躬自厚而薄责于人，则远怨矣。”即是说多反省自己而少责备别人，怨恨就不会来了。

“闲谈莫论人非”讲的是一个人要宽厚待人。在闲谈的时候莫议论别人的是非得失，宽厚待人，隐恶扬善。源出《文子·上义》：“自古及今，未有能全其行者也，故君子不责备于人。”即是说人无完人，故有德行的人不责备于人。如何宽厚待人、不论人非呢？

许攸之死

许攸年轻时与曹操友善，后成为袁绍的谋士，官渡之战，许攸因家人犯法被收治而投奔曹操，建议曹操偷袭乌巢，结果大获全胜。战后，许攸跟随曹操到达邺城，许攸自持功劳大，不把任何人放在眼里。居功自傲，口出狂言，数次故意讥讽曹操，轻视曹军将士，被许褚一怒之下杀害。

善恶相劝，品行相随

［原文］

善相劝　德皆建　过不规　道两亏

★ 解读

原文的意思是：彼此之间行善要相互劝勉，就能建立良好的品德修养；若有了过错而彼此不相互规劝，双方都会在品行上留下缺陷。

看到别人有过失，出现了错误，要及时地加以劝导。如果没有去规劝，那么他的恶行就会继续下去，他就会变得越来越堕落、沉沦，这样不仅他的品德有所败坏，同时你的良心也会受到谴责，有损于自己的品德，进而不能建立良好品德。

在规劝时，一面就是要注意方法、时机，还要注意对方现在的心态，衡量对方接受的程度，最后用尽自己的力量帮助他，讲话的态度一定要委婉、真诚，要顾及对方的颜面，这样他人才有可能接受，达到规劝的作用；另一面就是，在劝导他人时，切忌在人多嘈杂的地方，要坚持“扬善于公堂，规过于私室”的原则，这样才能使对方不受到伤害，达到规劝的目的。

俗话说，“君子之交淡如水，小人之交甘若醴”，淡而无味的清水是我们生活中的必需品，不可能一日或缺，然而甘甜的蜜糖，则不可能天天都在吃，因为太甜的东西容易使人产生腻味的感觉，或者导致蛀牙的生成，影响消化，而清淡的水却不这样，因此，我们时时需要的就是朋友的支持与劝谏。然而维系朋友之间交往的，不单单是情感，还在于一个“义”。若只有情感的维系，那么不可能存在长久的朋友，就如鲜花的盛开，只有一时的芬芳，却不能长久。而在情感的基础上，讲求仁义道德，那人们常说“为朋友，两肋插刀，赴汤蹈火，在所不辞”。朋友是这样，在古代的君臣关系中也是这样的。

唐太宗可谓是历史上的一代明君，在唐太宗统治时期，出现了名垂千古的一代谏臣魏征。魏征本是李建成的僚属，玄武门之变以后，李世民由于早就器重他的胆识才能，非但没有怪罪于他，而且还把他任为谏官，并经常引入内廷，询问政事得失。魏征喜逢知己之主，竭诚辅佐，知无不言，言无不尽。加之性格耿直，往往据理抗争，从不委曲求全。

有一次，唐太宗得到一只名贵的小鹞鹰，十分的喜欢，便拿在手中把玩，且

君子之交淡如水，小人之交甘若醴

此句节选自《庄子·山木》："且君子之交淡若水，小人之交甘若醴；君子淡以亲，小人甘以绝。"

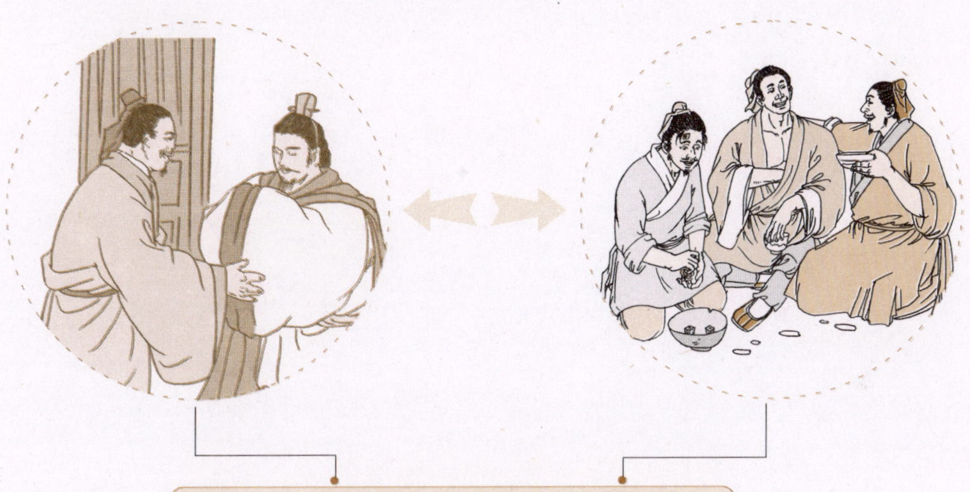

君子之间的交往是淡然如水，小人之间的交往甘甜如蜜。君子间的交往虽然平淡，却会在你困难的时候如亲人般伸手援助，而小人之间的交往虽然甘甜，但会在你需要帮助时，与你绝交。

先秦庄子学派的创始人

庄子（约前369年－前286年），汉族。名周，字子休（一说子沐），后人称之为"南华真人"，战国时期宋国人。著名的思想家、哲学家、文学家，是道家学派的代表人物，老子哲学思想的继承者和发展者，先秦庄子学派的创始人。他的学说涵盖着当时社会生活的方方面面，但根本精神还是归依于老子的哲学。后世将他与老子并称为"老庄"，他们的哲学为"老庄哲学"。

他的思想包含着朴素辩证法因素，主要思想是"天道无为"，认为一切事物都在变化，他认为"道"是"先天生地"的，从"道未始有封"，属主观唯心主义体系。主张"无为"，放弃一切妄为。又认为一切事物都是相对的，因此他否定知识，否定一切事物的本质区别，极力否定现实，幻想一种"天地与我并生，万物与我为一"的主观精神境界，安时处顺，逍遥自得，倒向了相对主义和宿命论。在政治上主张"无为而治"，反对一切社会制度，摈弃一切文化知识。

训练小鹞鹰一些简单的技能。正玩得高兴时，唐太宗看见魏征从远处走了过来，怕魏征说自己玩物丧志。于是就把小鹞鹰藏在了袖筒里，等魏征走后打算再玩。魏征早已看到了太宗的举动，故意奏事很久，致使小鹞鹰最后被蒙死。

再则就是，长孙皇后的亲身女儿长乐公主出嫁，因为唐太宗最疼爱长乐公主，于是命令准备丰盛且隆重的嫁妆，这些嫁妆远超于太宗的姐姐永嘉公主。魏征却说："长乐公主之礼若过于永嘉公主，于情于理皆不合，长幼有序。规制有定。"唐太宗觉得有理就只好答应了。长孙皇后听说以后，非但没有失望，还在唐太宗面前赞叹道："陛下以前十分敬重魏征，贱妾不知其故；现在听了这番劝谏，才知道魏征的确是国家栋梁！"

魏征时常在朝堂之上，劝谏唐太宗，有时言辞激烈，丝毫不留情面给唐太宗，致使一次唐太宗十分恼火。在回后宫的路上，生气地说："朕非杀了这个乡下的老头子不可！"长孙皇后听到后忙问怎么回事。知道事情原委之后，长孙皇后退下，换上了隆重的礼服，恭敬地站在庭阶上。唐太宗不解，长孙皇后说："臣妾听说君王如果圣明，臣子自然正直。今天魏征如此的正直，全是因为皇上的圣明，臣妾怎么不道贺呢？"这样，唐太宗一下就高兴了，自然解开了心结，打消了杀魏征的想法。长孙皇后正是运用了自己的智慧，保全了唐太宗的颜面，也保全了魏征的性命。

因此，唐太宗统治时期，正是有像魏征一样的忠臣进谏，又有长孙皇后的贤婉淑德，才出现了贞观之治。这样，明君、贤臣、德后，一直流芳百世，成为世人学习的榜样。

对于今天的人们来说，原文也意在强调做人要懂得隐恶扬善的道理。懂得人间最珍贵的情感就是：亲情、友情、爱情。因此，当我们处在这三种情感当中时，发现了他人身上的缺点、过失，应当及时地给予规劝，防止他人越陷越深，掉入罪恶的深渊，无法回头。规劝他人，也是在行善，带人脱离苦海，使双方的品德都有所提高，建立良好的情感网络。

明君、贤臣、德后

贤臣

魏征（580—643）字玄成，唐初杰出的政治家、思想家、史学家。玄武门之变以后，李世民由于早已器重他的胆识才能，非但没有怪罪于他，而且还把魏征任为谏官，并经常引入内廷，询问政事得失。魏征喜逢知己之主，竭诚辅佐，知无不言，言无不尽。加之性格耿直，往往据理抗争，从不委曲求全，成为历史上有名的谏臣。

明君

李世民（599—649），是唐朝第二位皇帝，政治家、军事家、书法家、诗人。即位后，积极听取群臣的意见、努力学习文治天下，成功转型为中国史上最有名的政治家与明君之一。唐太宗开创了历史上的“贞观之治”。他不拘一格地用人，对人才的使用及领导达到了极高的境遇；且独具慧眼，看到了个人力量的不足，充分认识到君王如石、良臣如匠，方有美玉问世，对大臣的各项进步之言豁达地予以采纳。

德后

唐朝著名的贤后，中国历史上最伟大的皇后之一，当代历史学家评论最知性的皇后。秦王妃期间，众臣属就莫不感激，在皇后位，治理后宫井井有条，对贞观政策路线颇有影响，一生得到唐太宗的专宠，去世后，太宗皇哀伤不已，建层观远眺昭陵，自后未再立皇后，皇后所生晋王和晋阳公主被太宗亲自带在身边抚养，太宗崩，与皇后同葬一穴，开创帝后合穴先例。

取与明细，取少与多

［原文］

凡取与　贵分晓　与宜多　取宜少

★ 解读

原文的意思是：无论是从别人手里得到东西，还是把东西送给别人，都要分别清楚明白。给予别人的东西应该多些，获取别人的东西应该尽量少些，这样才能广结善缘，与人和睦相处。

人与人相处，交往必有“取与”。与，给人；取，人给。取与之道，贵在仁和。若取与不当，彼此间产生怨恨，造成误解，不仅伤及他人的信任，也伤及自己的信心。取与之法，一要分明，二要取少与多。分明，就是以不沾他人便宜，不斤斤计较，患得患失。而“取少与多”者，定是明理者。人非草木，孰能无心。与人多者，必取人心。古人云，“得人心者得天下，失人心者失天下”。

今欲得天下之财，而反失利人之心，甚或弄虚作假、沽名钓誉、坑蒙拐骗，何其糊涂。在金钱、权势方面，要懂得取舍，只有懂得舍才会有所得。所以古人有句话说：舍的愈多，所得的也愈多，你得福更多。所以，谁先舍，谁先得；大舍大得，常舍常得，不舍绝无得之理。舍的之得，不仅得利，更得信心、信任、尊严、喜悦。今人取利，取利而损伤信心、信任及尊严，亦损家业，故得不偿失。

但古往今来，还是有那么一些人很怕与，心中觉得如果与了他人，自己就没有了，往往很难摆脱这种错误的心理。这其实是只看到了眼前，没有想到以后，假使你与了，则不仅成全了自己的德行，帮助了他人，给自己积累了福报。当你与的越多福报也越多，自然在往后就会得到回报。这就是有得必有失，有失必有得。“天道无亲，常与善人”，这是亘古不变的真理。

《越中杂识》记载：刘宠，字祖荣，东来牟平人，以明经举孝廉。东汉桓帝时，拜受会稽太守。当时会稽郡地处偏远，地势偏僻荒凉，再者，由于当时的贪官剥削压迫，百姓的生活十分的艰苦。后刘宠担任太守后，改革弊政，减免了苛捐杂税，鼓励人民耕种，为治河患，身先士卒上堤修筑堤坝。视当地百姓为自己的父母亲，为官清正廉洁，为百姓做了许多好事。在《后汉书》中说：“宠治越，狗不夜吠，民不见吏，郡中大治。”后来，刘宠离任时，会稽的百姓都依依不舍，成群结队、扶老携幼来给刘大人送行。其中有一位老翁，把一串铜钱送给他，可他坚决

取与之道

人与人相处，交往必有“取与”。要懂得取舍，只有懂得舍才会有所得。所以古人有句话说：舍的愈多，所得的也愈多，你的福更多。所以，谁先舍，谁先得；大舍大得，常舍常得，不舍绝无得之理。舍的之得，不仅得利，更得信心、信任、尊严、喜悦。今人取利，取利而损伤信心、信任及尊严，亦损家业，故得不偿失。

一钱太守

刘宠在会稽做太守时，勤政廉洁，为民造福，深得民心；离任时，百姓扶老携幼前来送行，赠与他钱财，刘宠只取一文钱；随后离开，看不见百姓时，将一文钱投入江中，并感慨道：“为官之道，舍一分则民多一分赐，取一文则官少值一文钱！”

《后汉书》中称赞刘宠：“宠治越，狗不夜吠，民不见吏，郡中大治。”

不要，后来在老翁的再三恳求下，他才收了一枚铜钱，就和众人挥泪告别。当他走出阴山界至西小江时，投钱于水中，感慨道："为官之道，舍一分则民多一分赐，取一文则官少值一文钱！"后来据说刘宠投钱后，投钱地段的江水更加清澈。为纪念这位勤政清廉、为民造福的太守，人们就称此地为"钱清镇"，称这段江为"钱清江"，并建造了"一千太守庙"，又在临江构筑一亭，起名"清水亭"。

这就是有名的"一钱太守"的典故。故事告诉我们：只要懂得了取与之道，就会在日常生活中，行善，懂得舍就是得的道理，就会建立正确的人生价值观，为子孙后代造福。

又如安徽省桐城的名胜古迹"六尺巷"的由来：明朝，有两户官宦人家，两家毗邻而居。其中张家有人在朝中当御史，吴家有人在地方当指挥使。平常两家礼尚往来。后来，两家因为院墙的事发生了争执，都说对方侵占了自家三尺宽的地盘。为此，他们两家人都很生气。御史的家人修书一封，想让京城的御史以他的权势来解决这个问题。御史接到信后，很快就回了一封信。信中写着："千里修书只为墙，让他三尺又何妨？万里长城今犹在，不见当年秦始皇！"家人接到信后，明白了其意，之后就将院墙后撤了三尺。吴家人听闻后，也明白了其意，也后退了三尺，从而形成了一条六尺宽的街道。这样，一条六尺宽的大巷出现在两家宅院外。

现在，我们看看周遭的人，对于取与方面，往往不懂得人与人之间要讲义。而懂得讲义之人，他会觉得在取与当中，是不是合宜，这样做对与否，都会量力而行；而不懂得讲义之人，就会在取与当中，根本不顾及这些东西是否可以占为己有，都会中饱私囊，占为己有。这也就是孔子所说的，"君子喻于义，小人喻于利"的道理。

所以在很多生活中的小细节处，我们要明白，与人施的愈多，你所获得的也愈多，广结善缘，这样当你处在危难之时，必定会有无数双手向你伸来。

各退一步　天宽地阔

包容忍让、平等待人，取与有道广为一种美德，在我们古代已经提倡，但真正能做到的人并不是很多，尤其涉及自己切身利益的时候。心胸宽广、放眼远处、恭谦礼让的人无论在何时都是受人尊敬的。因此，在物欲横流，钱、权当头的今天，这种美德，我们还是有必要遵循的。

千里修书只为墙，让他三尺又何妨？万里长城今犹在，不见当年秦始皇！

“六尺巷”，张家人与邻居吴家在宅基地问题上发生了争执，家人飞书京城，让御史借助自己的势力解决这件事情。而御史回信说道：“千里修书只为墙，让他三尺又何妨。万里长城今犹在，不见当年秦始皇。”家人见书，主动在争执线上退让了三尺，下垒建墙，而邻居吴家人也深受感动，退地三尺，建宅置院，于是两家的院墙之间有一条宽六尺的巷子。这就是有名的“六尺巷”。

己所不欲，勿施于人

[原文]

将加人　先问己　己不欲　即速已

★ 解读

原文的意思是：事情要加到别人身上之前，先要反省，问问自己：换作是自己，喜欢不喜欢，如果连自己都不喜欢，就要立刻停止。

原文展开来说：我们在人际交往中，不管是言语或是一些事情需要别人帮助时，我们要懂得换位思考，站在他人的立场想一下，不能只想到自己，而大加地指责对方，或强迫别人为你做事，这样都是有失道德的行为。假使自己都不愿意、不喜欢做的事情，就立刻打消加诸于他人的想法。

然而那些以自我为中心的人，不替人设想，往往感情用事，说话中伤他人，办事时，又刚愎自用，一意孤行，因而众叛亲离，陷于苦闷的黑洞中，实则为损人不利己的行为！当在为人处世中，彼此间有了摩擦，出现了危机时，就应该反省自己是否给人难堪？使人受伤害？更进一步，省察自己，是否在意他人的恶语，怀有怨恨之心？有修养的君子理应懂得以恕道待人，以怜悯的心看待对方，才可淡化积怨，超脱自我，向圣贤迈进。

孔子最重视忠恕之道，而能做到以诚待人，这所谓的“尽己之谓忠，推己及人之谓恕”。所谓推己及人，将心比心，设身处地为别人着想，就必须做到“己所不欲，勿施于人”的程度。

乾隆在一个联璧里面提到，“愿天下翁姑舍三分爱女之情而爱媳”，千古以来有一个难解的矛盾，叫婆媳之争。如果用三分爱女儿的这种情对媳妇，相信婆媳的冲突就会化解。“望世间人子以七分顺妻之意而顺亲”，丈夫假如听了妻子的话而疏远了父母，他人生的败象已露，因为他的孩子必然学不到孝道，他事业再怎么成功，也必将是一代而终。所以不要用感情来经营人生，要用理智来对应。

因此，一分诚敬得一分利益，十分诚敬才会得十分利益，人生能感应得来多少幸福、美满，能创造多少人生的奇迹，全在于我们的这一颗心有多少真诚。

乾隆的联璧

雍正帝驾崩后弘历继位，即为乾隆帝。乾隆天生聪慧，文治武功都有较大成就，这也使得他非常自负，他晚年自称“十全老人”，夸耀自己的武功，乾隆六十年禅位于皇十五子颙琰，自己成为太上皇。其在位六十年，作为太上皇又训政三年，所以乾隆帝是中国历史在位时间第二长的皇帝，仅次于祖父康熙，而实际执政时间是最长的皇帝，达到六十三年，他又是中国历史上最长寿的皇帝，驾崩时年为八十八周岁。乾隆死后的庙号为清高宗纯皇帝，史称乾隆皇帝。

孔子的“推己及人”思想

孔子最重视忠恕之道，而以诚待人合乎忠恕之道，所以孔子说：“尽己之谓忠，推己及人之谓恕”。所谓推己及人，就必须做到“己所不欲，勿施于人”的程度。

孔子三千弟子，七十二贤士，而最令他满意的，既不是多才多艺的冉求，也不是处事果断的仲由，而是品德高尚的颜回。

报恩之心长存，怨恨之心早忘

［原文］

恩欲报　怨欲忘　报怨短　报恩长

★ 解读

原文的意思是：受人恩惠要时时想着报答，别人有对不起自己的事，应该宽大为怀把它忘掉，怨恨不平的事不要停留太久，过去就算了，不要老放在心上，处罚自己，苦恼自己！至于别人对我们的恩德，要感恩在心常记不忘，常思报答。

古人云，"受人滴水之恩，当以涌泉相报"，一个人处于困难中，渴望他人救助的时候，他人向你伸出了援助之手，不求任何报酬，这对于你来说，可谓是雪中送炭，温暖全身，这样的恩惠则要牢记在心，且懂得知恩图报，时时想着回报他人。不要做忘恩负义之人，觉得别人帮自己是应该的，没有什么大不了，也是理所当然，没有任何感激之情，这样，当你再次处于危难时，就不会有人愿意去帮助你。

当他人做了对不起自己的事情，使自己受到了委屈、诬陷，而我们不要想着加以报复，这样冤冤相报何时了呢！更何况，怨恨在心中越积越多，那你就会被怨恨所左右，对自己的身心也绝对是很大的伤害；要用一颗宽容之心，去谅解、去包容对你有所伤害的人，那样长久以后，他人就会被你的宽容之心所感染，从而向善，这样，不仅对自己的修养有所提高，对他人也是有利而无害的。因此，心里若有不平衡之心，有怨恨之气，应该及早地把它扼杀在萌芽状态中。这样，人才会活得轻松愉快。

古往今来，人们常说，人世间有四种恩德是必须要以回报的。一是父母之恩，父母的养育之恩德；二是，老师之恩，师长启发教导我们，增长我们的智慧；三是国家之恩，国家为我们提供安定的学习、生活的环境，免于我们身处战乱；四是众生之恩，就是每个人的衣食住行，都是在他人的努力下才有的结果，因人不可能离开群体，独自生存。

因此，我们要心怀感恩之心，感谢父母的养育之恩，尽心尽力地奉养自己的父母亲。在社会中，尽自己最大的能力施展自己的才华，为祖国建设贡献自己的力量，这不仅是回报老师的传道授业之功，也是报国家之恩，众生之恩的最好途径。因为前面我们已经在无数次地说到人生来本是纯真善良的，只是后天的环

诸葛亮的“鞠躬尽瘁，死而后已”

刘备三次前往卧龙岗请诸葛亮出山，诸葛亮也被刘备的诚信所打动，最终出山辅佐刘备打拼天下，诸葛亮也曾在《出师表》中写道：“先帝不以臣卑鄙，猥自枉屈，三顾臣于草庐之中。”这是刘备的诚心致使诸葛亮“鞠躬尽瘁，死而后已”地辅佐刘备父子。

四种恩德

四种恩德		
父母之恩	父母的养育之恩德	尽心尽力奉养父母
老师之恩	师长的传道授业之恩德	尽自己最大的能力施展自己的才华为祖国建设贡献自己的力量，增添自己的一份心力，这不仅是报答老师之恩，也是报国家之恩、众生之恩
国家之恩	国家为我们提供安定的学习、生活环境之恩德	
众生之恩	我们的衣食住行都离不开他人的帮助，都是他人辛苦劳动的结果之恩德	

境所造成的结果，才会出现恶与善的区分，正如孟母三迁，就是为了孟子有一个良好的教育环境，才一次次地搬家。假使父母从小就教育孩子，不忘恩德，不忘父母、不忘师长、不忘众人给予他的恩惠。那么他的精神生活一定是非常的充实，所以幸福的根基在于仁爱与感恩之中。当一个人懂得了爱、懂得了付出，那么就会获得他人的认可、尊重、信任，体会到自己的人生价值，想到施比爱更重要。当一个人能够时时想到他人给予自己的恩惠，那么他就会活在时时要报恩的心境中。于是，当他在报恩的时候，他的内心必然是充实的。

再者，人不可能离群而居，生活在这个社会中，必然要与人相处，难免不发生矛盾、冲突。假使我们总是把他人的过失放在心上，这样积怨愈来愈深，当自己无法承受时，就想着报复他人，结果是损人又不利己。

人与人的相处，可谓是前世修来的福分，善缘也好，恶缘也好，只要我们能以平等心对待，保持慈悲、仁爱的作风，纵使是最大的恶缘也会转变成善缘。因此要做到“怨亲平等”。那时，就会得到世人的敬重。因为一个人只有在逆境中才能获得进步，正是不经历风雨，怎会见彩虹。因此，我们要懂得感谢:感谢牵绊我们的人，因正是他们的牵绊才强化了我们的能力；感谢伤害我们的人，因正是他们的伤害才磨炼了我们的心智；感谢欺骗我们的人，因正是他们的欺骗才增长了我们的眼见。这所谓验证了一句俗语，“不经一事，不长一智”。只有经历了人生的酸甜苦辣，才会体验人生的价值。

三国时期，群雄争霸，为何诸葛亮能够怀有一颗“鞠躬尽瘁，死而后已”的心至死报效蜀国？即使在人人都说刘禅是扶不起的阿斗，也没有改变他的心。我想正是刘备的“三顾茅庐”，礼贤下士，对于诸葛亮的恩德，才使他竭尽所能地辅佐刘备父子。再则就是范仲淹在《岳阳楼记》中写到的“先天下之忧而忧，后天下之乐而乐”的胸襟气度。

古人已经给我们做出了如此好的榜样，可是我们现在的人，却是早已把古圣先贤的教诲抛掷脑后了，以怨报德，做出一些有害父母、师长、国家的恶行。不仅使自己受到伤害，还连累他人。此刻，只要我们懂得及早回头，从新学习古贤智慧，亲近德行高尚者，这样一个人的恶念也会被善念所取代的，懂得以德报怨。

怨亲平等

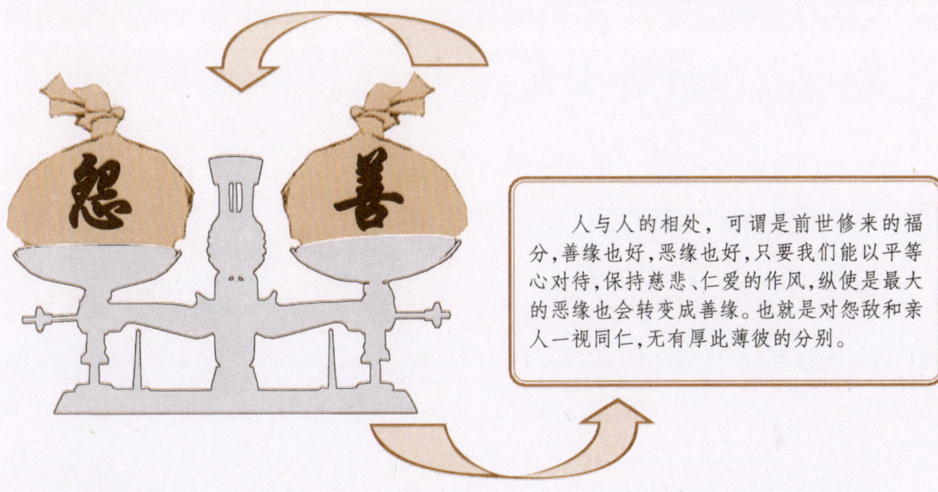

雨后彩虹

一个人只有在逆境中，才会学得坚强，才会奋发前进。因此，我们要懂得感谢：感谢牵绊我们的人，因正是他们的牵绊才强化了我们的能力；感谢伤害我们的人，因正是他们的伤害才磨炼了我们的心智；感谢欺骗我们的人，因正是他们的欺骗才增长了我们的眼见。

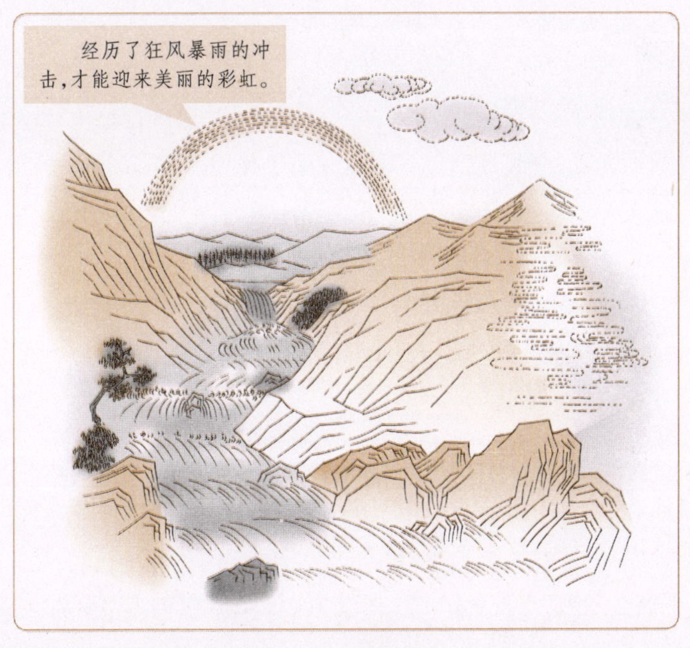

主待婢仆，身端心慈

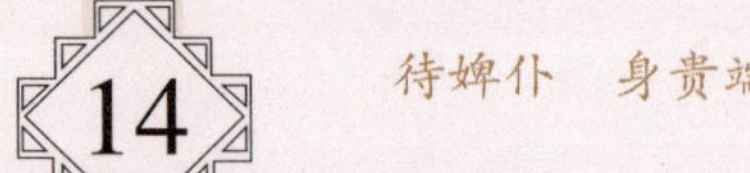

［原文］

待婢仆　身贵端　虽贵端　慈而宽

★ 解读

原文的意思是：对待家中的婢女与仆人，要注重自己的品行端正并以身作则，虽然品行端正很重要，但还要有仁慈宽大的胸怀。

上文展开来说，在古代，婢仆主要是负责主人饮食起居的日常生活，也是地位低下者，往往是受制于他人，没有人身自由可言的，任主人差遣，服从主人的任何安排。假使主人在日常的生活中，则是轻浮随便，那么他的婢仆自然纷纷效仿，围绕在其左右，这样就是所谓的“上梁不正下梁歪”，这些人也必定是一些贪图小利的奸险小人，这样一个家必然会产生诸多误会与冲突，闹得鸡犬不宁。因此，只有品行端正，且对婢仆总是一副仁慈宽大态度的主人，才能培养出正直的婢仆。小到一个家，大到一个国家，也是如此，如果一个国君总是昏庸无能，荒淫无度，不纳忠言，只知听信谗言，可想而知，这个国离灭亡不远矣！

现在，虽说没有了婢仆之说，但是可引申为：一个团队、一个企业等。假使这个领导品行端正，对人热情，赏罚分明，且处处以身作则，规范自己的言行，那么这个团队、这个公司必定会蒸蒸日上。因为领导的一言一行，都会有很多双眼睛关注着，只要领导以礼待人，尊敬、体恤下属，这样，下属必定就会忠心耿耿地为你做事。如果你待人很苛刻，下属犯一点小的过错，你都要给予他很严厉的处罚，毫无人情味，那么一旦有合适的机会，他们就会给你捅很大的纰漏，严重的甚至会让你倾家荡产。正如《论语》中的一句话，“君使臣以礼，臣事君以忠”。这就是所谓的对待下属之道，也是为人处世之道。

实则，人与人的相识、相知，可以说是十分难得的缘分。谚语有云，“百年修得同船渡”，因此，在相处中，假使彼此间产生了矛盾、冲突，应懂得体谅、忍让。切不可因自己是高高在上的统治者、领导者，他人只是你的仆人、随从、下属。就表现出一副耀武扬威、随心所欲的姿态，目空一切，而作为婢仆、随从、下属的也不可因为自己的一时有功而沾沾自喜就可欺上瞒下、仗势欺人。正如孔子说：“其身正，不令而行。其身不正，虽令不从。”当领导者自身端正，作出表率时，不用下命令，下属也会跟着行动起来；相反，如果领导者自身不端正，而要求下属

心胸豁达的狄仁杰

狄仁杰："臣本就不才，别人批评臣，正是对臣的监督和爱护。如果陛下认为臣做得不对，微臣愿意明白自己的过失并改正；如果陛下明察，认为臣做得对，不相信流言，那是臣的荣幸。既然如此，臣何必知道他们是谁呢？"

武则天："虽然你政绩突出，可还有许多朝中大臣说你的坏话。你想知道他们都是谁吗？"

《易经》中的谦卦

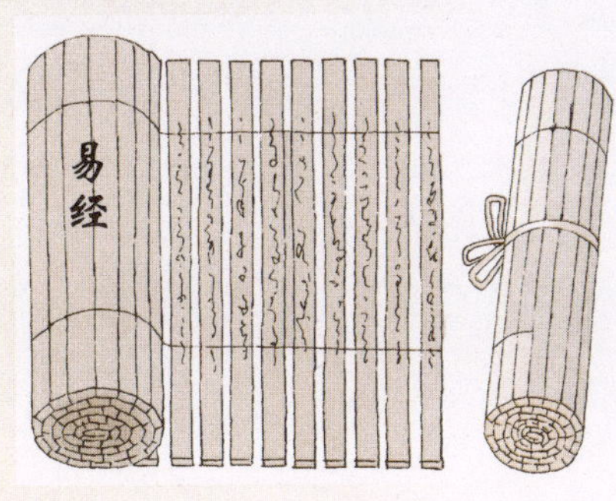

易经，《易经》又被称为《周易》，是我国一部最古老而深邃的经典，据说是由伏羲的言论加以总结与修改概括而来（同时产生了易经八卦图），是华夏五千年智慧与文化的结晶，被誉为"群经之首，大道之源"。在古代是帝王之学，政治家、军事家、商家的必修之术。如果从本质上来讲，《易经》是一本关于"卜筮"之书。"卜筮"就是对未来事态的发展进行预测，而《易经》便是总结这些预测的规律理论的书。

谦卦是《易经》六十四卦之第十五卦。从卦象上看，谦卦是异卦相叠，内卦为艮，外卦为坤。按照易经的解释系统，艮象征着山，坤象征着地。高亨说："地卑而山高，地中有山，是内高而外卑。"所以这个卦才叫谦卦。谦虚是学习的前提，只有谦虚的人才会学习进步，才会"六爻皆吉"，正如高亨所说："谦者才高而不自许，德高而不自矜，功高而不自居，名高而不自誉，位高而不自傲。"

谦卦

端正，那么，纵然三令五申，下属只会左耳进，右耳出，不会服从的。因此，我们一定要牢记“爱人者人恒爱之，敬人者人恒敬之”的道理。

人与人要相处得和谐融洽并不是特别难。古往今来，社会中为什么人与人之间的关系复杂而微妙？归根究底就是人心过于复杂，在人际交往中，人人心中都在盘算着自己的“一亩三分地”，说白了，就是自私自利，假使人人都懂得忍让，就能够化解许多矛盾冲突，化干戈为玉帛，俗话说，“忍一时风平浪静，退一步海阔天空”。假使你懂得忍让，实则是扩大了自己的胸怀与气度，可以做到以德服人、以理服人，唤醒他人的惭愧之心。改正自己的不良作风，向有德之人看齐。这样不仅有利于自己，有功于他人，还服务了整个社会。

除了要有忍让的作风之外，还必须礼让与谦让。只有懂得了谦虚，待人才会谦恭，使人如沐春风。反之，一个人财大气粗、又有一点才气时，扬扬得意、自命不凡，目空一切，使得他人避而远之，也不愿与你共事，这样，反而得不偿失。《易经》中说，“谦卦六爻皆吉”。当人们处处韬光养晦，处处给人留余地，懂得体恤、关心他人，这样就会慢慢养成待人处世中替人着想的习惯，懂得换位思考。

狄仁杰是武则天时的名臣，时任宰相，是杰出的封建政治家。狄仁杰虽身居要职，却谨慎自持，从严律己。一次，武则天对他说：“虽然你政绩突出，可还有许多朝中大臣说你的坏话。你想知道他们都是谁吗？”狄仁杰说：“臣本就不才，别人批评臣，正是对臣的监督和爱护。如果陛下认为臣做得不对，微臣愿意明白自己的过失并改正；如果陛下明察，认为臣做得对，不相信流言，那是臣的荣幸。既然如此，臣何必知道他们是谁呢？”武则天听后深表佩服狄仁杰的坦荡豁达。

正是有这样的仁臣，才会使武则天统治的时期，出现国泰民安的景象。所以古人告诫我们，苛刻之人是最无福之人。就是说，你待人很刻薄，你就是一个没有福报的人。领导如果没有福报，这个企业、这个团体自然就会岌岌可危。所以待人要懂得保有一颗宽厚仁爱之心，要用仁慈之心、要用宽恕之心来对待下属和员工，这样，整个团队、整个公司必定会创造出更好的佳绩。

上梁不正下梁歪

假使一个家的父母、一个团队的组织者、一个企业的领导的行为不正，那么他的子女、下属也会跟着效仿，品行不端，做一些损人利己的坏事情。本章也是借以提醒人们要懂得以礼待人、以德服人的道理。

忍一时风平浪静，退一步海阔天空

人生如行路，时而平坦，时而崎岖，有时则会路遇断崖，何不绕过而行，则柳暗花明又一村。

人情世故变化无常，人生道路崎岖不平，需懂“人情反复，世路波折”的道理。

以德服人，以理服人

［原文］

势服人　心不然　理服人　方无言

★ 解读

原文的意思是：若用权势强逼别人服从，对方难免口服心不服。唯有以道理说服人，别人才会心悦诚服没有怨言。

华夏五千年的渊源悠长的文化积淀，讲求摒除虚假，以德服人，以理服人，真诚待人。假使依靠武力、财势、地位使人信服，让人听从，效果只会是短暂的，不会长久。当你的财势、权利、地位消失时，随之你周围听命于你的人也会纷纷离散。更有甚者，还会见机报复，奚落你。因为这些也只是被你的财势所压迫、所引诱而已。反过来，假使在做任何事之前，都会按照礼数、不违背道德、人心，且讲求真实的道理，用仁德感化对方，这样，做到了以德服人、以理服人，彼此间才会建立深厚的情谊。

理服人，然而何谓理？孔子说，己所不欲，勿施于人。如前面所讲：将加人，先问己；己不欲，即速已。有钱有权者，财大气粗，仗势欺人，自己无力办到的事情就希望凭借自己的财势强加于他人，甚至对人不能办到的事情还会心怀怨恨，责罚他人，从不反思自己的过错。孔子云："君子之德如风，小人之德如草，草上之风，必偃。"上不行，下无所学。上居权位有势力之人，其做不到，下失其信，何以做到以理服人。

古代，开国圣君如商朝汤王、周朝文王，在尚未统一天下前，封地都是很小，势力也不大。汤王只有七十里见方，文王也就百里见方，也就是相当于现在的一个小县城。但是他们懂得以德服人的道理，推行仁道，百姓受到他们仁道思想的感化，打从内心真实地信服，这样，一旦在人民心中扎下根，必定会生根发芽，普利天下苍生。而夏桀王及商纣王虽贵为一国之君，财势无人能比，却丧失人心，放弃人民，助纣为虐，一旦失去权势，最后必定落得自身难保的下场。

因此，人们要明白权势用之不当足以造作无边罪孽，切忌谨慎。以势服人非真服，以理服人方无言。要想让众人信服你，你就要有公理、有道义存在，这样彼此之间才没有言语的纷争。彼此间才能和睦相处。

郭子仪可谓是戎马一身，屡建奇功，但他忠勇爱国，宽厚待人，从不居功自

夏桀与商纣的灭亡，商汤与周朝的建立

夏桀骄侈淫逸，宠用嬖臣，对民众及所属方国部落进行残酷的压榨奴役，引起普遍的憎恨与反对。民众愤慨地诅咒他："时日曷丧，予偕女皆亡"。而商汤却实施仁道，善待他的子民，深得人心，最终通过"鸣条之战"一举歼灭夏朝，最终取而代之。在商汤统治时期，对内减轻征敛，鼓励生产，安抚民心，使得人们心悦诚服地做他的子民。

唯贤纳士的名君

商纣王也是骄奢淫逸，听信奸臣，陷害忠良，听信妇言。致使朝纲混乱，苛捐杂税繁重，致使人民表面服从统治，实则心里早已有了反心。这时，周文王在其分地推行仁道，人民受到道德的感化，心悦诚服地听从其统治，最终使其人的道德普及天下苍生，最终周朝取代了商朝。

不攻自破的谣言

人们常说，"将在外，君命有所不受"，但是郭子仪即使掌握大军在外，只要朝廷一有诏书前来，必当日回京，这样，别人讲的坏话和挑拨离间都不能得逞，也就不攻自破了。

傲，因此在朝中有极高的威望。虽然遭到幸臣宦官程元振、鱼朝恩的诋毁，又遇国家多事，他掌握大军在外，但诏书一到，他就当日上路回京，没有丝毫犹豫顾望，所以别人讲的坏话和挑拨离间都不能得逞。在灵州破吐蕃，而鱼朝恩派人发掘他父亲的坟墓，没有得到什么东西。郭子仪从泾阳来朝见天子，内外怕有变动，等到觐见，天子对此事表示慰问，郭子仪痛哭说："臣做军队统帅很久，不能够禁止士兵发掘别人的坟墓，有人现在发掘臣父的墓这是上天的谴责，不是人患造成的。"满朝的文武百官原本都是一副忧虑的神色，生怕郭子仪会闹出事端，听了他的回奏后，都对他无比钦佩。郭子仪想到的是国家安危，朝廷的安危远比自己的私事来得重要，不能顾此失彼。

郭子仪功德越高，人们越尊重他。魏博节度使田承嗣傲慢跋扈，蛮横无理，飞扬跋扈。郭子仪曾派使者到魏博，田承嗣向西下拜，指着膝盖对使者说："这个膝盖不对人弯曲已经很久了今天为郭公下拜。"李灵曜占据汴州作乱，公私财赋过汴州都要留下，郭子仪封存的钱币和帛过他的境，则不敢扣留，还派士兵护送出境。部下中有几十个老将，都已封王封侯地位很高，郭子仪可以不开口用动作指挥他们进退，像对部队士兵一样。幕府中有六十多人，后来都做了将相等显赫官职，他的善于选拔人才就是这样。与李光弼的名气一样大，但比李光弼宽厚得人心。

宽厚待人的郭子仪，虽位居高位，但是保持着自己一贯的作风，以理服人。而不像有的人在拥有权势之后，很容易迷失方向，沉沦威权中仗恃优越，浑浑噩噩不知努力而虚度此生！且对待下属太过刻薄，这样最终的结果就是：他们就会阳奉阴违，暗地里给你捅纰漏，这就得不偿失。

所以，没有受到圣贤的教诲，人的心地必然会受到污染，尤其处于现在的环境下，可以说污染到了无以复加的地步。那么，用已经被极度污染的心性作为标准来评价道德水准，造成人人心存猜忌，彼此防范，或是一些人仗势欺人，弱者心存报复，时时记挂在心，这样社会一定会混乱不堪，因此，我们必须马上重新学习古圣贤留给我们的智慧，且付诸实践生活当中。

宽厚待人的郭子仪

郭子仪想到的只是自己的国家安危，朝廷的安稳远比自己的个人私事重要。

唐代宗说：“有人掘了郭爱卿父亲的祖坟，可是盗贼却没有抓到，不知爱卿有何说法？”

郭子仪痛哭说：“臣做军队统帅很久，不能够禁止士兵发掘别人的坟墓，有人现在发掘臣父的墓，这是上天的谴责，不是人患造成的。”

以理服人的典范

一个人只要懂得以理服人，宽厚待人，不仗势欺人，那么他就会受到众人的敬重，即使一个蛮横无理之人也是会敬重于他的。

蛮横无理、飞扬跋扈的田承嗣，深敬郭子仪的为人，即使他本人不在面前，还是会面向郭子仪所在的方向叩拜。

人心不齐，圣多凡少

［原文］

同是人　类不齐　流俗众　仁者希

★ 解读

原文的意思是：同样是人，善恶邪正，心智高低却是良莠不齐。跟着潮流走的俗人多，仁慈博爱的人少。

俗话说，“人以类聚，物以群分”，就是说同样是人，也是会有三六九等，有品德好坏之分，有肤色之分，有民族之分等，而这之中随波逐流的人居多，安贫乐道的人少之又少。但是我们仔细一点，在周遭还是有很多很好的良师益友。因此，当我们有这样好的朋友，遇到这样因缘的话，自己千万不要错失掉，千万不可以错过。

人世间的人犹如空气中的沙尘那么多。不唯在形状、外貌、品性、年岁、种族等的差异，且怀有不同的心性和纷繁的知见，因而不同的人由心产生种种欲念，种种意行的分别，这就是“相由心生”的结果。一些人招人喜欢，一些人惹人厌烦，一些人受人尊敬，一些人招人鄙夷，其千差万别，与众不同，本就是源于一颗心。人由心性产生了知见，紧接着付诸意行，在意行中进而影响欲念，欲念又导致人外形的变化，反复循环，这样就是不同的欲念、意行产生了差别的人性。

伟大的教育家孔子在其一生中最厌烦与不耻的就是没有气节与巧言令色的奸邪小人，但他最最痛恶的是那些所谓的伪君子，从不与他们为伍，因而，孔子常言：“恶紫之夺朱也。”“乡愿，德之贼也。”

“紫”被加以借喻，紫色本是从三原色的红色加以调染出来的颜色。本就失去了红色的本色之美，却总是一副自认为是与众不同的另一种红。就好比那些貌似谦恭的乡愿，时时摆出一副“善人”的面孔，打着“君子”的旗号游走在世人间。实不知，的的确确是一个伪君子，缺仁败德的小人也。而那些常人往往黑白颠倒，是非不分，把那些本是品德高尚，特立独行的正直贤人当做异类，却把这些伪君子尊为圣人时时称颂。所以，孔子认为那些笑里藏刀的伪君子比起令人一见就生厌烦感的小人更加的危险，伪君子与真小人可以说是等同之辈。假使这些人没有祛除，正本清源，顺以端正纯洁之心难矣。

春秋时期的鲁国，孔子起初被任命为鲁司寇，甫上任，就把表面谄媚而心存

人以群分，物以类聚

就是说同样是人，也是会有三六九等，有品德好坏之分，有肤色之分，有民族之分等，而这之中随波逐流的人居多，安贫乐道的人少之又少。

相由心生

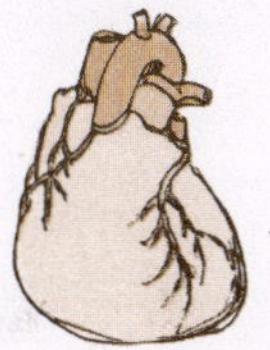

一个人的喜怒哀乐的面部表情，以及付诸实际行动中的行为举止，都是源于一颗心。人由心性产生了知见，紧接着付诸意行，在意行中进而影响欲念，欲念又导致人外形的变化，反复循环，这样就是不同的欲念、意行产生了差别的人性。

不轨的佞臣少正卯杀了;这果然起到了杀鸡儆猴的作用,不出三月,鲁国大治,奸邪之人逐渐消失;据说当时境内还出现了"路不拾遗,夜不闭户"的盛况。

而紧邻的齐国恐怕鲁国强起来,难以侵凌,危险到自己的利益,于是就送了一批女乐来;权臣季孙氏收下来,偷偷转给鲁君;鲁君沉迷其中,致使三日不上朝。孔子伤透了心,就辞官离乡,开始周游列国;可惜耗费半生的经历,也未曾遇到一位圣明的君主任用他。直至时间的流逝,他也慢慢地年老,只好结束诸国的游历归国,把自己的毕生理想与抱负,浓缩为一部《春秋》史书,借以寄寓其褒贬;更把最后的心血,运用在开办私学,传到授业解惑中,培养出了七十二贤士,来进一步传承自己的理想。

由此可见,在这个芸芸众生中,随遇而安的世俗之人很多,真正的仁德之士是寥寥无几的。仁德之士虽少,但他们正直无邪的言语,权势无畏的神色和坦荡无私的气度,却能赢得他人的尊敬,也使得小人畏惧。这就是为什么孔子周游列国期间,即使没有得到圣明君王的重用,且时时遭受小人的加害,可毕竟所到之处,王宫贵亲们争相请为上宾,希望赢取"尊贤"的美誉;而恶臣贼子也不敢公然加以杀害,恐怕背上"害贤"的恶名。

孔子就是时时遵循圣人的言行教诲,以身作则,从无做出过违反道德的言行,致使,在历朝历代都被世人所敬仰,美名流芳百世。

现在,一些圣贤的教诲被世人慢慢地所淡忘,再者由于当下社会的乌烟瘴气,使人的心志逐渐地蒙上了阴影,导致内无基础,外邪入侵,这样内外夹攻,自然使得社会中出现一些盲目跟随潮流的世俗者,而仁慈博爱的圣贤人就凤毛麟角了。

因此,只要我们现代人能够从新认识到圣贤教诲的重要性,然后使其在社会中扎根发育,这样就会出现枝繁叶茂的结果,结出丰硕的果实。众人皆能吸取圣贤的智慧,不会随波逐流,绝对可以凭借这些智慧转变一个家、一个团队,带动整个社会,众人就能做到圣人所言的,"修身,齐家,治国,平天下"。

恶紫夺朱，乡愿德贼

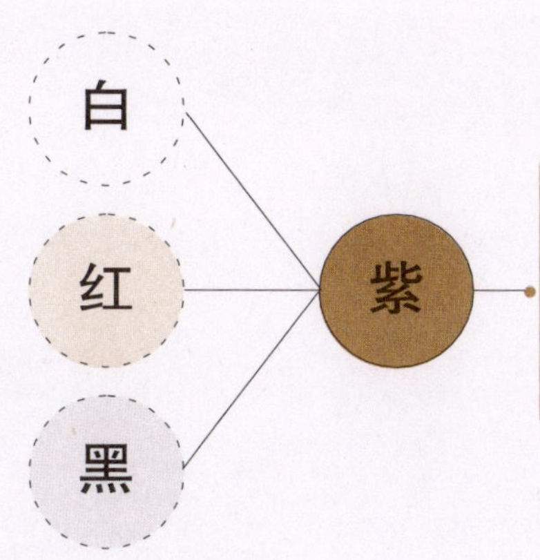

紫色本是从三原色的红色加以调染出来的颜色。本就失去了红色的本色之美，却总是一副自认为是与众不同的另一种红。就好比那些貌似谦恭的乡愿，时时摆出一副"善人"的面孔，打着"君子"的旗号游走在世人间。实不知，的的确确是一个伪君子，缺仁败德的小人也。

孔子的辞官之由

孔子任鲁司寇时，就把表面谄媚而心存不轨的佞臣少正卯杀了；这果然起到了杀鸡儆猴的作用，不出三月，鲁国大治，奸邪之人逐渐消失；而紧邻的齐国恐怕鲁国强起来，难以侵凌，危险到自己的利益，于是就送了一批女乐来；权臣季孙氏收下来，偷偷转给鲁君；鲁君沉迷其中，致使三日不上朝。孔子伤透了心，就辞官离乡。

一个人时时沉迷于金钱、权力、美色之中，纯真的身心就会受到污染，失去了辨别是非、善恶的标准，常常把一些所谓的伪君子尊称为自己的良师益友，真正的贤士君子却被抛在一旁，最后的结果必定是身陷泥潭，无法自拔。

壁立千仞，无欲则刚

［原文］

果仁者　人多畏　言不讳　色不媚

★ 解读

原文的意思是：如果有一位仁德的人出现，大家自然敬畏他。因为他说话公正无私，没有隐瞒，又不讨好他人，所以大家才会起敬畏之心，不会扭曲事实，也不会去讨好献媚他人。

上文进一步阐释为：一个人果真是一位仁者，一般的人见到他都会心生敬畏之情。如《论语》中讲述的孔子的弟子只要远远地看到老师威严的外表，心中就不由自主地生起恭敬之心，这就是所谓的“望之俨然”；真正地靠近老师，听求老师的教诲，会觉得老师又是非常的亲切，这就是所谓的“即之也温”，因此，孔子讲话的言语绝对不会有所顾虑，都会合乎礼教，都会很正直地讲出来，正如一句格言中提到的“壁立千仞，无欲则刚”。因有仁德之心的贤人在人生的路途中绝对不是为了追求名利，而是为了增长自己的学识，提高自身的修养，所以看到他人不好的地方，才会直言不讳地讲出来，也不会谄媚讨好他人。

古人讲：“良药苦口利于病，忠言逆耳利于行。”也就是说真正能够治病救人的良药往往都是苦涩的，真正能够劝人向善的言语往往都是不好听的，但是假使你真的认真去听，听了之后能够接受、照做必定会有好处。因此，我们要知道忠言必定逆耳，口蜜必定腹剑。也要知道，不敢亲近仁者，就不会提升自己的品德学问，反过来，敢于亲近仁者，聆听教诲，品德学识自然会提升。实则，仁者的话，都是他们对你情感的真实流露，都是真诚的良言。

明朝时期的海瑞是中国历史上有名的清官。他铁面无私，明察秋毫，人称“海青天”。明朝晚年，宦官专权，社会混乱，可是只要海瑞到的地方，人民必定会夹道相迎，因为只要海瑞一来，那些贪官污吏早已夹着尾巴逃跑了。正是这样的好官，时时存在人民的心中，感动着普天下的老百姓。

嘉靖皇帝在位时，听信奸相严嵩，二十多年不上朝处理政务，一心只顾修仙求道，置国家大事于不顾，导致当时国库空虚、社会动荡、民不聊生。海瑞十分着急，就准备了一口棺材，冒死劝谏皇上，惹怒了皇上，被判了死刑。之后幸亏嘉靖皇帝驾崩，海瑞才免于一死，保全了性命。当海瑞去世时，南京万人空巷，人人披

望之俨然，即之也温

《论语》中讲述的孔子的弟子只要远远地看到老师威严的外表，心中就不由自主地生起恭敬之心，这就是所谓的“望之俨然”；真正的靠近老师，听求老师的教诲，会觉得老师又是非常的亲切，这就是所谓的“即之也温”。

海瑞劝谏嘉靖帝

嘉靖皇帝在位时，听信奸相严嵩，二十多年不上朝处理政务，一心只顾修仙求道，置国家大事于不顾，导致当时国库空虚、社会动荡、民不聊生。海瑞冒死劝谏皇上，被治以死罪，幸得后来嘉靖帝过世，才得以保全性命。

一个正直的人，敢于说真话，没有任何避讳，不会歪曲事实，不会添油加醋，更不会无中生有，去讨好献媚他人，因为他的心是善良的、仁慈的、清澈的，他能宽恕人，包容人，理解人，能够与人和睦相处，只有这样的人才会受到别人的敬佩与尊重。

上孝衣，送海瑞的棺木离去。只有这样真正的读书人，为人们谋福利，且时时把古贤的教诲付诸在自己的实践中，绝对会使人感动，也能够唤醒每个人的向善好德之心，改正自己的缺点，过失。

海瑞的家门上挂着两行字，是范仲淹的名言："居庙堂之高则忧其民，处江湖之远则忧其君。"这就是说，在朝廷当官的时候，时时想着怎样让人民过上好的、安定的生活，让人民的福利更多；如果到比较偏远的地方工作，也要时时想着怎样做才会对国君、国家有好处。范仲淹的这份真心不仅感动了海瑞，也感动了千千万万的人，所以真诚之心是可以跨越时空的界限，传递给人一种好的教育。

《礼记·礼运》篇云："大道之行也，天下为公。人不独亲其亲，不独子其子；使老有所终，壮有所用，幼有所长，鳏寡、孤独、废疾者皆有所养。"这就是说，大道通达于天下时，把天下作为大家所共有的。人们不只是爱自己的亲人，不只是把自己的孩子当做孩子，要使社会上的老人安享天年，壮年人能贡献自己的才力，年幼的孩童可以得到抚育成长，鳏寡孤独和残废、有病的人都能得到供养。海瑞和范仲淹都拥有一颗关爱天下人的心，可与天地日月争辉。一个真正有德行的人，他们的精神生命是无限延续的，不会被时间所磨灭。

所以，一个正直的人，敢于说真话，没有任何避讳，不会歪曲事实，不会添油加醋，更不会无中生有，去讨好献媚他人，因为他的心是善良的、仁慈的、清澈的，他能宽恕人，包容人，理解人，能够与人和睦相处，只有这样的人才会受到别人的敬佩与尊重。

相较于现在，传统国学教育的逐渐没落，人们思想逐渐被世俗的东西所冲刺，淡忘了人性的本真，如果有更多的人愿意接受圣贤教诲，那么社会上许多错误观念就能逐渐被扭转过来，将会呈现出一个优美和谐的社会环境。那时，我们的国家也会出现"路不拾遗，门不必户"盛况。

昏庸的嘉靖帝

宦官说:"这个人向来有傻名。听说他上疏时,自己知道冒犯该死,买了一个棺材,和妻子诀别,在朝廷听候治罪,奴仆们也四处奔散没有留下来的,他是不会逃跑的。"

居庙堂之高则忧其民,处江湖之远则忧其君

"居庙堂之高则忧其民,处江湖之远则忧其君。"此名言出自范仲淹之口,也就是说,在朝廷当官的时候,时时想着怎样让人民过上好的、安定的生活,让人民的福利更多;如果到比较偏远的地方工作,也要时时想着怎样做才会对国君、国家有好处。

范仲淹的这一份真心,感动了几百年后明朝的海瑞,让海瑞佩服,进而效仿。

亲近仁者，益增过减

［原文］

能亲仁　无限好　德日进　过日少

★ 解读

原文的意思是：能够亲近有仁德的人，向他学习，真是再好不过了，因为他会使我们的德行一天比一天进步，过错也跟着减少。

一个人若能够经常接触一些有才德的人，看到他的言行善举，不要只是钦佩，还要向他学习，在有才德者的带动下，你的才德也会日渐提升，过错和不足会慢慢减少。

亲仁，一是内心要接近仁道，二是外身要亲近仁德之人。假使心近仁道，那人就会无忧，不惑，不惧，这样固为好，才能称其为有德之人。孔子云，君子有三德。仁者无忧，智者不惑，勇者不惧。心离仁道，自大，自我，自私。如今仁者稀少，假使有幸遇仁者，时常亲近，聆听教诲，这是何其的有福。心近了仁道，身近了仁者，不自我，不自大，不自私，聆听教诲，学而时习，改过自新，这样自我信心日增，他人信任日盛，因此，自我才德日进，过错日减。

人往往追求完美，亲仁是道。只有亲仁在先，完美才会在后结果，圣贤教诲是仁言，日日诵读则养仁心，也为亲仁。如若想要追求完美。却不亲仁，这样愈求愈失，脱离实际，落入空网，得不偿失。

如何从外表上判断谁具有仁德呢？孔子给了我们一个很好的标准：“刚、毅、木、讷、近仁。”意思就是：“看上去刚强、果断、质朴、迟钝而说话不多（言语谨慎）的人，接近于仁。”只要懂得用心去发现，在你的周围还是会有许多仁德之人的存在，以及被我们早已淡忘的古贤们的智慧典籍，也是有助于提高我们德才的良药。

为何中国历史上的文化会代代相传？是因为它是圣人的智慧，可提升后人的修养与学识，是后人处世的法宝。尤其是儒学，古往今来，它可以说是我国立国几千年来，所赖以维系社会安定、国家繁荣最主要的命脉。

因而儒学的创始人孔子被世人尊称为圣人，人人都想亲近。就如后来的孟子没有见过孔子，但是孟子还是非常恭敬虔诚地拜孔子为师，他的真诚恭敬心超越了时空界限，刻苦学习圣人的教诲，被尊为“亚圣”，成为仅次于孔子的圣

尊师之道

孟子没有见过孔子，但是孟子还是非常恭敬虔诚地拜孔子为师，他的真诚恭敬心超越了时空界限，刻苦学习圣人的教诲，被尊为“亚圣”，成为仅次于孔子的圣人。

假使一个人心中有仁道，身近仁者，时常学习圣人的智慧书籍，听取圣人的教诲，牢记于心，这样，时间久了之后，才德必然提高，过失必然减少。

司马迁也是以左丘明为师，非常恭敬地拜读他的《左传》，深入学习他写文章的功夫，最终写出了旷世奇书《史记》。成为后人学习的典范。

《史记》是一部纪传体史书，也是中国历史上第一部纪传体通史，被列为二十四史之首。原名《太史公记》。此书是中国古代最著名的古典典籍之一，记载了上自上古传说中的黄帝时代，下至汉武帝元狩年间共3000多年的历史。与后来的《汉书》、《后汉书》、《三国志》合称“前四史”。

人。司马迁也是以左丘明为师，非常恭敬地拜读他的《左传》，深入学习他写文章的功夫，最终写出了旷世奇书《史记》，成为后人学习的典范。

《南史·吕僧珍传》中讲述了一则这样的故事：南朝时期，有个叫吕僧珍的人，生性诚实厚道，又很有学问，从不与人计较。吕僧珍的家有很好的家风，他对每一位晚辈都是严格要求，耐心教导，从不偏袒、庇护晚辈的坏习惯，所以，家中的成员都是待人和气，品行端正，以至吕家的好名声远近闻名。而当时的南康郡守季雅也是个正直的人，为官勤政耿直，秉公执法，从来不愿屈服达官贵人势力的威逼利诱，为此得罪了很多人，终于，那些视他为眼中钉、肉中刺的官员诬陷他被免职。季雅被罢官之后，必须搬出府第另寻住所。可是他不愿随便找个地方住下。季雅费了一番心思，打听到吕僧珍家是一个君子之家，家风极好，想与其做邻居，正好吕家隔壁的邻居打算搬到其他的地方居住，于是季雅就用一千一百万钱的高价买下了这座房子。

过后，吕僧珍前来拜访他的新邻居，问季雅："先生买此座宅院，花了多少钱呢？"季雅据实回答，而吕僧珍很吃惊："据我所知，这处宅院已经不是新宅，也不是很大，为何还要出如此高的价格呢？"季雅笑道："我这钱里面，一百万钱是用来买宅院的，一千万钱是用来买您这位道德高尚、治家严谨的好邻居的啊！"

这个故事告诉我们，万两黄金容易得，一个知心最难寻。房、地都是因人而贵的。当然，更重要的是久居芝兰之地，自有芝兰之气。正如荀子所说，"居必择乡，游必择士"。

所以能亲近仁者，对自身是有无可限量的好处。我们内在德行会提高，外在错误行为会减少，让我们能够每天生活在真善美慧的世界中，使我们的人生、我们的社会越来越美好。

因此，现在我们能够处在这样一个国泰民安的时代中，又有许多古贤的智慧流传于今，供我们学习，怎么不快点去亲近他们智慧的结晶呢！

孔子仁德的标准

孔子的标准:“刚、毅、木、讷、近仁。”意思就是:“看上去刚强、果断、质朴、迟钝而说话不多(言语谨慎)的人,接近于仁。”

千万买邻

万两黄金容易得,一个知心最难寻。假使今天我们有幸遇仁者,应时常亲近,那么,心近了仁道,身近了仁者,不自我,不自大,不自私,聆听教诲,学而时习,改过自新,这样自我信心日增,他人信任日盛,因此,自我才德日进,过错日减。久入芝兰之室,自有芝兰之气。

季雅听路人说,吕僧珍生性诚实厚道,又很有学问,从不与人计较。并且有很好的家风,吕僧珍对每一位晚辈都是严格要求,耐心教导,从不偏袒、庇护晚辈的坏习惯,所以,家中的成员都是待人和气,品行端正,季雅听完后就决定与吕僧珍做邻居。

吕僧珍说:“先生买此座宅院,花了多少钱呢?”

季雅据实回答:“一千一百万钱。”

吕僧珍很吃惊:“据我所知,这处宅院已经不是新宅,也不是很大,为何还要出如此高的价格呢?”

季雅笑道:“我这钱里面,一百万钱是用来买宅院的,一千万钱是用来买您这位道德高尚、治家严谨的好邻居的啊!”

亲近小人，益减过增

[原文]

不亲仁　无限害　小人进　百事坏

★ 解读

原文的意思是：如果不肯亲近仁人君子，就会有无穷的祸害，因为奸邪的小人会乘虚而入，跑来亲近我们，日积月累，我们的言行举止都会受影响，导致整个人生的失败。

何为小人？就是追求世间名闻利养，自私自利，胸无大志，对圣贤教育嗤之以鼻，不屑一顾，小是因为他心量小，他的心量只有他自己，这叫小人。何为大人，仁者？大人是心量大，心怀宽广，时刻为人着想，忽视自我，这是仁者。《易经》上讲："人以类聚，物以群分。"相同类型的人往往聚集在一起，我们如果不肯听取圣贤的教诲，跟仁者就会越来越远，自然就跟小人混在一起，最后使自己不知不觉也成为小人了。所谓"近朱者赤，近墨者黑"。

《朱子治家格言》也讲道"狎昵恶少，久必受其累"，若一个人每天不思进取，整天和一些没有修养、没有素质、品德败坏的人为伍，逐渐就会沾染上不良的社会习气，那就有可能使自身原有的好的德行得以丢失。所以人对于环境的选择至关重要，在自己德行还没有相当稳固之前，对于一些比较没有德行的朋友，我们要敬而远之。

古往今来，许多帝王将相就是因为听信小人的谗言而失去了江山，多少人因为听信小人的谗言闹得妻离子散，朋友反目。善与恶就在一念之间，不要因为一时的糊涂失足，导致一生的错误。

齐桓公为春秋五霸之首，也是一代贤君，文治武功盛极一时。拜管仲为国相，尊为仲父，执行其尊王攘夷的国策。经过十四年的苦心经营，使得齐国由一个海滨蛮夷之地变为春秋各国中最富有的国家。然而就是这个纵横天下的英雄齐桓公却成为历史上死得最为窝囊的国君。原因就在于其晚年生活开始腐化，宠信小人。

齐桓公身边有三个宠臣：易牙、开方、竖刁。易牙为了让齐桓公尝到人肉的味道，不惜把自己三岁的儿子杀死蒸成肉饼给齐桓公食用；开方为了讨好齐桓公，竟然十五年不回卫国看望自己的父母亲，即使之后父母过世也没有回去；竖

齐桓公之死

齐桓公:“仲父,百年之后,何人可以代替仲父做相,易牙、开方、竖刁三人中一人,如何?”

管仲去世之后,齐桓公仍宠信三人,最后三人作乱,囚禁齐桓公,以致齐桓公活活被饿死。

管仲:“爱护自己的儿子是人之常情。而易牙却残忍地杀掉儿子来取悦于您,这样的人能亲近和信任吗?爱护自己的身体是人之常情,而竖刁竟然毁掉自己的身体求官取媚,还能指望他对您忠心吗?孝敬父母是做人的根本,而卫公子开方对他父亲竟然如此薄情,其心之狠毒,可想而知。”

刁为了亲近齐桓公，主动阉割掉自己的私处做一名宦官。管仲对其三人十分反感，多次劝谏齐桓公说：“像他们这样杀死自己的儿子、背弃自己父母、自己阉割自己的人是不可信的。”齐桓公却不听劝告，在管仲死后，继续任用三个宠臣在宫中主事。后来，齐桓公生病，他们三人原形毕露，封锁宫门，对病重的齐桓公不理不睬，且不让任何人进入齐桓公宫中，最终活活饿死了齐桓公。

因而，凡能成就大事的人，都有一个共同的特点，那就是能够自觉地团结和亲近一大批善者、仁者；而凡是那些致使国破家亡、朋友反目的失败者，也都有一个共同的特点，就是疏远仁者、善者，而亲近恶者、佞者。正如诸葛亮曾说：“亲贤臣，远小人，此先汉之所以兴隆也；亲小人，远贤臣，此后汉之所以倾颓也！”

唐玄宗李隆基。在他执政的前期，重用姚崇、宋璟、张九龄等一大批贤者，于是出现了旷古未有的“开元盛世”；而他的后期，由于骄奢淫逸，疏远贤者，而重用李林甫、杨国忠等小人之辈，最终引起了让整个大唐走向下坡路的“安史之乱”。

“以史为鉴，可以知兴亡。”后人当铭记和吸取这一深刻的历史教训，勿蹈前辙。否则，“将使后人复哀后人也”！

古语亦云：“结交须胜己，似我不如无。”如果一个人身边的人都比自己有德，那么这个人也会成为有德之人。反之，如果一个人身边全是小人，那么这人必定是一事无成的小人。人文环境比自然环境，更能改变一个人的心性品德。这就好比一个人作出一首诗，如果大家一味赞扬褒赏，他必然不会再思进取，水平也只停留在这个阶段。如果有人指出作品之中的不足之处，作者就会改善，并且在以后注意，以避免相同的错误的发生。

安史之乱

唐玄宗李隆基。在他执政的前期，重用姚崇、宋璟、张九龄等一大批贤者，于是出现了旷古未有的“开元盛世”；而他的后期，由于骄奢淫逸，疏远贤者，而重用李林甫、杨国忠等小人之辈，最终引起了让整个大唐走向下坡路的”安史之乱“。

奸诈狡邪的安禄山，从一方节帅到身兼三镇，以清君侧为由发动叛乱。做了两年瞎眼皇帝，被其子谋杀。

奸相李林甫，时人称“口有蜜，腹有剑”。在相位十九年，玄宗晚年政治混乱，他有不可推卸的责任。

杨国忠，曾任宰相，玩弄权术误国，与安禄山争宠，安禄山即以诛杨为名起兵，发动“安史之乱”。最后杨国忠随驾逃至马嵬驿，为士兵所杀。

第七辑

求学篇

7

修德与学文是人生成功至关重要的法宝，前五章立在修德，而本章重在学文。古语云：『玉不琢，不成器，人不学，不知道。』如何在修德的基础上进而提升学知？尽在《求学篇》。

本辑图版目录

修德与学文是人生成功至关重要的法宝，前五章立在修德，而本章重在学文。古语云：『玉不琢，不成器，人不学，不知道。』如何在修德的基础上进而提升学知？尽在《求学篇》。

重理轻行，华而不实

[原文]

不力行　但学文　长浮华　成何人

★ 解读

原文的意思是：不能身体力行孝、悌、谨、信、泛爱众、亲仁这些本分，一味死读书，纵然有些知识，也只是增长自己浮华不实的习气，变成一个不切实际的人，如此读书又有何用？

一个人的学问要提高，必须“力行”与“学文”同步进行，这也叫解行相应。“解”与“行”好比一辆两轮车，只有两个轮子一起很协调地动起来才能前进。假使一个轮子坏掉了，会有什么样的结果？就是原文中所阐释的不力行，只是学文，只是看书，甚至于取得很高的文凭与学历，这样的下场也只是助长了自己浮华不实的习气，变成一个脱离实际的空想主义者。

因而，学与做是不可分割的整体。一个人如若只是一味地死读书，读死书，不去动手、动脑，即使有再高的学识，可是运用到现实生活中也还是一无是处，手忙脚乱，不知从何处着手，这样所学的知识不但毫无用处，反而会助长华而不实的坏习气。

我们人类是要过着群居的生活，不可能离群而居，所以学习如何与人和谐相处，是最基本的常识。因此，从小父母、师长就必须教育孩子学习孝悌、谨信、泛爱众、亲仁等最基本的德行。这样才不会变成一个只知道死读书，应付考试，却不懂得关怀他人、不懂得待人接物的死板者。这好比一棵枝繁叶茂的参天大树，如果盘踞的树根却腐烂变质，必然禁不住风吹雨打而猝然倒下，这样实则可惜。

实际上，如果没有好好地力行，我们所学的也只是一些很肤浅表面的东西而已。这样不仅我们的学问没有得到积累，而且良好的德行基础也没有奠定，那么以后要进一步学习其他的东西，肯定是没有办法学得好的。古谚语说，“台上一分钟，台下十年功”。只有在实践的基础上才能有所收获。

林则徐用他一生的经历写下了人生十件很关键的事情，叫做“十无益”，其中有两点是针对学文的态度提出来的。

其一：行止不端，读书无益。假使一个人生活很没有规矩，对长辈毫无礼貌，

解行相应

“解行相应”是指在身体力行孝悌、谨信、泛爱众、亲仁的德行的基础上，进而学习圣人留给我们的智慧书籍，二者同步进行，使学文与力行相互交叉，互相依存，这样才能成为一个德才兼备之人。

“力行”是指身体力行孝、悌、谨、信、泛爱众、亲仁这些最基本的德行。

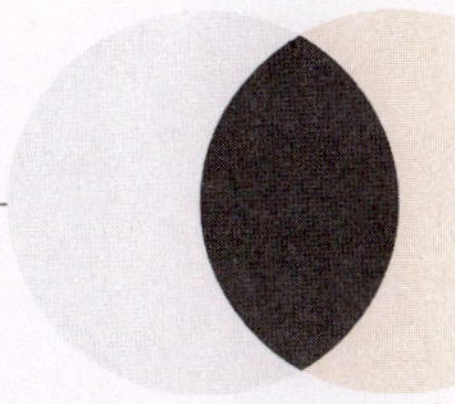

“学文”是指一味的死读书，读死书，提高自身的文化。

林则徐对学文的态度

林则徐运用自己一生的经历总结出人生很关键的十件事情，名为“十无益”。其中有两则关于求学态度：一是，行止不端，读书无益；二是，心高气傲，博学无益。

林则徐是清朝后期政治家、思想家和诗人，是中华民族抵御外辱过程中伟大的民族英雄，其主要功绩是虎门销烟。史学界称他为近代中国“开眼看世界的第一人”。

小链接

1.存心不善，风水无益
2.父母不孝，奉神无益
3.兄弟不和，交友无益
4.行止不端，读书无益
5.做事乖张，聪明无益

小链接

6.心高气傲，博学无益
7.时运不济，妄求无益
8.妄取人财，布施无益
9.不惜元气，医药无益
10.淫恶肆欲，阴骘无益

他的言语行径跟圣人的教诲背道而驰，那么这样的情况，书读得愈多，自我的浮华心愈大，对他人的危害也就愈大，这样的事例在历代都有很多，历代祸国殃民的人中，有很多也都是饱读诗书的人。而他们读书只是为了追求功名利禄，没有建立德行，从小德行的根基没有扎稳，才会做出有违伦长、祸国殃民的罪责，成为后人唾弃的对象。而一个人德行的根基扎好了，一定会成为一个时时孝顺父母，友爱兄长，服务人民，效忠国家的栋梁之才。所以一定要把圣贤的教诲落实跟生活的行为相应。

其二：心高气傲，博学无益。如果一个人求得了高深的学问，傲慢心却生长出来，即使读再多的书，也是无用的，这样的人只会拿自己的学问衡量他人的过失，但从来看不到自己的过失，时时指责他人的过错，说人是非。这样心高气傲之人，即使拥有再多的学识，也只会空谈理论，毫无施战之能。

战国末年，赵括最擅长“纸上谈兵”，从小熟读兵法，讲起战术十分在行，可谓纵横天下无敌手，时常沾沾自喜，可只有他那身经百战的父亲不看好他。一次，秦国攻打赵国，起初，赵国运用大将廉颇阻挡秦国。廉颇凭借经验，根据敌强我弱的形势，采取坚守不出，保存实力的策略，有效地阻止了秦国的进攻，可秦国采取反间计，散布谣言，挑拨赵王与廉颇的关系。果然赵王中计，派赵括替代廉颇，赵括没有分析敌情，轻率出兵迎战，结果导致全军覆没，使赵国提早走向被强秦灭亡的命运。

纸上谈兵，终是空有理论没有实践做基础，最终导致了失败。所以只有德学双修才行。德并不是随口说说，而是要身体力行；学也非是随兴读读，而是要慎始善终。光有学却失行，就如听人说食，终不能饱；光修行却不学，就如盲人摸象，总不能得。

现今社会中，学而不愿行的浮华之人越来越多，时时会有这样的报道“专业的高才生，生活的低能儿”。拥有了高学历，却连最起码的做人品行都没有，这样的人自始至终是会被社会所淘汰的。所以，我们受教育的是为了“做人”，做一个德才兼备之人，既要有德又要有才，才能在社会中施展自己的才华，实现自己的理想抱负。

纸上谈兵

赵括，是战国末期的赵国人，从小熟读兵法，讲起战术十分在行，可谓纵横天下无敌手，时常沾沾自喜，实则，只是空有理论毫无实战经验，致使在长平之战后期代替廉颇担任赵军主帅，由于指挥错误而使得赵军全军覆没，赵军四十万人尽数被秦将白起活埋，使赵国提早走向被强秦灭亡的命运。

“光学不行”与“光修不学”

光学不行，只知死读书，就如“听人说食，终不能饱”，听人说什么好吃好喝的，就算讲得有满汉全席吧，又怎能真填饱肚子？学的知识不去应用，只会主张自己华而不实的外表。缺乏学以致用的实惠。

光修不学，只知一味地做事，而不求学提高自身的学识，只能原步踏地，毫无前进，就如“盲人摸象，总不能得”。像瞎子摸大象，摸着腿说像柱子，摸着耳说像风扇，就算摸了百遍千遍，也不知全貌。只知做一件事情，却没有研究明白为何做，如何做，结果做不明白，这样，就领会不到心神交会的喜悦，得不到“解行相交”的作用。

缺文而力行，偏见蒙真理

［原文］

但力行　不学文　任己见　昧理真

★ 解读

原文的意思是：如果只是一味地做，不肯读书学习，就容易依着自己的偏见做事，蒙蔽了真理，也是不对的。

书是前人智慧的结晶，读其书就等于吸收前人的经验，可以少走几步错路。本性虽愚而肯读书者，读久也能明理；资质本佳又善读书者，则更如虎添翼。读书可以变化人的气质，心地干净纯正的人，才能把书读通；读通了书的，一定思想超远，气度旷达。

人的学问，随着生活阅历的丰富、人生的历练，相应的提高，才能适应瞬息万变的社会。如果裹足不前，觉得自己已经学得很好，很有成就，只凭自己的想法办事，这样就有可能做出许多不合义理的错事。

因而，在有空闲时，要不忘时时展开圣贤的典籍，从圣贤的典籍中反观自照，找出之间的差距，随顺圣贤的教诲，依教奉行。通过不断的学习，把圣贤的教诲转化成自己对世界的认识，转变成自己的处世之道。当我们真正拥有了这样的智慧，在生活中出现什么难题都可以得心应手、左右逢源地解决掉。如此的人生旅途才会愈来愈幸福。

至于学而不能行的书呆子，古往今来，也是有很多。而另一方面，光行而不愿求新知，处处倚老卖老的老顽固比比皆是，成了社会进步的绊脚石；相反的，不学无术，却自以为是的鲁莽汉也时时可见，犹如社会治安的炸弹。这两种瞎力行的人，也可谓是祸患。只因他们自专自是：鲁莽的，任他见，为无知障；顽固的，任己见，为知识障。都是被偏见蒙蔽了真理，造成心障。

子路曾问孔子："可不可以不管传统，直接依据心意行事？"孔子说："不行！以前东方有个夷人，他很仰慕华夏文明的礼法。他女儿死了丈夫，他就依据寡妇不再婚之礼，教女儿不许再嫁，却私下给女儿养了个男人；这说是未改嫁，实则已违贞洁的真谛。南方苍梧有个蛮人，娶了美妇，却让给其兄；这看来好似兄弟相让，实则不合礼让之意义。所以说，若弃置传统，任凭心意行事，就会像这两个例子，做出似是而非之事，就悔之不及了！"

孔子教学生，最强调存仁以固其本质，学礼以表其文采：文质彬彬，然后君子。

所以学问必须力行加学文，解行相应。因为你行得愈彻底愈帮助你理解，那你理解得愈深行的就愈到位。而且行是枢纽，当你有所力行，你才会有所感悟，才会不断求知！

任心意行事，是非事宜生

以前东方有个夷人，他很仰慕华夏文明的礼法。他女儿死了丈夫，他就依据寡妇不再婚之礼，教女儿不许再嫁，却私下给女儿养了个男人，这说是未改嫁，实则已违贞洁的真谛。南方苍梧有个蛮人，娶了美妇，却让给其兄；这看来好似兄弟相让，实则不合礼让之意义。

读书法：心到、眼到、口到

［原文］

读书法　有三到　心眼口　信皆要

★ 解读

原文的意思是：读书的方法要注重三到，心到、眼到、口到。三者缺一不可，如此方能收到事半功倍的效果。

原文进一步阐释：心到就是你读书时，吸收知识时，你自己的心要在书上并能思考。所谓眼到，就是你心中所想的和你眼中所看到的是一样的，口到就是你嘴里念的要和你心中所想、眼中所看到的是一样的，而不能心不在书上，眼在书上，口在书上，像照本宣科一样的读书。这样是不会有效果的，心到，眼到，口到中，最重要的是心到，你心到了，那么你的眼和口也就到了。

正如朱熹在《训学斋规》说："读书有三到，谓心到、眼到、口到。心不在此，则眼看不仔细，心眼即不专一，却只慢朗诵读，决不能记，久也不能久也。三到之中，心到最急，心即到矣，眼口岂不到乎？"

再者，一个人的学问也是靠平常不断的积累。正如滴水穿石，即使石头是坚硬的，水是柔软的，不可能穿透石头，但当持续不停地滴到十万滴、百万滴，甚至于更多的时候，能量积累到一定的程度，就会穿透石头，这就是以柔克刚的功效。学问也是如此，当我们在求学的过程中，一字一句的都是心、眼、口到，认认真真地把它学好，使黑字白纸的文字变成自己头脑中的智慧，这样，用功到一定程度的时候，学问自然而然的就可以穿石了，就可游刃有余地解决掉所有难题。那么我们的心就可称为滴水穿石的心，我们的眼就可称为滴水穿石的眼，我们的口就是滴水穿石的口。所以，我们在学文时，眼睛要看着书，手指着书，嘴巴要跟着念，心里始终听着自己念出来的声音，心眼口三者协调起来。这样，古贤的智慧才会在心里生根发芽，以致枝繁叶茂。

现在，我们都知道很多的孩子非常的用功，每天都是学习到三更半夜，早上又很早起床读书，可考试成绩确实非常的差，使得孩子丧失了学习的信心，父母也是毫无办法。再则，工作中，一些人也是认真地听着领导的命令去做事，可是做出来的成绩也是很不理想，达不到要求，使得一些人丧失了工作的热情，丢失了领导的器重。这样事倍功半的效果，原因就在于不懂得读书的要领。

滴水穿石

石头是坚硬的，水是柔软的，不可能穿透石头，但当持续不停地滴到十万滴、百万滴，甚至于更多的时候，能量积累到一定的程度，就会穿透石头，这就是以柔克刚的功效。

学问也是如此，当我们在求学的过程中，一字一句的都是心、眼、口到，认认真真地把它学好，使黑字白纸的文字变成自己头脑中的智慧，这样，用功到一定程度的时候，学问自然而然的就可以穿石了，就可游刃有余地解决掉所有难题。

读书三要

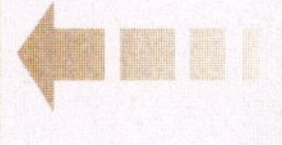

读书的方法要注重三到，心到、眼到、口到。三者缺一不可，如此方能收到事半功倍的效果。

古人在读书、学习方面却是十分出色。正是两耳不闻窗外事，一心只读圣贤书。读书的三要在古人那里都能同时具足，专心地读书，做事，心无旁骛，心无杂念，心中想着其他事情，本就妨碍了读书的效果，正是一心不能二用。

读书三要具备在身之外，还必须要有信心，俗话常说："信心是成功的一半。"不管是学习古贤的教诲，还是学习一门技术，都要树立信心。"信为道元功德母，长养一切诸善根。"信心之力，就像树的根基一样，只要根基稳，学问才会源源不断地融入进来，最终使得死板的书本知识变成自己的学问。

从前，有个名叫弈秋的人，他的棋艺水平闻名全国。每隔两年，弈秋大师都招收两名徒弟，这一次，他的徒弟是两个年轻小伙子，一个叫东木，一个叫西木。弈秋讲棋有个习惯，总是闭着眼睛讲解，用手摸着棋子出招，并不监督徒弟们学习的态度，全凭他们的自觉来掌握棋艺。开始时，东木和西木都能够全神贯注地听老师讲课，有时，两个还时不时打断弈秋的讲解，提出各种疑问。晚上还会切磋棋艺，水平也是不相上下，进步很快。

一年后，东木和西木回家看望父母。经过一片林子时，他们恰好看到一个猎人，拉弓搭箭，一下子射落一只正在高飞的雄鹰。这情景深深地吸引了西木，给他留下难忘的印象。回到老师身边，东木和西木学棋的态度有所不同了。东木学棋的兴致越来越浓，西木却感到整天学棋太枯燥了。东木听老师讲解棋谱时，专心致志，用心去领会老师说的每一句话，西木呢，他对猎鸟更感兴趣，总惦记着，雄鹰是不是正在天上飞呢，有时，他还隐隐约约地似乎听到了雄鹰的叫声，眼前不时浮现猎人射鹰的英姿。

又一年过去了，东木和西木学艺期满。弈秋让二位徒弟对弈，检验他们的棋艺。结果呢，当然是东木棋艺高一筹，把西木"杀"得落花流水。弈秋大师看完两位徒弟的棋局，感慨地说："初学时，我闭目教棋时听你们两人的问答，我认为你们同样的聪明；后来，我闭目教棋时只听到东木一个人的问答，西木的心已经早飞了，所以我明白东木才是我真正的徒弟。"

因而，一个人只有心中有信心，坚定自己要把学问、技能学好，然后，用自己真诚的心把身体的各个要素统一起来，努力约束自己的心境，不敢有丝毫的松懈与放逸，一心专注，必定会达到滴水穿石的效果。

二徒学棋

弈秋是第一个史上有记载的围棋专业棋手，也是当时诸侯列国都知晓的围棋手，棋艺高超，《弈旦评》推崇他为围棋“鼻祖”。

西木感到整天学棋太枯燥了。他对猎鸟更感兴趣，总惦记着，雄鹰是不是正在天上飞呢，有时，他还隐隐约约地似乎听到了雄鹰的叫声，眼前不时浮现猎人射鹰的英姿，最后棋艺毫无精进。

东木听老师讲解棋谱时，专心致志，用心去领会老师说的每一句话，最后学有所成。

东木与西木二人，同是师出名门，可技艺却大相径庭，原因并非智力的差异，而是用心不专一，功夫不到家。可见，学习必须专心致志，不能三心二意，必须心眼口三到协调，专心地读书，做事，心无旁骛，心无杂念；否则，再聪明的人也不能掌握真正的技术，不能学会更多的知识。

读书，勿朝三暮四，宜此终彼起

［原文］

方读此　勿慕彼　此未终　彼勿起

★ 解读

原文的意思是：研究学问，要专一，要专精才能深入，不能刚开始读这本书，又歆羡其他的书，想看其他的书，这样永远也定不下心，必须把这本书读完，才能读另外一本。

从古到今，求学问也有一个很大的忌讳：就是不专心深入研究，而是浅尝辄止，这本书没有看完，又拿起其他的书籍。这就是所谓"贪多嚼不烂"的道理。但是世人都很贪，好像觉得多就一定好。这其实是最愚蠢的想法。因为多就会乱。所以在《礼记·学记》里面提到一句教诲"杂施而不孙，则坏乱而不修"。假使一次学一大堆东西，也没有顾虑到自己的接受能力，有可能囫囵吞枣，到最后一定会学不好，甚至于会觉得不想再学了。

因此，一个人无论读书还是做事，都要聚精会神、认认真真、一丝不苟，做到心到、眼到、口到，全身心地投入做一件事，办事的效率才会高，学习的效果才会好。

古人读书，一定是一部书读完之后，再读另外一部。而现在很多人读书时，看到书很厚，就会想何时才能读完，往往就虎头蛇尾，前面看一点，中间翻一些，后面再看几页，这一本书囫囵吞枣就算看完了，或者是走马观花地从头到尾翻一遍，就丢在一旁，再去看其他的书，这样的读书方式，实则根本是在浪费时间，什么都没有学到。

这就是古人和今人做学问的不同之处。古人懂得只要一经通，那么所有的经典都会通达，所以他们有这样的耐心在一部经典上专心用功，这样才会有成就。因而，修学的态度在力行，在于恒心跟毅力。也是在说，当你看一部书的时候，你一定要从头读到尾。正所谓是"读书千遍，其义自见"。

著名政治家赵普，号称北宋第一文臣，一生所读的书也只有一部《论语》。赵普认为齐家、治国、平天下的道理全在这本书中。并以半部《论语》辅助太祖平定了天下，用半部《论语》辅佐太宗，治理天下。

所以学习东西切记不能贪多，还有不能贪快。一个人太躁进，心就会浮动，跟学问不相应。就会样样通样样松，因为多就会乱，杂了就学不扎实，到最后哪一样也没学精，所以曾国藩先生也说道心上不可无书，但是桌上不可多书。

古今读书之差

古人读书都是聚精会神、认认真真、一丝不苟，全身心地投入，并且是理解了书中的道理后，再去读下一本。这样的结果就是不仅使他人的知识变成自己的财富，还提升了自己的修养。

今人读书往往都是虎头蛇尾，前面看一点，中间翻一些，后面再看几页，这一本书囫囵吞枣就算看完了，或者是走马观花地从头到尾翻一遍，就丢在一旁，再去看其他的书，这样的读书方式，是不会增长学识的。

赵普夜读

一个人学习东西切记不能贪多，还有不能贪快。一个人太躁进，心就会浮动，跟学问不相应。就会样样通样样松，因为多就会乱，杂了就学不扎实，到最后哪一样也没学精，所以曾国藩先生也说道心上不可无书，但是桌上不可多书。

读书，计划宜宽，执行宜严

［原文］

宽为限　紧用功　功夫到　滞塞通

★ 解读

原文的意思是：在学习的时候制订相应的读书计划，制订的过程中可以适当放得宽松一些，但在实际学习时要加紧用功，细心探究，不可偷懒怠慢，这样日积月累功夫就自然而然加深，原来不懂的、困惑的问题就会迎刃而解了。

上文也是在说，求学的方法，讲求学习计划应与实际执行相一致。订立计划时，应与自己的实际水平相协调，适当地放宽一些，这样在实施时，不会被自己好高骛远的计划所困扰，而无法完成，产生消极抵触情绪，或者是放弃学习的目的。只要读书计划制定订合理又从容，再则实际学习中再加紧用功，锲而不舍，按着既定的目标一步一个脚印的前进，没有荒疏懈怠，功夫日积月累，不懂的地方自然而然的就可以找到答案所在了。

《中庸》云："用功日久，而一旦豁然贯通焉，则众物之表里精粗无不到，而吾心之全体大用无不明矣。"也是在说明一个道理：求学的过程愈是长久，用得功愈是深厚，任何表面的学问与深奥的学问都会从自我知识的宝库中找寻到答案。一个人不论是在做一件事、还是看一本书都要事先有一个翔实的计划，千万不要好高骛远，未学走就想跑，三步并作一步，逼到自己喘不过气来时，不得不撒手撂下，导致欲速则不达，最后必定信心全无。目标定得宽松，容易办到，压力就小，比较能心无旁骛，勇往直前，起到事半功倍的效果。

《三字经》中提到古人"头悬梁，锥刺骨"的用功学习，借以督促自己用功学习，这只是古人的学习方法，今天，只要我们懂得学习古人的精神，没有必要伤及身体，只要我们找到适合自己的正确的读书方法，也是会起到好的学习功效的。

所以，求知归根结底，最根本的障碍还是在于人心，只要有心去做，又制订了切实可行的计划，做足了工夫，难题就会被自己所攻破，缩短了成功路上的距离；如果无心去做，懒惰散漫，毫无计划，工夫没有下到底，难题还是会停留在那里，没有办法通达，阻碍前进的脚步。

头悬梁，锥刺骨

古人用“头悬梁，锥刺骨”的方法学习，警醒自己用功学习。今天，只要我们懂得学习古人的精神，没有必要伤及身体，只要我们找到适合自己的正确的读书方法，制订相应的学习计划，按部就班、循序渐进，也是会起到好的学习功效的。

孙敬借以把辫子拴在房梁上，当瞌睡时，头下低就会牵扯头发，警醒自己用功学习，最后孙敬成为了当世大儒。

战国，苏秦借以用锥子刺痛自己来提起精神学习，最后凭借自己的刻苦学习，仔细研究，终于从书中学习到制秦的良策，游说六国，宣传“合纵”的主张，因此，六国诸侯订立了合纵的联盟。苏秦也挂了六国的相印，成为了显赫的人物。

读书贵在自知

一个人求知、办事，只要有心，又制订了切实可行的计划，做足了工夫，难题就会被自己所攻破，进而缩短了成功道路上的距离。

一个人求知、办事，如果无心，懒惰散漫，毫无计划，工夫没有下到底，难题还是会停留在那里，没有办法通达，阻碍前进的脚步。

心疑随记，不耻下问

［原文］

心有疑　随札记　就人问　求确义

★ 解读

原文的意思是：文中的“札”，在古义中是指用来写字的小木片，也可指书写。“札记”，指读书的过程中，摘记书中的要点、难点，并做好学习心得体会。整句的意思就是：在求学的过程中，心里有疑问，应随时做好笔记，只要一有机会，就向良师益友请教，务必明白它的真实含义。

诚如韩愈所说：“人非生而知之者，孰能无惑？”一个人在读书的过程中，总是会遇到自己无法解答的疑难杂症，影响学习的深入进行。这样，就要马上做好笔记，继续下面的学习，或许前面的问题会在后面的学习中得以解决，如果实在无法解决，就必须去请教良师益友，熟知此道之人，获得真知灼见，明白真义，正如孔子说：“就有道而正焉。”

贾逵是东汉时期的经学家、天文学家。贾逵自小便聪明伶俐，喜欢读书。但家里太穷，买不起纸和笔。读书时，每当遇到好的文章和不懂的词句时，贾逵从不一扫而过，而是借来笔墨将这些内容记在门扇、屏风和自己制作的竹简、木片上，然后找机会向人请教。就这样，一边读，一边记，一年之后，前人写的书籍，他几乎都读遍了。随着不断地学习，他的学识越来越渊博，同他接触过的人都说他是当今奇才，无人能同他相比。

贾逵正是通过这种心有疑，做札记，然后不耻下问地去求知，才有如此高的成就。所以，求学必有疑，有疑贵在问，敢问，会问，不耻下问，这样在问中学，在学中问，相互促进，才能求得真知。因为疑是人进步的阶梯，疑愈深，求愈切，学愈用功，收获愈多。如人饥渴时，求饮寻水，刻不容缓。疑中求知，寻师访友，不耻下问，疑难得解，顿时茅塞顿开，前进有力。

现在，很多人时时会在他人面前摆出一副很有能力、什么都懂的样子。往往使得一些不知真相的人前去向他请教学问，结果往往是此人不懂装懂，信口雌黄，教给他人错误的知识，弄到最后以讹传讹，导致一些人走了许多弯路，错路，危害了一些人。

因此，当我们不能很容易分辨此人是否有真实的学问时，我们可以去寻求古圣贤的智慧典籍，因为，古人的经典哲理，都蕴涵在这些书籍中。通过古人的力量化解自己疑难的阴云，提高自我求知的欲望。

贾逵好学

贾逵正是凭借着在读书中，发现疑问后，随之做好札记，请教有道之人，获得真知灼见，问中求学，学中求问，一步一个脚印，循序渐进地向前学习，最后终于成为著名的经学家和天文学家。

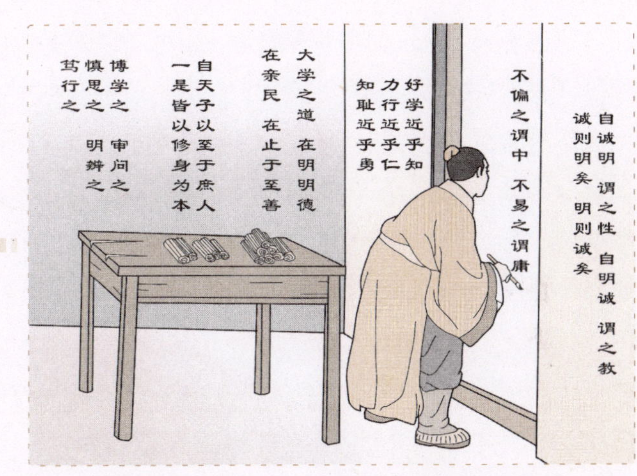

学与问

学必有疑，有疑贵在问，敢问，会问，不耻下问，这样在问中学，在学中问，相互促进，才能求得真知。因为疑是人进步的阶梯，疑愈深，求愈切，学愈用功，收获愈多。如人饥渴时，求饮寻水，刻不容缓。疑中求知，寻师访友，不耻下问，疑难得解，顿时茅塞顿开，前进有力。

房清墙净，案洁四宝正

［原文］

房室清　墙壁净　几案洁　笔砚正

★ 解读

原文的意思是：书房要整理清洁，墙壁要保持干净，读书时，书桌上笔墨纸砚等文具要放置整齐，不得凌乱，触目所及皆是井井有条，才能静下心来读书。

本章主要是阐述一个求学的态度，此节则是在说明读书求知之前必须有一个良好的外部环境，这样才能静下心来学习。古人很善于打造良好的学习环境，往往都是在求知前，使书房干净整洁，窗明几净，文房四宝规放整齐，井井有条，然后，古人才正襟危坐，手捧圣贤的经典，心静下来，学问自然就容易灌输进头脑中。

学问，本就是一种神圣的智慧，在求知时，也应该秉持一种严肃认真的态度，不然，很难学到真正的东西。孔圣人曰："君子不重则不威，学则不固。"也是在强调，如果没有庄重严肃的心态去对待知识，心有旁骛，学习的劲头必然不强，心无法静下来，这样，学到的知识也只是一些肤浅的皮毛，毫无价值。人的心会受到外界环境的影响，所以环境清净，内心也会清净。

因此，书屋清净，几案整洁，是求知之前必备的条件。俗话说："一屋不扫何以扫天下。"整理房间看似是小事、自己的私事，与其他事情没有关系，也不会影响到求知、办大事。但是如果连自己的私事都无法办好，处理得当，又哪有闲时去处理大事。大事往往都是一件件小事的叠加。在日常的小事中，可以培养一个人的责任感、耐心、毅力。任何小事都可以做到井然有序，这样若是一朝风云际会，更能运筹天下于帷幄间而无碍，何愁做不了大事。

现在，我们是否反省过自己的过失。房间脏乱无序，看完的书籍随处扔，明明有书柜却不懂得用，文房四宝，虽说是古人学习的工具，现在我们不再用，但是我们也是会用到一些学习工具，理应在用过之后，收拾停当，下次再用时，就可以随手找到，不用浪费时间随处翻找，如此心才不会纷乱，可以静心学文。

所以，小事之中蕴藏着大智慧，点滴中足见成功之源。

一屋不扫何以扫天下

整理房间看似是小事、自己的私事，与其他事情没有关系，也不会影响到求知、办大事。但是如果连自己的私事都无法办好，处理得当，又哪有闲时去处理大事。大事往往都是一件件小事的叠加。在日常的小事中，可以培养一个人的责任感、耐心、毅力。任何小事都可以做到井然有序，这样若是一朝风云际会，更能运筹天下于帷幄间而无碍，何愁做不了大事。

小链接

文房四宝，是中国独有的文书工具，即笔、墨、纸、砚。文房四宝之名，起源于南北朝时期(420 年—589 年)，因为中国古代文人要经常使用毛笔、墨、宣纸、砚台，它们是文人书房中必备的四件宝贝。"文房四宝"在南唐时指诸葛笔、徽州李廷圭墨、澄心堂纸，江西婺源龙尾砚。自宋朝以来"文房四宝"指湖笔(浙江省湖州)、徽墨(安徽省徽州)、宣纸(安徽省宣州)、端砚(广东省肇庆，古称端州)，它们不仅具有实用价值，也是融绘画、书法、雕刻、装饰等为一体的艺术品。2007 年，中国科学院科技史所、中国文房四宝协会，向联合国教科文组织申报为世界级"非物质文化遗产"。

8

墨偏字歪，心生杂念

［原文］

墨磨偏　心不端　字不敬　心先病

★ 解读

原文的意思是：古人写字使用毛笔，写字前先要磨墨，如果心不在焉，墨就会磨偏了，写出来的字如果潦草歪斜，就表示此人浮躁不安、心神不定静不下心来。

汉字是传承我们中华文明的重要载体，是我华夏子孙传古颂今的宝贵财富。古人说："意在笔先，心正则笔正。"正如人们常说字如其人，一个人写字心不在焉，不认真，写出来的字必定是乱七八糟、歪斜潦草。也证明了此人心没有专注在写字上，心有杂念，没有静心写字。一个字的一笔一画都要落实在何处？心都要紧随笔动，这样，写出来的字才会不仅工整而且刚劲有力。所以一定要把字写好，这样不仅继承发扬了民族的精华，还能培养自己认真严谨的作风。观察到自己的心态如何，都可从平常的行为造作当得以体现。

古人讲究的是房室几案之洁，笔墨纸砚之正，行笔作文之端，以及由此生发的心思志气之纯。所以在写字、读书时，书桌旁一定都会备好文房四宝才可以。且古时都是用毛笔写字，都必须要磨墨，如果墨条磨歪了，就表示心有旁骛、不专心。今天我们已经不必磨墨，毛笔也纯粹成了一种艺术工具，但还是可以从一个人写字的姿势、握笔的方法上看出这个人此时的心态，是否心神气定地专攻在习字行文求知上。

这里也是在借古人磨墨习字之法，提醒今人不要丢失这种恭敬、端正之心，仍须时时恪守，一言一行，不可随意。"不必坐关，不必参禅，大智慧原不离平凡。每日谨勤莫懒散，凡事在心不轻慢。入圣无他难，敬字是灵丹。劝君运用，滋味甜甘。"因而，写字的时候也要恭敬去写，不然当我们每一次写字心都很散乱，那学问就在这一颗心的境界中一点一滴地流失。

所以，我们要明白，不能使自己的心生出毛病，生出杂念，假使我们的内心有了浮躁、不恭敬的毛病，这样必定会影响我们的言行举止，再则，言行举止又会影响到内心，这样周而复始，心永远都静不下来，学问就永远不会倾慕你，你也只能是一个凡夫俗子，毫无成就可言。而这里的磨墨也好，写字也罢，目的只有一个：就是安定我们的心，这样做学问才会有成就，心浮气躁永远只能是一事无成。

意在笔先，心正则笔正

一个人写字心不在焉，不认真，写出来的字必定是乱七八糟、歪斜潦草。也证明了此人心没有专注在写字上，心有杂念，没有静心写字。

一个字的一笔一画都要落实在何处？心都要紧随笔动，这样，写出来的字才会不仅工整而且刚劲有力。

所以一定要把字写好，这样不仅继承发扬了民族的精华，还能培养自己认真严谨的作风。观察到自己的心态如何，都可从平常的行为造作当得以体现。

“字如其人”的寓意

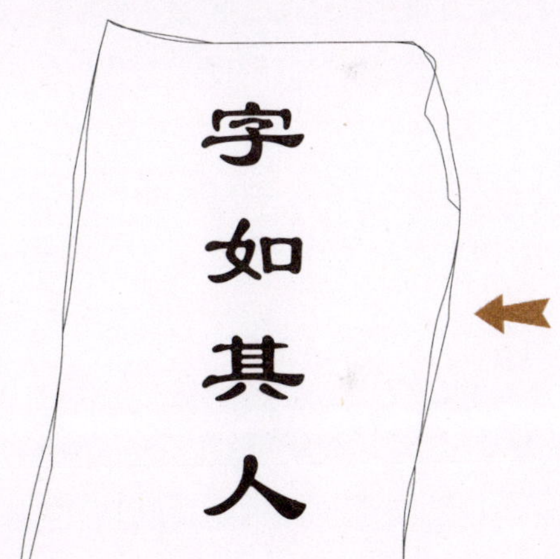

字如其人，其实最早源于西汉文学家扬雄讲的一句名言：“书、心画也。”这句话的意思是说书法是人的心理描绘，是以线条来表达和抒发作者情感心绪变化的。清·周星莲的《临池管见》对“字如其人”表述得非常具体。他说：“余谓笔、墨之间，本足觇人气象，书法亦然。”“字如其人”意谓人与字，字与人，二而一，一而二，如鱼水相融，见字如见人。

书有所位，读毕归原

［原文］

列典籍　有定处　读看毕　还原处

★ 解读

原文的意思是：书籍课本应分类，排列整齐，放在固定的位置，读诵完毕须归还原处。

前面在“谨言篇”中已提到过，不但穿衣戴帽，着袜纳履都要端正紧切，而且在穿戴过后都要放在固定的位子上，不可随意丢弃，弄得又脏又乱，或是下次又很难找到，耽误时间，又影响心情。而此处强调：对于书籍也要有此相同的态度，要保持整洁的读书环境，书籍的摆放要分门别类，各有其一定的位置，用时才方便。读看过后，再归回原处，下次读用时，即时可以找到，节省时间，提高效率。

《宋稗类钞》记载：北宋杰出的史学家司马光，在独乐园中的读书堂中，藏有文史类书籍一万多余。其中司马光每天早晨常常阅读的书，虽然读了几十年，看上去都新得像是从没用手摸过一样。

司马光曾经对他的儿子公休说：“商人们爱收藏钱财货物，儒家所收藏的，只是这些书籍，应当知道要珍爱它们。我每年在上伏和重阳日，看到天气晴朗时，就在阳光下放置几案，将那些书斜放在上面，晒书脊。所以年月虽久，书还是保存的完好无损。

“打开看书，必然先把几案打扫干净，铺上桌布，然后端坐好，才看书。有时候出行带书，那就把书放在方的木板上读，从来不敢直接用手捧着书，这不但是担心手汗浸到书页上去，也是保证书脊不致在移动中损坏。每到看完一页，就用右手大拇指的侧面贴着书页的边沿，再用食指捻起书页，这样翻过一页，因此可以不把纸弄烂。我常看到你们翻书时直接用手指撮起书页，这很不合我的意思。现在佛教道教中人尚且知道尊敬他们的经书，我们儒家怎么能反而不如他们呢？应该要记住我的话。”

司马光在编写《资治通鉴》时，书卷很多，底稿上涂改或删减的许多文字、符号，都是工工整整的，没有一个潦草的字迹，并且所用书籍都是分门别类地放在固定的地方，从没有随处丢放。

所以从司马光诫子惜书中，我们要懂得每次看书，不仅要爱护书籍，要把它放好，而且要放在固定的位置，方便查阅，节省时间，提高效率。这样做事情也就会有始有终、有条不紊。尤其是做父母的从小就要做出很好的榜样，来教导自己的小孩懂得“动物归原”的道理。这样，从小训练孩子做任何事都要做得井井有条，成为一个心灵井然的人；成为一个生活可以自由支配的独立人。

司马光诫子惜书

司马光的读乐园中藏有文史典籍一万多卷，这些都是司马光每天必读之书，虽然读了几十年，看上去都新得像是从没用手摸过一样。因司马光每年在上伏和重阳日，看到天气晴朗时，就在阳光下放置几案，将那些书斜放在上面，晒书脊。所以年月虽久，书还是保存的完好无损。

司马光诫子

司马光十分爱惜书籍，在家看书时，都是先把几案打扫干净，铺上桌布，然后端坐好，才看书。有时候出行带书，那就把书放在方的木板上读，从来不敢直接用手捧着书，这不但是担心手汗浸到书页上去，也是保证书脊不致在移动中损坏。每到看完一页，就用右手大拇指的侧面贴着书页的边沿，再用食指捻起书页，这样翻过一页，因此可以不把纸弄烂。

读书，急事卷齐，破损修补

［原文］

虽有急　卷束齐　有缺坏　就补之

★ 解读

原文的意思是：在读书过程中，如有急事，也要把书本收好再离开，有缺损就要修补，保持完整。

书籍是前人的智慧和经验的结晶，是人的良师益友。读书可以增长见闻，开阔眼界，累积他人的知识学问为己用，做起事来就事半功倍；更重要的是可以从中熏习，养成正确的观念，良好的品德，好处可谓是数也数不清。

因此理应像爱护自己的身体一样去爱护、珍惜，即使有急事，也要把书整理好，收拾干净，并在读处用书签做好标记，方便下次继续阅读。如果书有破损，就要立刻把它修补好，这样可以延长书籍的使用寿命，否则造成损毁或丢失页码，是对知识的不尊重，同时也是对图书资源的浪费。

古代的书籍，从最早的竹简、苇编、帛书，到后来的线装纸面书，一般都是用线绳装缝在一起，经常翻阅就很容易产生脱线缺页，或磨损模糊的现象；所以取读时必须小心，轻拿轻放，有破损缺页，应马上补修重钉，以免继续散失或损毁。即使是现代的平面精装版，若不加以爱护，也一样会破损脱落或散失流逸，不利于下次的看读。因此，日用间的条理井然，整洁有序，节省的不单是时间，也是金钱。一个人是不是有成就，从他日用间是否爱惜物品，是否条理井然的做事中就可发觉。

古人都深知一书得来不易，都会十分的珍惜，假使有所损坏，必定会修补，保持完整。

《史记·孔子世家》记载：孔子少年时勤奋好学，十七岁时就以学识渊博闻名于鲁国。虽然孔子学识渊博，可他一生都没有松懈过。那时还没有发明纸，书籍都是用竹简做成，然后用牛皮绳编连起来的。据说孔子到了晚年，喜欢阅读《周易》，因为每天翻阅，穿竹简的牛皮绳磨断了三次。而磨断一次，孔子就再整理一次，这样，一连换了三次牛皮绳，孔子才把《周易》研究透，但书却还是保持完好，没有任何缺失。

这一方面反映了孔子的刻苦，但另一方面我们也可以看到，孔子在读书过程中，是十分爱护图书的。

古人对书那样爱护，而我们现在的人虽说书籍得来比较容易，但是也不可不珍惜，不可不怀着恭敬的心对待古人留给我们的智慧典籍，爱惜这些文化遗产。

书的智慧

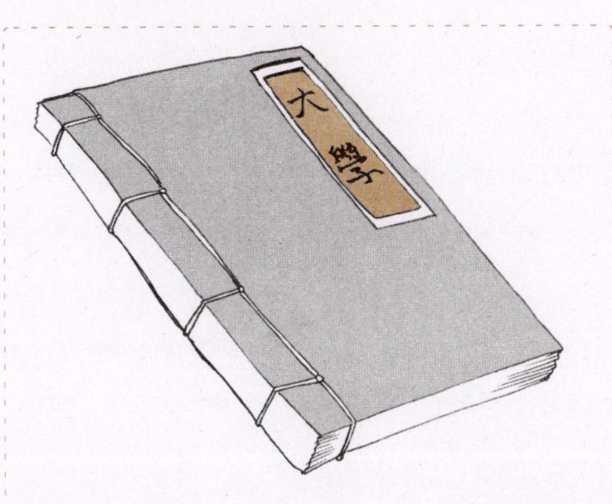

书籍是前人的智慧和经验的结晶，是人的良师益友。读书可以增长见闻，开阔眼界，累积他人的知识学问为己用，做起事来就事半功倍；更重要的是可以从中熏习，养成正确的观念，良好的品德，好处可谓是数也数不清。

韦编三书

晚年的孔子，喜欢阅读《周易》，因为每天翻阅，穿竹简的牛皮绳磨断了三次。而磨断一次，孔子就再整理一次，这样，一连换了三次牛皮绳，孔子才把《周易》研究透，写出了十篇体会文章，即《十翼》。但书却还是保持完好，没有任何缺失。后来，人们把孔子写的《十翼》附在《易经》的后面，作为《易经》的补充。

非圣书宜弃之，勿蒙志

［原文］

非圣书　屏勿视　蔽聪明　坏心志

★ 解读

原文的意思是：不是传述圣贤言行的著作，以及有害身心健康的不良书刊，都应该摒弃不要看，以免身心受到污染，智慧遭受蒙蔽，心志变得不健康。

前几节我们提到书籍是前人智慧和经验的结晶，读书可以使人获益良多，那是指我们读的是圣贤之书。天下之书数不胜数，有其好，必有其坏，并非都是使人获益的良书。假使我们经常读一些歪理邪说的书，而把圣贤的教诲丢在一旁，这样不仅使自己的身心受到污染，还会使自己丧失辨别是非、分别善恶的能力，害人又害己。

所以虽然说“开卷有益”，而这里的开卷是指正当的书、圣贤的书；并非不正当的书，市井小人的胡言乱语。就好比一碗清澈的水，滴入一滴墨汁，过不了多久，清澈的水就变得不清澈了，要想除去还原清澈，就不是那么容易了。因此，我们要尽量远离那些污浊的、是非颠倒的不良书籍。

而对书籍的选择也是出于我们的心，心思主宰着人的意志，意志影响着人的行为。圣贤之所以为圣贤，就是他们从小发圣贤心，立圣贤志，这样就往圣贤道上迈出了第一步；读圣贤书，做圣贤事，这样就在圣贤的路上前进。长久之后，必定会成为圣贤的一分子。

孔子曾说：“非礼勿视，非礼勿听，非礼勿言，非礼勿动。”就是说不合礼数的任何事情，我们都不要去听、去看、去说、去行动。现在信息化时代，各种不良思想的传播途径越来越多，致使一些人被其污染，蒙蔽了心志，做出一些有损自己品德、危害他人的罪行，成为他人唾弃的对象。因此，要防止自己身心受到污染，就必须时时与圣贤的书籍相亲近，摒弃不良书刊，专心于自己的事。

诚如现在青少年犯罪率在不断攀升，正是受一些不良书刊、不良影视的影响。身为父母更应时刻关注孩子的心志，让他们从小扎下圣贤深厚的根基，当他们能够有能力判断是非、明辨善恶时，就有能力对抗各种不良稀奇的诱惑，用圣人的智慧去明理做事，成为一个有德有才之人。

一滴墨入清水之后……

一人的心志好比一碗清水，一滴墨好比坏的思想。墨入水中，必然污染清水，想还原清澈实则太难。假使一个人经常读一些歪理邪说的书，而把圣贤的教诲丢在一旁，这样不仅使自己的身心受到污染，还会使自己丧失辨别是非、分别善恶的能力，害人又害己。

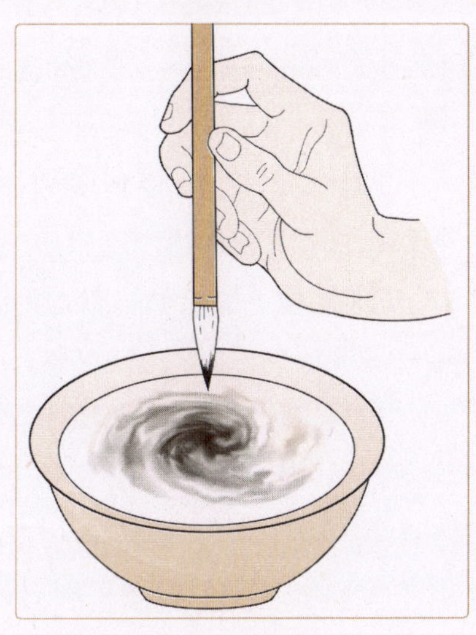

开卷有益

子曰

吾十有五而志于学

三十而立

四十而不惑

五十而知天命

六十而耳顺

七十而从心所欲

不逾矩

“开卷有益”，而这里的“开卷”是指正当的书、圣贤的书；并非不正当的书，市井小人的胡言乱语。圣贤的书籍可以帮助我们知廉耻、明是非、懂荣辱、辨善恶。而不良的书籍则会使我们的思想受其影响，蒙蔽心志，进而所见所闻也就会产生偏差，做出一些是非颠倒的错事。

困难，勿自暴自弃，宜循序渐进

12

[原文]

勿自暴　勿自弃　圣与贤　可驯致

★ 解读

原文的意思是：遇到困难或挫折的时候，不要自暴自弃，也不必愤世嫉俗，看什么都不顺眼而胡作非为。圣人与贤人的境界虽高，但只要发愤向上努力学习，循序渐进，大家也是可以达到的。

原文所要表达的意思只有两个字：坚持。

曾子曾说："士不可以不弘毅。"读书人不可以不刚强没有毅力。恒心是人求学路上必备的砝码。只要坚持，有恒心，困难面前，不自暴自弃，坚持不懈，"骐骥一跃，不能十步；驽马十驾，功在不舍"。不能丧失自己的信心，时刻坚信自己有能力。所谓"天生我材必有用"。人一生首要是立定志向，"学贵立志"，有了目标、方向，再通过自己不懈的努力，成贤成圣就不会是遥不可及的事。只要有心，肯攀登，终有成功的一天。有道是："天下无难事，只怕有心人。"

在求学的道路上，只有有一种坚持的精神，方能克服险阻顺利到达目的地。现在不少人在求学时，总希望用最短的时间获取最多的知识，早日成为学问高深的人，成为圣贤。却不知古贤们之所以成为贤士，也是经过了漫长的求知过程，没有一个是只读了一两本书，或是学习了一两年，就有所成就的。正如《菜根谭》中所说："绳锯木断，水滴石穿，学道者须加力索；水到渠成，瓜熟蒂落，得道者一任天机。"好比把绳索当锯子摩擦久了也是可以锯断木头；水滴落在石头上时间久了就可以贯穿坚石。做学问，求知，只要工夫用得深，自然而然会有所成就。正如水到渠成、瓜熟蒂落、得道有成。

王献之自幼聪慧好学，在书法上专攻草书和隶书，也很擅长画画。在他七八岁时始学书法，师承其父。一天，小献之问母亲郗氏，他只要再写三五年就足够了吧？母亲语重心长说，写完院中的十八缸水，字才会有筋有骨，有血有肉，才会站得直立得稳。工夫不负有心人，王献之终于用尽了十八缸水，在书法上突飞猛进，之后，他的字更是力透字背，到达了炉火纯青的程度，他的字和王羲之的字并列，被人们称为"二王"。

这样坚持不懈而成功的人物很多，他们的事迹告诉我们，人生有很多选择，坚持下去就是一生之抉择，而轻易放弃会失去更多。所以，人在这一生当中有机会学习，我们就要把握住机会。

天下无难事，只怕有心人

恒心是人求学路上必备的砝码。只要坚持，有恒心，肯攀登，在困难面前，没有退缩，自暴自弃，仍然可以攀登上高峰，终会有成功的一天。

天生我材必有用

王献之坚持不懈地、锲而不舍地练习书法。工夫不负有心人，王献之练字用尽了十八大缸水，在书法上突飞猛进。后来，王献之的字也到了力透纸背、炉火纯青的程度，他的字和其父王羲之的字并列，被人们称为“二王”。

《弟子规》原文

★总 叙

弟子规　圣人训　首孝弟　次谨信

泛爱众　而亲仁　有余力　则学文

★入 则 孝

父母呼　应勿缓　父母命　行勿懒

父母教　须敬听　父母责　须顺承

冬则温　夏则凊　晨则省　昏则定

出必告　反必面　居有常　业无变

事虽小　勿擅为　苟擅为　子道亏

物虽小　勿私藏　苟私藏　亲心伤

亲所好　力为具　亲所恶　谨为去

身有伤　贻亲忧　德有伤　贻亲羞

亲爱我　孝何难　亲憎我　孝方贤

亲有过　谏使更　怡吾色　柔吾声

谏不入　悦复谏　号泣随　挞无怨

亲有疾　药先尝　昼夜侍　不离床

丧三年　常悲咽　居处变　酒肉绝

丧尽礼　祭尽诚　事死者　如事生

★出　则　弟

兄道友　弟道恭　兄弟睦　孝在中

财物轻　怨何生　言语忍　忿自泯

或饮食　或坐走　长者先　幼者后

长呼人　即代叫　人不在　己即到

称尊长　勿呼名　对尊长　勿见能

路遇长　疾趋揖　长无言　退恭立

骑下马　乘下车　过犹待　百步余

长者立　幼勿坐　长者坐　命乃坐

尊长前　声要低　低不闻　却非宜

进必趋　退必迟　问起对　视勿移

事诸父　如事父　事诸兄　如事兄

★谨

朝起早　夜眠迟　老易至　惜此时

晨必盥　兼漱口　便溺回　辄净手

冠必正　纽必结　袜与履　俱紧切

置冠服　有定位　勿乱顿　致污秽

衣贵洁　不贵华　上循分　下称家

对饮食　勿拣择　食适可　勿过则

年方少　勿饮酒　饮酒醉　最为丑

步从容　立端正　揖深圆　拜恭敬

勿践阈　勿跛倚　勿箕踞　勿摇髀

缓揭帘　勿有声　宽转弯　勿触棱

执虚器　如执盈　入虚室　如有人

事勿忙　忙多错　勿畏难　勿轻略

斗闹场　绝勿近　邪僻事　绝勿问

将入门　问孰存　将上堂　声必扬

人问谁　对以名　吾与我　不分明

用人物　须明求　倘不问　即为偷

借人物　及时还　后有急　借不难

★ 信

凡出言　信为先　诈与妄　奚可焉

话说多　不如少　惟其是　勿佞巧

奸巧语　秽污词　市井气　切戒之

见未真　勿轻言　知未的　勿轻传

事非宜　勿轻诺　苟轻诺　进退错

凡道字　重且舒　勿急疾　勿模糊

彼说长　此说短　不关己　莫闲管

见人善　即思齐　纵去远　以渐跻

见人恶　即内省　有则改　无加警

唯德学　唯才艺　不如人　当自砺

若衣服　若饮食　不如人　勿生戚

闻过怒　闻誉乐　损友来　益友却

闻誉恐　闻过欣　直谅士　渐相亲

无心非　名为错　有心非　名为恶

过能改　归于无　倘掩饰　增一辜

★泛　爱　众

凡是人　皆须爱　天同覆　地同载

行高者　名自高　人所重　非貌高

才大者　望自大　人所服　非言大

己有能　勿自私　人所能　勿轻訾

勿谄富　勿骄贫　勿厌故　勿喜新

人不闲　勿事搅　人不安　勿话扰

人有短　切莫揭　人有私　切莫说

道人善　即是善　人知之　愈思勉

扬人恶　即是恶　疾之甚　祸且作

善相劝　德皆建　过不规　道两亏

凡取与　贵分晓　与宜多　取宜少

将加人　先问己　己不欲　即速已

恩欲报　怨欲忘　报怨短　报恩长

待婢仆　身贵端　虽贵端　慈而宽

势服人　心不然　理服人　方无言

★亲　仁

同是人　类不齐　流俗众　仁者希

果仁者　人多畏　言不讳　色不媚

能亲仁　无限好　德日进　过日少

不亲仁　无限害　小人进　百事坏

★余　力　学　文

不力行　但学文　长浮华　成何人

但力行　不学文　任己见　昧理真

读书法　有三到　心眼口　信皆要

方读此　勿慕彼　此未终　彼勿起

宽为限　紧用功　功夫到　滞塞通

心有疑　随札记　就人问　求确义

房室清　墙壁净　几案洁　笔砚正

墨磨偏　心不端　字不敬　心先病

列典籍　有定处　读看毕　还原处

虽有急　卷束齐　有缺坏　就补之

非圣书　屏勿视　蔽聪明　坏心志

勿自暴　勿自弃　圣与贤　可驯致

图书在版编目(CIP)数据

图解弟子规 /(清)李毓秀著；子非主编. —— 北京:九州出版社,
2010.3
ISBN 978-7-5108-0329-1

Ⅰ.①图… Ⅱ.①李…②子… Ⅲ.①汉语-古代-启蒙读物
Ⅳ.①H194.1

中国版本图书馆 CIP 数据核字(2010)第 042598 号

图解弟子规

作　　者　(清)李毓秀　著　子　非　主编
出版发行　九州出版社
出 版 人　徐尚定
地　　址　北京市西城区阜外大街甲 35 号(100037)
发行电话　(010)68992190/2/3/5/6
网　　址　www.jiuzhoupress.com
电子信箱　jiuzhou@jiuzhoupress.com
印　　刷　中印联印务有限公司
开　　本　710 毫米×1000 毫米　16 开
印　　张　19
字　　数　260 千字
版　　次　2010 年 4 月第 1 版
印　　次　2010 年 4 月第 1 次印刷
书　　号　ISBN 978-7-5108-0329-1
定　　价　68.00 元